JN158090

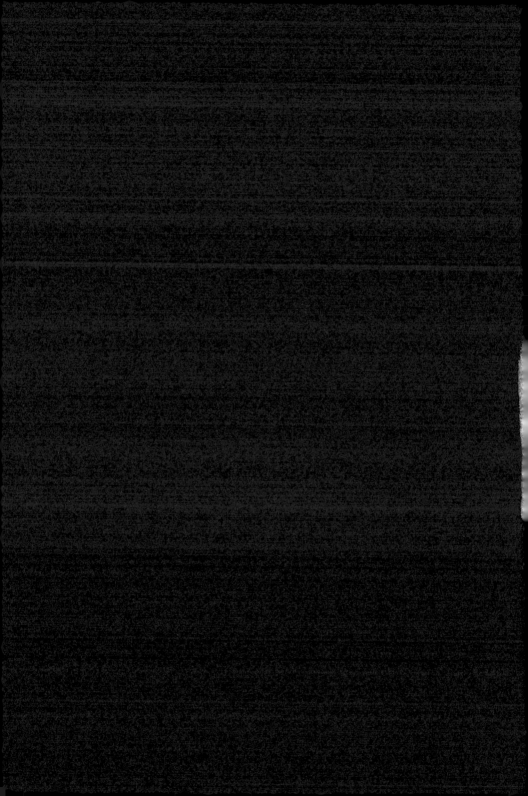

GROWTH STRATEGY

事例でみる

中堅企業の成長戦略

ダイナミック・ケイパビリティで突破する「成長の壁」

土屋勉男
金山　権
原田節雄
高橋義郎
　　　　著

同文舘出版

は　じ　め　に

　本書は，前書『革新的中小企業のグローバル経営―「差別化」と「標準化」の成長戦略』（同文舘出版，2015年）に続き，研究開発型の「中堅グローバルニッチトップ（GNT）」9社の事例分析をもとに，成長戦略や競争優位獲得の方法を明らかにすることを目的にしている。事例分析のフレームワークとして，デビッド・J・ティース（『ダイナミック・ケイパビリティ戦略』ダイヤモンド社，2013年）のダイナミック・ケイパビリティ戦略のフレームワークを組み込んでおり，持続的な成長戦略の方法や競争優位の構築に向けての成功要因を事例とともに具体的に解説するよう心がけている。

　日本経済は，1990年にバブル経済が崩壊して以降，「失われた10年」の時期を迎えた。2000年代に入っても，世界の変革をリードする企業はごく少数に限られており，日本型「企業統治」の欠陥を問題視する動きも出ている。一方でティースは，日本経済の低成長は企業統治の問題ではなく，経営の「変革能力」の欠如にあるとし，状況の変化を先取りしたDC戦略の遂行こそが，低成長突破の鍵であると指摘した。

　われわれは，日本経済が陥っている「失われた10年」の突破策のヒントは，革新的中小企業の経営のなかにあると考えてきた。革新的中小企業は，成長しない経営，成長よりは持続，社員の能力構築を重視した「年輪型経営」に特徴をもつ。一方で革新的中小企業が持続的な成長に挑戦し，新たな競争優位を構築するためには，高い「成長の壁」を越える必要があり，過去蓄積してきた強みや成功体験が通用しないことも明らかになっている。

　本書では，革新的中小企業よりも規模の大きな中堅GNTに注目し，それらの企業が「成長の壁」を突破し，持続的成長に向けて新たな競争優位を獲得するための成功要因を，DC戦略をもとに明らかにしようとしている。本書の事例分析の対象企業は，売上高100億円以上，従業員300〜1000人，ある

いはそれ以上の規模の企業が中心であり，上場している会社も多い。これら企業は，日本経済の構造改革やグローバル成長の担い手である。また，1990年代の「失われた10年」の局面では大胆な経営改革を断行し，2000年代に新たな成長を呼び込んでいることもわかった。

そして，バブル崩壊，円高の急伸，国内産業の空洞化などの環境脅威のなかで，新たな製品を開発する，大規模な投資をする，新しいビジネス・モデルを構築するなど，危機突破のDC戦略を遂行し，新たな競争優位を作り出してきたことも明らかになった。事例分析では，状況変動に適応した経営改革，将来の成長を先取りした経営構想，新たなビジネス・モデルの創生，競争優位の獲得に向けての資源・能力の結合戦略などを紹介するが，これにより多くのヒントを学ぶことができると考えている。

本書は，5部だての構成で成り立っている。第Ⅰ部は，本書の目的と狙い，先行研究を紹介している。また事例分析における対象企業の選定や仮説を設定した。

第Ⅱ部は，中堅GNTの事例分析である。フロイント産業，根本特殊化学，マスダック，アリアケジャパン，ポーライト，フジキン，IDEC，アイダエンジニアリング，堀場製作所の9社を取り上げ，「成長の壁」の突破，持続的成長に向けた競争優位の獲得方法を多角的に検証した。

第Ⅲ部は，事例分析から浮かび上がってきた状況変化への対応，危機突破の戦略の分析とまとめである。革新的中小企業が「成長の壁」を乗り越えられない理由，乗り越えるための方策，新たな競争優位を作り出す戦略などを明らかにする。インプリケーションとしてはグローバル化には，現地生産やM&A，知財戦略など一歩踏み込んだ方法が必要であり，多角化には差別化したビジネス構想が求められる。また知財開発に加えて「知財の収益化」の重要性を指摘している。知財の収益化に当たっては，開発・生産・販売など部門間をまたがる横断的連携（クロスファンクション）による収益化の追求が重要である。

第Ⅳ部では，DC戦略は状況変化を先取りし，未利用の資源・能力の不均衡を再編成することからスタートするが，実現のプロセスではISOの全体最適経営と親和性があることを指摘している。またグローバル成長を図るためには，経営の現地化が重要であり，その目指すべき方向としては，世界の各地域が強みを相互に融通し合えるトランスナショナル経営が目標となる。

　第Ⅴ部では，革新的中小企業が成長の壁を突破し，新たな競争優位を構築するための戦略と成功要因をまとめるとともに，本書全体を総括し，今後の課題に言及している。

　本書は，大学院および大学（3・4年生）における教科書としての利用を念頭に置いているが，多くの研究者やビジネスマンにも一読してほしいと考えている。特に，中堅GNTの状況変動の感知，経営構想の策定，外部資源・能力の連携・新結合戦略，状況変化を受けて常に資源・能力の再編成や新結合を繰り返す革新活動は，大企業，中小企業のいずれにとってもベンチマークとなる。現在の日本の大企業は，創業期に身に付けていた経営革新の能力，DC戦略の遂行能力が，成長とともに少しずつ失われてきており，大企業病が懸念されている。このような状況のなかで，改めて中堅GNTのDC戦略から状況変化への動的適応，変革の経営を読み解く意義は大きいものと思われる。

　桜美林大学大学院経営学研究科では，2013年度に「国際標準化研究領域」が新設され，経営学の最新の実践的研究を教育のなかに取り込む動きがスタートした。それに合わせて本研究領域では，2013年度から毎年春秋に「ビジネス戦略セミナー」を連続開催し，2017年の9月には第10回目を迎えている。筆者ら4名は，設立当初の研究科長と3人の国際標準化研究領域の教員から構成されている。

　事例分析で取り上げた各企業のトップ・マネジメントをはじめ，関連部門のスタッフの皆様方には，お忙しいなか直接インタビューにお答えいただき，各社の経営の特徴や内外の工場，研究所の活動などを懇切丁寧に解説してい

ただいた。また関連資料のご提供をいただいたケースもあり，本書を書く際に問題意識や内容などの面で多くのヒントとなっている。ここに記して改めて感謝の意を表明したいと思う。ただし，本書の内容は，あくまで筆者らが自分達で理解し，また各種の資料をもとに独自に検証，分析した結果をまとめたものである。したがって仮に間違いがあるとしても，それらはすべて筆者らの責任に帰するものであることも明記しておきたい。

前書の出版に続き，同文舘出版株式会社編集局専門書編集部の青柳裕之氏，吉川美紗紀氏には，出版企画，構成などに関し多くのアイデアをいただいた。特にビジネス書としての構成，読みやすさ，簡潔さなど貴重なアドバイスをいただき深く感謝している。

本書は，全5部で構成されているが，以下の4名が分担して執筆を担当した。

第Ⅰ部	：土屋勉男
第Ⅱ部事例分析①・②・④・⑥・⑧	：土屋勉男
第Ⅱ部事例分析③・⑤	：金山　権
事例分析⑦	：原田節雄
事例分析⑨	：高橋義郎
第Ⅲ部	：土屋勉男
第Ⅳ部1	：高橋義郎
第Ⅳ部2	：金山　権
第Ⅴ部	：土屋勉男

2017年10月20日
桜美林大学大学院経営学研究科
国際標準化研究領域　執筆者一同

目 次

はじめに　*i*

第Ⅰ部
問題提起と本書の目的

1　本書の背景と狙い　3
1　本書の目的と狙い　3
2　先行研究—能力の構築と飛躍　6
（1）ダイナミック・ケイパビリティ（DC）理論　6
（2）企業の変革と経営者の役割　8
（3）ものづくり能力構築と飛躍　10

2　事例分析における対象企業の選定と仮説　13
1　事例分析の対象と位置付け　13
（1）グローバルニッチトップ（GNT）の経営特性　13
（2）事例分析の対象の選定　14
（3）事例分析の内容　16
2　事例分析の狙いと仮説　17
（1）事例分析の狙い　17
（2）事例分析の仮説—「成長の壁」の突破に向けてのDC戦略　18
（3）主要な概念の考察　20

第 II 部

グローバルニッチトップ(GNT)の事例分析

事例分析① フロイント産業株式会社 …… 26

1 会社の概要 …… 26
（1）会社の概要　26
（2）会社設立の歴史　27

2 新製品開発と同社の強み …… 28
（1）新製品開発の動向―10年おきに新製品を開発　28
（2）研究開発型の経営特性と強み　29

3 同社のビジネス・モデルとその特徴 …… 30
（1）変動に強いファブレス経営　31
（2）垂直統合型の開発体制と製品多様化戦略　32
（3）安定収益のビジネス・モデル　33

4 持続的成長と今後の課題 …… 34
（1）今後の成長戦略の基本ベクトル―国内の製剤事業の開発　34
（2）さらなる飛躍に向けての課題―機械部門の海外展開　35

事例分析② 根本特殊化学株式会社 …… 37

1 会社の概要 …… 37
（1）夜光塗料の「世界オンリー1」企業　37
（2）人のやらないものをやる　38

2 環境脅威・危機への対応と事業の飛躍 …… 39
（1）自社製品メーカーへの基盤形成　39
（2）未曽有の危機をN夜光の開発で突破　40

3 新材料の先行開発―特殊化戦略 …… 41
（1）材料の先行開発が重要　41
（2）特殊な用途に絞り込む　41

4 特許戦略と標準化でグローバル市場の開拓 ………… 42
 （1）世界各国の特許を押さえる 42
 （2）世界の市場を求め新用途開発に挑戦 43
 （3）N夜光が米欧日の「標準品」に採用 43
5 グローバル成長戦略 ………… 44
 （1）「特殊化」から「多角化」「国際化」へ 44
 （2）グループ経営に強み―海外は「資本出資・配当」が基本 45
 （3）グローバル化の推進と国際分業構想 46

事例分析③ 株式会社マスダック ………… 48

1 会社の概要 ………… 48
2 主力事業開発の動向 ………… 50
 （1）機械作りに着手 50
 （2）知名度のアップ 50
 （3）マスダックの強み 51
3 グローバル化の推進 ………… 52
 （1）海外ビジネスの始動 52
 （2）グローバル化の進展 53
 （3）グローバル化進展にともなう事業収益の向上 53
4 マスダックの経営特性 ………… 54

事例分析④ アリアケジャパン株式会社 ………… 56

1 会社の概要 ………… 56
2 アリアケの成長の軌跡―自動化，無人化工場の建設 ………… 57
 （1）アサリ調味料からスタート 57
 （2）完全自動化工場の建設 58

3 持続的な成長は用途開発の歴史―加工食品，外食産業そして中食市場へ ……… 59

（1）徹底したカスタマイズ戦略―外食産業への展開　59
（2）中食市場の開発　60

4 グローバル戦略の展開 ……… 61

（1）供給体制の整備と米国進出―原料調達の確保　61
（2）多極的世界最適地生産体制の構築―供給から需要へ　62

5 アリアケの経営特性と強み ……… 63

（1）経営の特徴と強み　63
（2）今後の成長戦略―グローバル垂直統合型のビジネス・モデル　65

事例分析⑤　ポーライト株式会社 ……… 67

1 会社の概要 ……… 67

2 主力事業開発の動向 ……… 67

（1）ポーライトの強み　67
（2）長年築き上げた実績と信頼　69
（3）近年におけるポーライトの実績　71

3 グローバル化の動向と特徴 ……… 72

（1）グローバル化にともなう事業の収益化　72
（2）今後の課題と展望　73

事例分析⑥　株式会社フジキン ……… 75

1 会社の概要 ……… 75

（1）13年連続の「超モノづくり部品大賞」に輝く　75
（2）東大阪に「ものづくり」企業の誕生　75

2 半導体製造装置用精密バルブ機器の開発 ……… 77

（1）特殊精密バルブ開発への挑戦　77
（2）半導体製造装置用バルブの開発―グローバル戦略製品の獲得　78
（3）顧客ニーズ主導型イノベーション　79

目 次

3 グローバル戦略の展開 ……… 79
（1）欧州輸出からスタート　79
（2）米国・アイルランドのカーテンコントロール社(CCI・CCL)の買収　80
（3）アジアものづくり共有体の構築　81

4 中堅GNTへの飛躍に向けての構想と成功要因 ……… 82
（1）グローバル成長に向けての中核製品の獲得　82
（2）グローバル経営の成功要因　83

事例分析⑦ IDEC株式会社 ……… 85

1 会社の概要 ……… 85
2 海外拠点の選択 ……… 87
3 主力事業開発の動向 ……… 87
4 3ポジションイネーブルスイッチの開発 ……… 88
5 事業分野の多角化 ……… 89
6 各事業における中堅企業規模の維持と今後の全体成長への戦略 ……… 90

事例分析⑧ アイダエンジニアリング株式会社 ……… 92

1 会社の概要 ……… 92
（1）研究開発型のGNT　92
（2）グローバル経営に強み　93

2 製品開発の動向 ……… 94
（1）主力製品の開発への挑戦　94
（2）グローバル化の加速―日系を超える　95

3 グローバル経営の特徴と狙い ……… 96
（1）ビジネス・モデルの特徴　96
（2）グローバル化の加速と国際生産分業戦略　98

4 グローバル市場の競争優位と今後目指すべき方向 …… 99
　（1）グローバル市場の競争力　99
　（2）今後の方向と課題　101

事例分析⑨ 株式会社堀場製作所 …… 103
1 会社の概要 …… 103
2 自動車用排ガス測定装置の開発 …… 105
3 差別化と標準化の成長戦略 …… 106
　（1）自動車用エンジン計測器システム市場の戦略　106
　（2）グローバル成長戦略　107
4 経営基盤としての統合マネジメントシステム …… 109
5 全体最適化経営を目指すKPI策定プロジェクト …… 111

第 III 部

中堅グローバルニッチトップ(GNT)のダイナミック・ケイパビリティ(DC)戦略

1 状況変化への対応と危機突破の戦略 …… 117
　―中堅GNTの事例分析のまとめ（その1）

1 事例各社の特徴と位置付け …… 117
　（1）製品・事業の特性と差異　117
　（2）派生需要も考慮した顧客特性　120
2 成長の壁と突破の動向 …… 121
　（1）成長の壁とは何か　121
　（2）事例分析にみる成長の壁の突破の方向　125
3 DC戦略の動向と経営構想 …… 127

（1）状況変化への対応―脅威・危機が引き金に　127
　（2）主力製品の開発と収益化の意義―持続的開発の重要性　130
　（3）持続的成長の構想―成長戦略の４つの方向　131

2　中堅GNTの知財開発と収益化の戦略　137
　―中堅GNTの事例分析のまとめ（その２）

１　中堅GNTのイノベーション戦略　137
　（1）状況変化への対応　137
　（2）研究開発型のイノベーション　141

２　収益化に向けての条件整備―新たな競争優位の獲得　146
　（1）持続的成長のための収益化戦略　146
　（2）持続的収益化に向けての成功要因　148

第Ⅳ部
標準化と現地化の適応戦略

1　ISO・全体最適経営　159

１　なぜいま全体最適化経営なのか　159
２　経営者の視点からみた全体最適化経営　161
３　全体最適化経営に導く３つのフレームワーク　163
　（1）グローバルで認められたビジネスエクセレンスモデルが目指す全体最適　163
　（2）ISOマネジメントシステムで運用する全体最適　167
　（3）バランススコアカード（BSC）が導く全体最適　171
４　DC戦略と全体最適化経営との関係性　174

2 グローバル化と現地化戦略 ……… 179

1 企業のグローバリゼーション ……… 179
2 日系企業の海外進出―中国進出を中心に ……… 180
3 グローバル化の経営行動と現地化戦略 ……… 185
4 グローバル化での経営行動の再検討 ……… 189
（1）現地化経営　190
（2）グローバル化の変化への組織の適応　192
（3）経営者の役割　194
5 企業のグローバル化と現地化 ……… 196

第 V 部

ダイナミック・ケイパビリティ(DC)戦略の活用と新たな競争優位の構築

1 企業の成長とDC戦略の活用策 ……… 203
（1）企業の成長と飛躍に向けての準備―本書のまとめ　203
（2）DC戦略と成功要因―中堅GNTの含意　205
2 持続的成長に向けての3つの課題 ……… 212
（1）知財の収益化戦略　212
（2）中堅GNTのビジネスとISO経営　214
（3）グローバル経営と現地化戦略　216
3 まとめと今後の課題 ……… 219
（1）本書のまとめ　219
（2）残された課題　223

索引 ……… 225

事例でみる中堅企業の成長戦略
―ダイナミック・ケイパビリティで突破する「成長の壁」―

第 I 部

問題提起と本書の目的

1 本書の背景と狙い

1 本書の目的と狙い

　本書の目的は，革新的中小企業から中堅グローバルニッチトップ（GNT）への成長過程において存在する「成長の壁」を乗り越えて，飛躍するための事業戦略や成功要因を事例分析により明らかにすることである。特に事例分析では，GNTのうち，従業員300～1000人以上，売上高100億円以上の「中堅GNT」に注目している。また，革新的中小企業と中堅GNTの間に存在する成長の壁や，その壁を乗り越えてきたプロセスを分析し，企業が飛躍するための戦略や成功要因を提示している。

　事例分析の枠組みは，ティース［David Teece］の「ダイナミック・ケイパビリティ（DC）戦略のフレームワーク」を参考に設定している[1]。ティースの理論では，環境脅威や経営危機など「状況変動」のなかで行われる経営者の戦略（経営判断）や革新活動に注目している。一方で本書では，状況変動のなかで，未利用の資源，能力を感知し，その再編成により有効利用を図るだけでなく，新たな資源・能力の獲得を通じ，環境脅威や危機からの飛躍に挑戦する経営者を紹介する。そのプロセスを分析することにより，それらの危機を乗り越え，新たな競争優位を獲得し，持続的成長に成功するための要因を分析している。

　ティースは，ダイナミック・ケイパビリティ（DC）を構成する要素とし

第Ⅰ部　問題提起と本書の目的

て，①脅威・機会の感知能力，②資源・知識・ルーチン応用・再利用の捕捉能力，③資源再結合による変革能力，という3つの基本能力を挙げた。経営者や事業リーダーは，脅威や危機をバネにして，新たな「競争優位の構築」に向けて状況変化に対応する「自己変革能力」を磨き上げ，思い切って資源や能力の再構築や新結合を図る必要がある。

このティースの理論は，米国型経営が得意とする「選択と集中，売却と買収」を機軸とするトップダウンの経営とは異なっている。むしろ活動現場の開発，製造，販売などの問題・課題を見つけ，改善改良を積み上げる能力構築型の企業像を示している。それに加えて，あるときには大胆に外部の資源や能力を取り込み，全体最適に向けて経営革新を断行する必要があるが，日本型の経営との相性は悪くない。日本のものづくり優良企業にみられるよう

図表Ⅰ-1-1　グローバルニッチトップの能力革新－DC戦略による

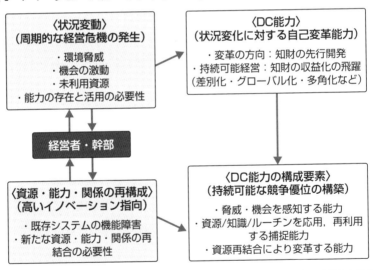

出所：土屋勉男，原頼利，竹村正明 (2011)『現代日本のものづくり戦略―革新的企業のイノベーション』白桃書房，p.179をもとに加筆修正。
DC理論については，デビッド・J・ティース著，谷口和弘，蜂巣旭，川西章弘，ステラ・S・チェン訳 (2013)『ダイナミック・ケイパビリティ戦略』ダイヤモンド社をもとに筆者作成。

に，現場重視，ものづくり能力構築指向のもとで，部門や機能を超えて全体最適を追求する経営とは親近性をもつのである[2]。

　DC戦略を本書のフレームワーク（**図表Ⅰ-1-1**）でみれば，主として経営環境の大きな変動を背景とした未利用資源や経営能力の不適合問題を出発点に，資源や能力の有効利用を求めて経営変革が行われる。その方法は資源・能力の新たな視点からの再編成，外部資源と結び付いた新結合などにより，新たな持続可能な競争優位を探索することだと言える。またそれらの改革は，実行重視のPDCAサイクルのもとで，改善・改良を持続させればよい。それらの経営革新と持続的な競争優位の探索過程は，内部資源重視，持続的な能力構築を追求する日本の強み，さらには日本型経営にも重なる。

　本書の狙いは，日本の強みと日本的経営の良さを活かす一方で，大企業のなかでは忘れられてきている中小・中堅企業のトップ主導の意思決定，状況変化に対する自己変革能力，持続可能な競争優位の再構築の方法を探索することである。

　分析方法としては，主として経済産業省「グローバルニッチトップ企業100選（GNT企業100選）」の表彰企業，あるいはそれに準ずる企業を対象に，比較的規模の大きな中堅GNT企業を10社選定する。そして中堅GNTがGNT事業の開発を契機として，グローバル成長の持続や新たなビジネス・モデルの構築に成功する経緯に焦点を当てて分析している。また持続的成長に向けて中堅GNTの事業開発と収益化の動向を，事例企業をもとに分析し，その成功要因を明らかにすることを目的としている。

2 先行研究—能力の構築と飛躍

(1) ダイナミック・ケイパビリティ (DC) 理論

①内部組織の経済学

　企業にとって取引の「内部化」とは，外部の市場取引に代えて，企業内組織での活動と管理を優先する経営判断を指す。内部化理論は，企業が製品開発，生産，販売などの諸活動において，オープンな市場取引ではなく，企業内組織活動を優先することを意味する。企業活動を内部組織化する理由は，コース [Ronald Coase] が指摘するように市場取引は企業内取引に比べて多くの「取引費用」がかかることが要因である[3]。

　コースの流れを受けて，カリフォルニア大学バークレー校の大学院名誉教授のウィリアムソン [Oliver Williamson] は，経済学の領域から現実に近い新たな企業理論を作り上げてきた。企業が市場取引に代えて内部組織化する誘因は，情報の不確実性を考慮すると取引情報の収集のために大きな費用がかかることが原因である。取引先の探索，取引先との交渉，取引の管理など，初めての取引では多くの費用がかかる。また意思決定者は「限定合理的」な能力しかもち合わせておらず，短期的な市場の取引において確実な情報を瞬時に集めて判断することはできない。もしそれを短期間のうちにやろうとすれば，取引費用は幾何級数的に増大してしまうのである。

　ウィリアムソンは，経営者の主要な目的を「企業と外部エージェントの間で最善な境界を選択することにより，生産費用と取引費用の和を最小化する」ことであると考え，内部組織化の有効性を考えた[4]。情報を収集し，適切な取引相手を探索する費用，技術ノウハウの流出リスクなどにかかる取引費用は，決して小さくない。したがって，生産費用が最小の組織と，取引費用も考慮した組織との間には，境界選択上の差異が生じ，企業の境界が広がって

いくことになる。

　企業の境界は国内だけではなく，国境を越えて取引が拡大する場合に取引費用の存在が重要になり，内部組織化のメリットは増す。海外工場や海外販売会社を作り国境を越えて展開する理由は，国内以上に取引活動に付随する費用が増大し，内部組織化するメリットが高まるからである。内部組織化の効果は，時間軸を考慮すると一層顕著になる。短期的な取引コストはその都度決まるが，海外の活動を内部組織化し，時間をかけて習熟効果を追求すれば，取引費用は時間とともに低減するため，習熟曲線に沿って優位性を磨き上げることができる。

　グローバル経営においては，多国籍企業の優位性は諸活動に及ぶ。市場取引に対する短期的な取引費用上の優位性にとどまらず，グローバル化することにより新たな市場を創出し，シナジー効果を生み出すこともできる。また近年の新興国市場の成長をみれば，グローバル化していない企業に対して，開発面でも優位性を作り出すことができる。たとえば，新興国向けに開発した製品を，日本や欧米などの先進国にも展開し成功する事例は，リバース・イノベーションと呼ばれ，欧米の企業ではすでに活用されている戦略である[5]。

②能力構築の動態理論

　ティースは，カリフォルニア大学の先輩であるウィリアムソンの内部取引の経済理論から影響を受けている。しかし現実の企業を追究するなかで，ウィリアムソンの企業理論がダイナミックに成長発展する企業とは異なる点に気づき，軌道を修正していく。その軌道修正の方向はミクロ経済学に基礎を置く企業理論から離れ，経営戦略論のなかの「内部資源論（Resource Based View：RBV）」の研究領域に踏み込んでいく。

　本書における事例分析の注目点は，中堅GNTのなかでも世界的シェアをもつ主力事業の開発やその収益化に注目し，危機突破の戦略や新たな競争優位を確保するための能力構築などを，DC戦略の理論をもとに分析している

点である。

　DC理論では，その目標を「持続可能な競争優位」の構築と捉え，状況変動から生まれる資源や能力の不適合に注目する。未利用の資源や能力の不適合が続くと，経営の危機は顕在化してくる。環境脅威や危機を引き金にそれを突破するための自己変革能力の必要性が認識され，新たな変革の活動が遂行されるようになる。

　中小企業の場合は，規模や能力の蓄積が小さいため，10年おきに環境脅威や経営の危機に直面する事例が出てくることが多い。つまり，状況変動が頻繁に起こり，状況変化に対する資源や能力の不適合が生まれ，危機を認識した経営者は自己変革に着手する必要性が生まれることになる。

　一方で，環境脅威は経営変革のチャンスでもある。革新的中小企業では，それらの脅威や危機の際にそれを乗り越えるために思い切った意思決定が行われ，結果として新しい事業や既存の事業における新たな競争優位を獲得する事例がみられる。つまり経営者や主力企業のリーダーは，環境変動，危機などに直面し，従来と異なる資源の再編成や能力の再構築を迫られる。その結果，経営資源や経営能力の調整，再結合などを通じて新たな知財開発や収益化の探求が行われ，なかには競争優位の構築に成功する企業も出てくる。

（2）企業の変革と経営者の役割

　ティース理論の骨格でもあるが，本書では，状況変動に当たり経営の危機や環境脅威を感知し，危機の突破に向けて自己変革を先導する主体に注目する。中小企業や中堅企業の場合には，経営者（リーダー）が率先してリーダーシップを発揮する例が多い。

　ペンローズ［Edith Penrose］は，経営資源や管理組織をもった現実に近い企業像を描き，会社成長の理論を作った[6]。それまで経済理論のなかに描かれてきた企業は，市場のみえざる手に導かれ，資源の合理的利用を瞬時に実現する生産者であった。そこには企業が活動するための経営資源や組織が

なく，合理的存在である抽象的な企業が描かれているに過ぎなかった。そこでペンローズは，高度に抽象化された企業を現実に近い生きた存在に近付けることに，多大なる貢献を果たした。さらに，内部資源理論の学派に属する経済，経営学者に大きな影響を与えることになる。

ペンローズによれば，企業は経営者を中心に持続的な成長発展を追及する組織である。企業は，経営資源の集合体であるとともに，管理組織体でもある。この多面的な企業像を描くことから，企業は自ら成長するダイナミズムが生まれる。そこで，企業の経営者（リーダー）の役割として，遂行すべき機能を考慮すると「企業家」と「経営管理者」の2つに分けられる。

まず「企業家」であるが，企業家は環境変動や脅威のなかで，経営資源の集合体のもつ潜在能力を見きわめ，また企業の内部に存在する「未利用な資源や能力」を見つけ，それを活用することから新たな成長を追求する役割を担う。企業家は，新たな成長に向けて計画を作成し，その計画が実行に移されると，企業家としての「機能（役割）の解放（リリース）」[7]が起こり，新たな成長に向けての誘因が生まれることになる。それは企業家にとって，現在直面している成長計画がひとたび実行に移されると，時間や能力の面で余裕（機能の解放）が出て，次の成長戦略を策定する時間が生まれることを意味している。

一方で「経営管理者」は，開発した事業を効率よく遂行する役割を担う。企業成長の関連でいえば，企業家は未利用の資源や能力を見つけ，新たな事業を創造して成長するが，新規開発した事業が長期にわたり効率よく持続できるかどうかはわからない。多くの企業では，事業の多角化が進むと管理面での非効率が生じるのが一般的である。事業の多角化が急速に進むと，経営者（リーダー）は効率よく管理する能力の構築が事業の拡大に追い付かない状況に直面するからである。また新たな「経営管理者」を外部から調達するとしても，短時間のうちに社内と同等の能力を学習することがむずかしく，成長そのものに制約が出てくる。このような経営管理能力は，企業内で育て

られるものであり，速すぎる成長に対する成長制約となる。企業成長に対する経営管理者能力の制約は，「ペンローズ効果」[8]と呼ばれ，速すぎる成長にも制約があること，また，その制約は経営者および経営者チームの学習能力に規定されることを示している。

なお第Ⅱ部の事例分析では「経営者」という言葉を使うが，会社の創業者であり，会社の経営を実質的にリードしている会長，社長などを指している。また時として，主力事業の開発リーダーを指す場合もある。多くの場合「経営者」はビジネス構想を描きイノベーションを先導し，事業の立ち上げや市場の開発，浸透などを実質的にリードする役割が期待されるが，主として「企業家」としての能力が注目されていることを意味している。

（３）ものづくり能力構築と飛躍

中小・中堅のものづくり企業は，復興経済から高度成長経済に向かう過程で自動車やエレクトロニクス・メーカーとの取引関係をもとに「関係的技能」を蓄積し，自立発展するための「ものづくり能力」を構築して成長してきた。それらの自動車，エレクトロニクスのサプライヤーのものづくり能力の構築メカニズムを理論・実証的に分析した日本の学者として，本書では浅沼の研究に注目している[9]。

浅沼は前述のウィリアムソンの内部組織化の理論をもとに，日本における市場取引でもなく，内部組織化でもない「中間取引」の経済性の意義を理論・実証面で解明した学者として知られている。自動車やエレクトロニクス・メーカーは，サプライヤーとの間で長期の信頼関係に基づき，資本関係に依存しない「やわらかな」取引関係を構築してきた。たとえばトヨタの系列関係は，短期の市場取引でもない「中間取引」の代表的な関係と言える。その関係のもとでサプライヤーは，メーカーとの長期取引，信頼関係から「関係的技能」を蓄積し，生産面や開発面で段階的に能力構築を進めている実態を明らかにしたのである。

図表 I -1-2　ものづくり能力の構築とその飛躍—貸与図から承認図へ

カテゴリー	買手の提示する仕様に応じ作られる部品（カスタム部品）						市販タイプの部品
	貸与図の部品			承認図の部品			
	I	II	III	IV	V	VI	VII
分類基準	買手企業が工程についても詳細に指示する	供給側が貸与図を基礎に工程を決める	買手企業は概略図面を渡しその完成を供給側に委託する	買手企業は工程について相当な知識を持つ	IVとVI中間領域	買手企業は工程について限られた知識しか持たない	買手企業は売手の提供するカタログの中から選んで購入する
例	サブアセンブリー	小物プレス部品	内装用プラスチック部品	座席	ブレーキ，ベアリング，タイヤ	ラジオ，燃料噴射制御装置，バッテリー	

※サプライヤーのものづくり能力は，貸与図（I～III）から承認図（IV～VI）に向けて能力向上が図られる。
出所：浅沼萬里（1997）『日本の企業組織 革新的適応のメカニズム—長期取引関係の構造と機能』東洋経済新報社，第6章より引用。

　サプライヤーの能力構築は，大別すれば貸与図方式から承認図方式への6段階で進化する（**図表 I -1-2**）。最初はメーカーから図面（貸与図）を渡され，専ら工程面でのQCD（品質・コスト・デリバリー）の効率化を目指した能力構築（I・II・III）が進められる。その後は，製品開発・設計面での能力構築が進み，共同開発や提案のできる承認図方式（IV・V・VI）にステップアップする。

　浅沼が注目した関係的技能とは，メーカーの仕様に応じて開発や改善する能力，図面に基づき工程開発やVE（Value Engineering）活動する能力，QCDの基本能力，原価低減・改善の能力などをさしている。サプライヤーはメーカーとの継続的取引関係を通じて技能の蓄積を図り，段階的な能力構築を実現しており，その成果は，双方の工夫のもとで年々創出されていく性格である。またトヨタの系列関係のように，生み出された成果は，メーカーとサプライヤーの双方で分配することが重要となろう。

日本のものづくり企業は，メーカーとサプライヤーが連携して長期の取引関係を通じて「ものづくり能力」の基本要素である開発・製品設計能力，工程設計能力などを時間とともに構築し，進化させていることが強みである。

注

1）デビッド・J・ティース著，谷口和弘，蜂巣旭，川西章弘，ステラ・S・チェン訳（2013）『ダイナミック・ケイパビリティ戦略』ダイヤモンド社，p.4。
2）土屋勉男（2006）『日本ものづくり優良企業の実力――新しいコーポレート・ガバナンスの論理』東洋経済新報社，p.156。
3）ロナルド・H・コース著，宮沢健一，藤垣芳文，後藤晃訳（1992）『企業・市場・法』東洋経済新報社，p.9。
4）O・E・ウィリアムソン著，浅沼萬里，岩崎晃訳（1980）『市場と企業組織』日本評論社，p.199。
5）ビジャイ・ゴビンダラジャン，クリス・トリンブル著，渡部典子訳，小林喜一郎解説（2012）『リバース・イノベーション――新興国の名もない企業が世界市場を支配するとき』ダイヤモンド社，p.125。
6）E・T・ペンローズ著，末松玄六監訳（1962）『会社成長の理論』ダイヤモンド社。
7）同上書，p.66。
8）マリスは，「ペンローズ効果」と呼んで，経営者の追加的な供給には成長制約が出るとする（ロビン・マリス著，大川勉，森重泰，沖田健吉訳（1971）『経営者資本主義の経済理論』東洋経済新報社，p.105）。
9）浅沼萬里（1997）『日本の企業組織 革新的適応のメカニズム――長期取引関係の構造と機能』東洋経済新聞社，第6章。

2 事例分析における対象企業の選定と仮説

1 事例分析の対象と位置付け

(1) グローバルニッチトップ (GNT) の経営特性

　経済産業省では，2013年度から「グローバルニッチトップ企業100選（GNT企業100選）」を選定し，表彰を始めた。同省の選定の基準としては，業種分類として機械・加工部門，素材・化学部門，電気・電子部門，消費財・その他部門，ネクストGNT部門の5部門に分け，また企業規模としては大企業（6社），中堅企業（25社），中小企業（69社）の3部門に分割している[1]。選定企業には，大企業，中堅企業が計31社含まれているとはいえ，大部分を中小企業が占めている。

　GNTの選定理由としては，①世界シェアと利益の両立，②独創性と自立性，③代替リスクへの対処，④世界シェアの持続性に注目しているが，特定の製品，事業では世界トップのシェアをもっている。GNTは研究開発型に分類され，多くの共通項（能力，資源，関係など）がみられ，革新的中小企業の延長線上に位置しているとみてよい。日本が強みをもつ自動車，産業機械，エレクトロニクスなどの「ものづくり大企業」は，輸出から海外生産への移行が進み，貿易黒字を持続する力が減少してきている。その点で国内に生産基盤をもつ中小・中堅企業を主体としたGNTの企業群への期待は大きい。

前書[2]で分析した事例のなかには，「GNT企業100選」に選定された企業が4社含まれている。いずれも国際市場の開拓に積極的に取り組んでいる企業であり，ニッチ分野においては世界的な競争力をもち，高い世界シェアを獲得している。

東日本大震災以降，発電用エネルギーの輸入が急増し，日本の貿易収支の赤字問題が浮上している。また，リーマンショック後の円高のオーバーシュートにより，日本のものづくり企業は欧米先進国やアジアへのグローバル化が加速し，国内産業の空洞化が問題となっている。さらに自動車，産業機械とともに日本の貿易黒字をリードしてきたエレクトロニクスは，比較優位そのものが低下し，海外生産への移行や国内工場の閉鎖などによる影響が深刻な問題となってきた。

このような状況のなかで，中小・中堅のGNTは，グローバルなニッチ（隙間）領域を開発し，差別化した製品技術をもとに，日本から世界に向けた輸出ができる企業である。またそれらの企業は，国内にものづくり組織能力の基盤を構築しており，地域社会とも密接な関係を構築している。したがって，それらの企業が今後さらに成長拡大を続ければ，輸出型大企業のグローバル化による国内産業の空洞化を補う役割も期待されることになる。

（2）事例分析の対象の選定

本書で選定した中堅GNTは，マスダックを除く8社が，従業員数が中小企業の300人の枠を超えている。また，売上高は50〜199億円が3社，200〜499億円が3社，500〜999億円が2社，1000億円以上が1社あり，売上高の規模は中小企業の枠を大きく超えている。そして，9社のうち5社が上場企業であり，革新的中小企業の「成長の壁」を突破し，中堅企業に飛躍した企業でもある。

本書のなかの9社の売上規模の分布をみると，以下のとおりである。

・50〜199億円　　　：根本特殊化学，マスダック，フロイント産業（3社）

・200〜499億円　　：アリアケジャパン，ポーライト，IDEC（3社）
・500〜999億円　　：フジキン，アイダエンジニアリング（2社）
・1000億円〜　　　：堀場製作所（1社）

　前書の対象企業のなかから，あえて3社（根本特殊化学，IDEC，フジキン）を今回の分析に加えた。根本特殊化学，フジキンは，従業員数が300人以下の中小企業の枠を大きく超えているだけでなく，革新的中小企業の「成長しない経営」のコンセプトから飛躍し，持続的な成長を追求した企業である。また，そのほかの理由については，「2　事例分析の狙いと仮説」で説

図表I-2-1　本書の事例分析の対象企業の一覧

企業名	事業の規模（売上高・従業員数）	事業の概要	元気なモノ作り300社（中小企業庁）	GNT100社（経済産業省）	そのほか（上場等）	インタビュー日程
①フロイント産業	・190億円 ・382名	造粒コーティング装置		◎	上場	2016年8月2日
②根本特殊化学	・68億円 ・724名	蓄光性蛍光体	2006年			2014年3月27日・2016年9月1日
③マスダック	・125億円 ・266名	全自動どら焼機	2006年	◎		2016年8月3日
④アリアケジャパン	・464億円 ・884名	天然調味料			上場	2017年1月30日
⑤ポーライト	・450億円 ・4000名	含油軸受	2006年	◎		2016年9月15日
⑥IDEC	・434億円 ・2222名	各種制御装置			上場	2014年4月10日
⑦フジキン	・533億円 ・2800名	産業用精密バルブ装置	2006年	◎		2014年4月10日・2016年8月24日
⑧アイダエンジニアリング	・755億円 ・1951名	サーボプレス機械		◎	上場	2016年8月5日
⑨堀場製作所	・1701億円 ・7419名	分析計測装置		◎	上場	2015年2月22日

※図表の情報はインタビュー当時のもの。
出所：企業情報をもとに筆者作成。

(3) 事例分析の内容

　本書の事例分析では，各社のホームページなどをもとに，企業の概要や経営の特徴，強みに関する情報を分析，整理する。また代表取締役会長・社長，またはそれに準ずる経営幹部にお願いしてインタビュー調査を行い，新製品・新事業開発の動向，海外進出の経緯やグローバル経営の特徴，成功要因などについてまとめている。

　インタビュー調査に当たり，「会社のプロフィール」（会社概要，会社の沿革），「取引の構造」（事業領域，主要顧客，技術基盤の特徴），「イノベーションの進め方」（開発体制，取引先との共同開発，アライアンス），「海外ビジネスの開発動向」（海外進出の経緯，海外ビジネスの方法，知財戦略）の4つの質問項目を用意した。そして革新的中小企業の「成長の壁」を突破し，中堅GNTへ飛躍する過程に焦点を当てて分析した。特に環境変動や脅威，中核となる製品・事業の開発，グローバル成長の方法，成功要因に焦点をあてた。また中堅GNTへの飛躍に向けての新たな能力構築，経営変革の動向などの実態を分析し，持続的成長に向けて新たな競争優位の獲得の方法をDC戦略のフレームワークに当てはめた。

　なおインタビュー調査は，前書から引き続き調査した企業3社は，2014年3〜4月，および2016年8〜9月に会長または社長等へのインタビューを実施した。また，そのほかの企業6社については，2016年8〜9月にかけて，主要なインタビュー調査を実施している。

2 事例分析の狙いと仮説

(1) 事例分析の狙い

　本書の対象企業のなかには，前書で紹介した革新的中小企業のなかの3社を加えた。それらの企業（IDEC, フジキン，根本特殊化学）は，規模が中小企業（300人）の枠を超えて成長しているだけでなく，経営者のドメイン（事業領域）指向や成長指向が，革新的中小企業の指向と異なっている点に特徴がある。革新的中小企業は，規模の一時的成長を良しとせず，「成長しない経営」を指向する傾向をもち，成長よりは「開発の持続」を重視し，持続可能な経営を追及する指向が強い[3]。

　一方で，革新的中小企業から飛躍して，より上位（中堅企業）の規模を目指す企業もある。先行開発により独自のニッチな領域を見つけ，競争を避けて高いシェアを持続させる「革新的中小企業」の戦略は，「中堅GNT」の戦略とは異なる。中堅規模を目指して国内や海外に向けて無理に事業規模を拡大すれば，内外の新たなコンペティターの参入を誘発し，いままでの競争優位が持続しない状況に遭遇する可能性もある。

　顧客との長期の取引関係，信頼関係により関係的技能を蓄積し，顧客をリード・ユーザーとして活用して新製品や新事業を開発し，持続可能な開発や収益化に成功する「革新的中小企業」の段階を第一段階とすれば，その後の成長，飛躍，収益化におけるDC戦略の動向に着目している。

　たとえば前回から引き続き取り上げた中堅GNTの3社のうちIDECは，すでに東証1部に上場している大阪市淀川区の制御機器，安全装置の企業である。制御機器・安全装置のオンリー1企業であり，開発・知財戦略をミックスして高いシェアを獲得してきたが，さらに「国際標準」を組み合わせた「三位一体」戦略によりグローバル市場でシェアを拡大し，収益の専有化に成功

している。またフジキンは，戦後に大阪市東大阪で設立された精密バルブの革新的中小企業であり，プラント用，原子力用，宇宙機器用など最先端の精密バルブを次々に先行開発してきた。その後，半導体製造装置用の精密バルブの開発に成功したことが飛躍のきっかけである。さらにM&A，合弁，独資などの戦略的提携を駆使し，いまでは連結すると従業員2450名，売上高420億円の中堅規模の企業に成長している。さらに根本特殊化学は，資本金だけでみると中小企業の枠内であるが，936名の従業員を抱えており，「特殊化，多角化，国際化」をもとに成長してきた。とりわけ放射性物質ゼロの顧客側のニーズを先取りし高機能蓄光材料「N夜光」の開発に成功するとともに，米国・欧州などでデファクト標準に認定され，世界で圧倒的なシェアを獲得し，革新的中小企業の能力を超える成長を続けている[4]。

革新的中小企業が上場してさらに成長しようとすると失速する事例も出ていることは，前書で指摘した。その主たる理由は，革新的中小企業の「成長しない経営」が，持続的成長を追求する「中堅GNT」の指向と異なっていることが要因である。また差別化した市場，新規参入を阻止する事業領域，国内中心のグローバル戦略などの成功体験が，中堅GNTの戦略と相いれないことも「成長の壁」となっているのである[5]。

（2）事例分析の仮説—「成長の壁」の突破に向けてのDC戦略

本書では，革新的中小企業から中堅GNTに向けて持続的な成長を実現した経緯をDC戦略のフレームワークをもとに分析する。中小企業は規模も小さく，状況変化の影響を受けて環境脅威や危機に直面する場合がある。また能力や資源の不適応は，未利用の資源，能力の存在を意味しており，そのまま続けると赤字が拡大するおそれもある。一方で，こういった環境脅威をバネに資源や能力の再編成を行い，経営の危機を突破するための成長の中核となる製品，事業の開発に成功する企業もある。大規模な生産投資，新しいビジネス・モデルの開発が飛躍の引き金となることもある。またその後，知財

第Ⅰ部
2 事例分析における対象企業の選定と仮説

図表Ⅰ-2-2 DC戦略のフレームワーク—革新的中小企業から中堅GNTへの飛躍

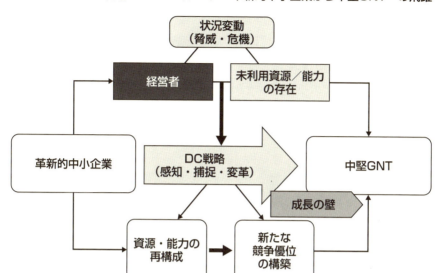

出所：デビッド・J・ティース著, 谷口和弘, 蜂巣旭, 川西章弘, ステラ・S・チェン訳(2013)『ダイナミック・ケイパビリティ戦略』ダイヤモンド社, E・T・ペンローズ著, 末松玄六監訳 (1962)『会社成長の理論』ダイヤモンド社をもとに筆者作成。

の収益化を進めるなかで、資源・能力の再編成や内外資源の結合の努力が実り、新たな競争優位の獲得に成功する企業も出てくる。その変革のプロセスは、DC戦略のフレームワークで分析することができる。

たとえば、前書の事例[6]では、根本特殊化学は時計大手の放射性物質全廃の方針を受けて、画期的性能の蓄光性材料（N夜光）の開発に成功する。また海外の用途開発のため、米国で「事実上の標準」に採用され日本、欧州の国際標準化でもリードし、グローバル競争優位を不動のものとする。またフジキンは、世界の成長戦略をリードする半導体製造用精密バルブ開発に成功し、米国のM&Aやアジアの合弁・独資の連携戦略を駆使し、日米欧アジアのグローバル体制作りに成功する。さらにIDECは、制御装置の研究開発型企業で、先行開発によりオンリー1製品を投入し世界シェアをリードして

きた。しかし高いシェアも時間とともに世界の参入企業を誘発し，低下するのが一般的であった。ところが同社のイネーブルスイッチは，開発・知財だけでなく，欧州企業と連携して国際標準を目指して開発し，開発・知財・国際標準の「三位一体」戦略によるグローバル競争優位の獲得に成功する。

本書では，前書での事例における問題意識，仮説を踏まえて新たに6社を加え，中堅GNTにおける持続可能な成長のメカニズムを分析している（図表Ⅰ-2-2）。

（3）主要な概念の考察

DC戦略のフレームワークでは，以下の4つの概念が重要である。

①経営者：変革のリーダーシップを担う

経営者は，変革のリーダーシップを担う先導者である。中小企業の場合は，社長やコア製品・事業を開発した幹部などが該当する。研究開発型の企業では，経営者は最も重要な役割を担い，イノベーションや新たな成長への先導役を担う場合が多い。前述したペンローズの経営者における「企業家」機能がそれである。

中小・中堅の経営者は，経営の危機に直面する機会も多く，それだけDC戦略を活用する必要に迫られる。大企業以上に状況変動に対する感知・捕捉・変革の能力の活用が求められ，能力開発が進むことになる。

②状況変化と未利用資源・能力：経営の非効率と変革の引き金

企業の寿命は「大企業30年，中小企業10年」と言われるように，規模が小さければ小さいほど状況変動の影響を大きく受ける。そのため，10年おきに危機への対応が求められる立場にあると言えよう。

環境脅威や経営の危機は，ペンローズの言葉を借りれば，「未利用の資源」が生まれている状態を指す。資源や能力が利用されない状況は，その程度や

規模によって経営の非効率や赤字が生まれる状態につながりやすく,それは資源や能力の再編成が必要な局面でもある。一方で,未利用の資源や能力の存在は,経営者の「感知・捕捉」を通じて新たな事業計画や「変革」の引き金となる点にも注目すべきであろう。未利用の資源の存在が,企業のダイナミックな変動や変革を促す源泉ともなるのである。

③資源・能力の再構成,新結合:知財の開発・収益化の探索と実現

先の研究[7]では,革新的中小企業がイノベーションを起こすプロセスを分析した。B to Bの企業の場合,取引先（大企業の場合が多い）との信頼関係は重要であり,取引先をリード・ユーザー（先導顧客）役としたイノベーションが有効である。また,新たな製品や事業の開発には,大企業の開発力を連結したオープン・イノベーションが利用されていることも明らかになった[8]。新結合にあっては,社外の資源や能力の活用を考慮する必要がある。

また,革新的中小企業では,知財の開発だけでなく収益化の面でもイノベーションが行われている点に注目したい。たとえば,オンリー1製品の先行投入,デファクト標準の獲得を基本戦略とするが,製品や販売地域によっては企業の境界を超えた連携戦略をとることも有効である。自社主導のオープンOEM連携,知財戦略の工夫（特許・知財戦略,製法のブラックボックス化など）,差別化したビジネス・モデルなどを組み合わせた知財収益化の戦略がとられている点にも注目したい[9]。

なおティースは,資源,能力の再構成や新結合に際して「共特化」という概念を強調している[10]。「共特化は,ある資産が別の資産に対して,戦略が構造に対して,あるいは戦略がプロセスに対して,それぞれ持ちうる関係性を表す」とし,捕捉,再配置の双方に対し重要な意味をもつと指摘している。共特化資産は,企業内で生み出される知的財産であり,市場取引がむずかしい技術ノウハウの類である。企業内・企業外の資源や能力の共同活用,連携関係により「共特化の経済性」が働き,状況変化への適合や競争優位の再構

第Ⅰ部 問題提起と本書の目的

図表Ⅰ-2-3 会社の寿命曲線と3つのタイプ
—革新的中小企業・中堅GNT・大企業GNT

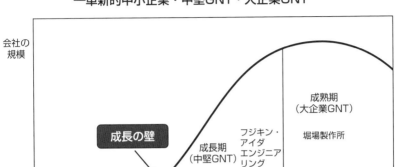

出所：図表Ⅰ-2-1や事例分析をもとに，各社を概略配置。

築の戦略が進むことになる。DC戦略を促進させ，知財の専有可能性を高めるための「高度な知財」であると考えればよいであろう[11]。

④新たな競争優位の獲得：「成長の壁」の突破と持続的成長

　DC戦略の狙いは，持続的成長が可能な新たな競争優位の獲得である。革新的中小企業の場合は「成長しない経営」，一時的な急成長より「開発の持続」を指向する経営者が多いが，逆にその指向が持続的な成長を求めて規模の拡大を追求する場合，「成長の壁」となってしまう。革新的中小企業で上場した企業は多いが，上場すると業績の拡大，規模の成長を持続させることができず，業績の上下動を繰り返す企業も出てくる。革新的中小企業と中堅GNTの間に横たわる「成長の壁」は意外に高いと言える（**図表Ⅰ-2-3**）。

　「成長の壁」の主たる理由は，革新的中小企業の経営指向が，規模の拡大

より開発の持続を優先する経営者の指向が問題となっているからである。また，みんなが求める市場とは異なる領域を見つけ，デファクト標準を握るとともに，他社が参入しない知財戦略で参入障壁を作り，市場を広げない。一方でニッチ領域では，常に開発の持続を優先し，特定領域へ集中し，他社の競争を寄せ付けない。それらの指向，戦略が成長の持続を優先する戦略と相いれないことが原因であろう。

第Ⅱ部の事例分析では，成長の持続に向けて革新的中小企業の「成長の壁」をいかに突破するかに注目している。

注

1) 経済産業省（2014）「グローバルニッチトップ企業100選（GNT企業100選）」3月17日。
2) 本書における「前書」は，すべて以下の書籍をあらわす。
土屋勉男，金山権，原田節雄，高橋義郎（2015）『革新的中小企業のグローバル経営―「差別化」と「標準化」の成長戦略』同文舘出版。
3) 伊藤正昭，土屋勉男（2009）『地域産業・クラスターと革新的中小企業群―小さな大企業に学ぶ』学文社，p.213。
土屋勉男，原頼利，竹村正明（2011）『現代日本のものづくり戦略―革新的企業のイノベーション』白桃書房，p.194。
4) 土屋，金山，原田，高橋，前掲書，p.115。
5) 同上書，p.238。
6) 同上書，第4章。
7) 土屋，原，竹村，前掲書。
8) 土屋，原，竹村，前掲書，第2章2-1「革新的中小企業のプロフィール」参照。
9) 土屋勉男，井上隆一郎，竹村正明（2012）『知財収益化のビジネス・システム―中小の革新的企業に学ぶものづくり』中央経済社，p.175。
10) デビッド・J・ティース著，谷口和弘，蜂巣旭，川西章弘，ステラ・S・チェン訳（2013）『ダイナミック・ケイパビリティ戦略』ダイヤモンド社，p.42。
11) 菊澤研宗（2016）『組織の経済学入門［改訂版］』有斐閣，第5章。

第 II 部

グローバルニッチトップ（GNT）の事例分析

※事例として挙げた企業の情報について，特に出所を明記していない記述は，インタビュー調査や各社のウェブサイト，会社案内，有価証券報告書に基づいたものである。

フロイント産業株式会社
製剤用機械・化成品の２つの並行開発により設立53年間連続黒字の超優良経営

1 会社の概要

(1) 会社の概要

フロイント産業は，東京都西新宿の一角に本社ビルを構え，製剤用機械・化成品の２つの開発シナジーを活用し，設立53年間にわたり連続黒字を続ける超優良会社である。創業50周年を迎えた2014年3月には「グローバルニッチトップ企業100選」にも選ばれた。製剤機械の国内シェアが70％，世界シェアが30％と製薬会社向け製剤機械の分野では世界的にも高い競争力をもっており，製造販売の累積台数も6000台を数え，息の長い成長を続けている。

同社は，2016年2月期で連結の売上高が190億円，従業員382人である。従業員382名のうち，技術者は200名を抱えており，典型的な研究開発型企業と言える。事業の内容は，機械部門130億円，化成品部門60億円，営業利益13億円となっている。機械

フロイント産業株式会社の概要

本　　社	東京都新宿区西新宿6-25-13
設　　立	1964年9月
資 本 金	10億3500万円
経 営 者	代表取締役社長　伏島　巖
売 上 高	190億円（2016年2月期・連結）（海外売上比率29％）
従業員数	382名（うち技術者200名・連結）
事業内容	医薬品，食品，化学等の業界向け造粒・コーティング装置およびプラントエンジニアリングと医薬品添加剤，食品品質保持剤，栄養補助食品等の開発・製造販売
経営特性	・製剤機械，化成品で世界No.1（国内シェア70％，世界シェア30％強） ・研究開発型のファブレス体制（造粒装置・化成品の垂直統合に強み） ・設立50年間連続黒字（機械130億円，化成品60億円）

※2016年2月期時点。

部門は，医薬品分野の造粒・コーティング装置が中心であり，売上高の3分の2以上を占める。一方で，化成品部門は売上高の3分の1程度を占め，医薬品添加剤，食品品質保持剤，栄養補助食品・受託製造などで構成される。医薬品添加剤は，医薬品のなかで「効き目」以外の副原料であり，化成品部門の3分の1程度を占め，残りは食品品質保持剤が3分の1，栄養補助食品（サプリメント）の共同開発・製造が3分の1を占めている。

代表取締役社長・伏島 巌氏

　同社は研究開発型の企業であり，ファブレス経営を基本とするが，国内・海外に連結子会社2社（フロイント・ターボ，フロイント・ベクター）を有する。また，浜松に技術開発研究所をもち，小型・中型の製剤機械のある研究棟，大型の製剤機械のある実験棟，添加剤の工場が併設されている。研究棟や実験棟は顧客である製薬会社や食品会社との新剤形共同開発のテスト施設場でもある。

（2）会社設立の歴史

　同社の歴史は古く，1964年に先々代社長の伏島靖豊氏（現名誉会長）が東京都千代田区神田司町に最初の会社を設立したときにさかのぼる。先々代の社長は早稲田大商学部の出身であり，父のゴム加工会社に身を置きながら，別の分野での起業を考えていた。高校時代の同級生が大手製薬会社に勤務していたことがきっかけで，2人で製剤機械の会社を設立し，ドイツ語で「友人」を意味する「フロイント産業」という会社名を付けたという。

　当時の日本の医薬品業界は新興の産業であり，薬の生産方法も他国と比べると遅れていた。粉末状の薬を液に付け，成形し，乾燥する工程を手作業で行っており，これを機械化できないかと考えた。業界が設立されて間もない時代でもあり，ツキもあったという。同社は業界で求めているニーズに対応することにより，製剤機械の開発に成功した。設立当初に開発した自動フィルムコーティング装置の1号機，それに続く2号機の着眼点が当たり，トントン拍子で売れたという。

　また自動フィルムコーティング装置の開発の際に，コーティング液を並行して開発したことが，その後の持続的な先行開発に大いに貢献する。コーティング装置とコー

ティング液は「ペンとインク」の関係にたとえられる。書き心地のよいペンを開発するためには、それを支える相性のよいインクの開発を同時に行うことが有効であるというたとえである。自動フィルムコーティング機とコーティング液を加えて、2本柱の経営を開始したことは、同社が設立以来50年にわたり黒字の経営を持続させる大きな原動力となっている。設立当初、コピー会社の社長であった伯父が、複写機のビジネスのコツは「マシンに付随する消耗品で稼ぐ」というビジネスの妙味をアドバイスしてくれたこともヒントとなっている。コーティング機械に加え、添加液も自社で手がけている2本柱の経営は、同社の戦略的なビジネス・モデルの原点を構成していると言えよう。

2 新製品開発と同社の強み

(1) 新製品開発の動向—10年おきに新製品を開発

　フロイント産業は、前述のとおり機械と化成品の2つの部門で構成されている。機械部門は医薬品、食品、ファインケミカルなどの分野で使われる「造粒・コーティング・乾燥装置」の開発設計、販売を担当しており、ファブレス経営を行っている。ただし、国内には製薬以外の分野の紛流体機械装置の開発・製造・販売を手がけるフロイント・ターボ、アメリカでは同じく紛流体機械装置の製造・販売を手がけるフロイント・ベクターを100％子会社として傘下に抱えており、グループ経営が行われている。

　フロイント産業は設立から50年間、研究開発型企業として製剤技術を磨き上げてきた。その背景には、製剤装置（ペン）・化成品（インク）を同時に進めてきたユニークな開発方式がある。また、製造装置・化成品（ハード）と 製剤技術（ソフト）の両面から、医薬品の製造ラインで使われる多様な機械装置や医薬品の添加剤を次々に開発してきた。機械・化成品、ハード・ソフトが融合した独自の「並行開発」方式を採用したことが、研究開発型企業のなかでも差別化した強みを作り上げることに成功した。

　同社の新製品開発の歴史をみれば、ほぼ10年おきに画期的な製品が生まれていることがわかる。創業時の1964年には、自動フィルムコーティング装置

自動糖衣・フィルムコーティング装置「ハイコーター」

「FM-2型」の開発・販売を開始し，製剤機械の会社としての足固めを行う。また1969年には流動層造粒コーティング装置「フローコーター」，71年には，自動糖衣・フィルムコーティング装置「ハイコーター」を開発・販売し，製剤機械分野でオンリー1の地位を獲得する。

その後は，1982年に複合型流動層造粒装置「スパイラフロー」を開発，91年にはシームレスミニカプセル装置「スフェレックス」を開発する。2013年には錠剤印刷装置「タブレックス」や，連続生産システム「グラヌフォーマー」の開発・販売を開始する。このように，同社はほぼ10年おきに中核となる新製品を開発し，製剤装置のオンリー1の地位を固め，設立後50年以上にわたり黒字経営を持続するめずらしい会社である。

（2）研究開発型の経営特性と強み

フロイント産業の黒字経営の強みは，研究開発型企業として，先行開発が持続していることであろう。研究開発型の経営を支える要因として，以下の3つに注目したい。

①ニッチな市場の顧客ニーズにきめ細かく対応

医薬品産業は比較的新しい産業であり，研究開発が重要な高付加価値産業の代表業界である。生産方法は研究所の延長に近く，労働集約的であり，多品種少量品が多く，機械化，システム化は総じて遅れる傾向にある。

製剤機械の市場は，企業ごとに異なるカスタム品（特注品）として発注され，細分化された市場を形成する。その点で，中小の研究開発型の企業が優位性をもちやすい特異な市場と言えよう。そのような市場環境のなかでフロイント産業は，製剤の省力化，機械化ニーズに迅速に対応し，新たな市場を創生してきた「先導役」を担っている。

②ペン/インク型の並行開発体制

フロイント産業は，先々代社長が設立した時代から，製剤機械と化成品（医薬品添加剤）の双方を開発してきた。設立当初は機械の開発技術の体系が確立されておらず，すべての技術を試行錯誤で開発する時代であった。また前述したコピー会社の社長を務めていた伯父のアドバイスが，結果として独創的な開発体制を構築するきっかけと

第Ⅱ部　グローバルニッチトップ（GNT）の事例分析

浜松事業所

なったことは間違いなかろう。

研究開発型のフロイント産業にとっては，機械と化成品の双方を事業の領域に取り込んだ効果は大きかった。またこの間取得した特許は，出願中を含め国内・国外で300件以上の特許・実用新案・意匠・商標を有している。

すなわち，研究開発型を長期に持続する条件として，製剤機械と化成品の双方向，並行型の開発体制が有効であったことは容易に推察される。

③開発の源泉は顧客のニーズ

フロイント産業の研究開発活動は，浜松の技術開発研究所が重要な役割を担っている。技術開発研究所では，応用研究として新しい製剤技術を開発するため，機械開発部門と化成品（機能性添加剤）開発部門が連携して共同で研究開発を行っており，両部門をもつ強みを実践する場が形成されている。

技術開発研究所の特徴は，同社のすべての機械装置，化成品のアプリケーションテストが可能なワークショップが提供されていることである。医薬品，食品，化学など各業界の企業のエキスパートが参加し，顧客と共同で開発活動が展開されている。

研究開発型においては，顧客のニーズ，それも新たなニーズ，むずかしいニーズ，特殊なニーズなどにきめ細かく対応することが，新製品開発に結び付くことが多い。筆者らの革新的中小企業の研究では，取引先顧客を「リード・ユーザー」としてビジネスのイノベーションが行われる事例を数多く研究してきた[1]。

製剤機械の既存顧客からの情報のフィードバックは，営業部門の役割である。同社のスピードのあるサービス体制は，海外コンペティターに対する参入障壁になるほど強力である。それに加えて技術開発研究所のワークショップは，新たな顧客開発や新製品開発にとって多様なイノベーションの可能性を広げる場として提供されている。

3　同社のビジネス・モデルとその特徴

フロイト産業の売上高，営業利益の長期の動向をみると，3年程度の循環変動がみ

られる。製剤機械の設備の更新期間は3年程度と言われており，顧客側の更新需要に関連した循環変動と言えよう。

　一般に，設備投資財メーカーに循環的変動は付きもので，景気の好況期と不況期を交互に迎える企業も多くみられる。それに対して，同社の売上高，営業利益の動向は，サイクリカルな落ち込みはみられるものの，総じて変動の幅は小さい。また2000年代に入って以降は，不況の落ち込みが小さく，収益の持続，安定的な成長傾向が強まっている。

　同社が比較的安定した収益を持続している理由は，研究開発型として常に顧客のニーズを先取りした新製品の投入を持続させていることにある。またそれに加え，以下に述べるような差別化したビジネス・モデルが貢献していると思われる。

（1）変動に強いファブレス経営

　同社は，製剤機械，化成品を中心にファブレス経営を行っている。ファブレス経営とは，「製造設備をもたない」経営のことであり，開発と販売サービスに特化した経営形態である。研究開発型の企業は，工程別のバリュー・チェーンに対して，上流（開発）と下流（販売サービス）の価値を高く評価する傾向をもつ。スマイルカーブ型のバリュー・チェーンを描いていることから，付加価値の低い製造工程はアウトソーシングする戦略をとる。またファブレス経営のもとでは，人件費や設備投資などの固定費のウエートを小さく抑えることができ，売上高が減少した場合でも営業利益の減収を最小限に抑える効果が期待できる。

　国内の製剤機械は，同社が技術開発・営業を担当し，製造は社外へ外注する体制をとっている。最終組立と調整のみを社内で行うフレキシブルな体制が構築されている。製剤機械の場合は，有力な外注先として静岡の乾燥装置メーカーの大川原製作所が挙げられる。大川原製作所とは，1980年の業務提携以来，長期取引関係を結んでおり，安定的な調達が行われている。初期の頃は，4社への外注体制をとっていたが，最近では能力増強を兼ねて6社への外注体制に変更している。また化成品については，20品目を外注するとのことである。

　連結子会社としては，国内にフロイント・ターボ，米国にフロイント・ベクターをもっている。フロイント・ターボは，2010年6月に産業機械用の乾式粉砕機ターボ・ミルの専門メーカーを買収し，医薬品以外への多角化に対応する会社である。2016年

2月期の売上高が12億円であり，事業領域としては非医薬品の食品，ケミカル分野が中心である。今後は高速粉砕の技術を用いた新規事業の開拓が期待できる。

一方，フロイント・ベクターは，歴史的にはフロイント産業の米国における技術供与先であり，米州地域の営業を担当していたが，1997年12月の買収により連結子会社となる。フロイント・ベクターの売上高は46億円であり，内部取引を除くと連結売上高の10%程度を独自の粉粒体機械装置の製造・販売で稼いでいることになる。後述するようにフロイント・ベクターは，フロイント産業の今後のグローバル戦略のかなめになる企業でもある。

（2）垂直統合型の開発体制と製品多様化戦略

フロイント産業は，造粒装置とコーティング装置に強い会社としてスタートするが，機械部門と化成品部門を並行開発したこともあり開発効率が高い。また，上流から下流に向けて工程別の「製品多様化戦略」が進んでいる。製剤の製造工程は，「原薬（材料）～粉砕・分級～造粒～乾燥・整粒～打錠～コーティング～印刷」の各工程から構成されており，それぞれの工程には専用の機械装置が開発されている。

大別すれば，①粉砕・分級装置（ファインケミカル用），②造粒装置（医薬品用），③コーティング装置（コーティング液），④印刷装置（インキ）の4つの工程に，専用の機械装置が開発されてきた。製剤用のそれぞれの工程は，バッチ生産方式がとられており，各工程にはそれぞれ専用の機械装置が開発されている[2]。とりわけ最近では，シームレスミニカプセル装置「スフェレックス」や錠剤印刷装置「タブレックス」の販売を開始するなど，新たな製品開発の動きも進んでいる。

フロイント産業はコア技術として造粒，コーティングなどの製剤技術に強みをもっているが，創業当初より，機械と化成品を同時に事業化するユニークな方式を採用してきた。コンペティターはどちらか一方に特化しており，世界初の垂直統合型の開発体制を構築したことにより，高い開発効率に結び付いている。

この強みにより，独自の新製品開発や開発効率などの面でシナジー効果を引き出すことができる。また造粒装置，コーティング装置を中心に，上流，下流のあらゆる装置に対応する「フルライン」の製品群を開発することもできるため，装置と化成品の双方をもつ強みは大きいと言えよう。

同社の製剤機械のシェアは国内が70%，海外が30%である。国内ではドイツのグラ

ッド社から技術供与を受けたパウレック社と2社による高度な寡占体制が形成されているなかで，同社はNo.1の地位を占めている。一方グローバルでみると，欧州にはドイツのグラッド社（GLATT），ゲア社（GEA）という先行企業が存在し，同社を加えた3社が世界のシェアを分け合う寡占体制が構築されている[3]。国内・海外のいずれのコンペティターも産業機械メーカーである。同社のように機械部門と化成品部門を同時に手がけている製剤機械に特化した会社はめずらしい。

（3）安定収益のビジネス・モデル

フロイント産業の売上高，営業利益が，設備投資財特有のサイクリカルな変動が比較的小さい理由は，化成品の売上高の構成にもヒントがある。同社の連結の売上高・営業利益は，190億円・13億円であるが，そのうち機械部門の売上高・セグメント利益が130億円・12億円と主要な割合を占める。一方で化成品部門は60億円・5億円である[4]。

同社は，機械部門の売上高が68％，化成品部門が32％と，機械装置がメインの会社

図表①-1　フロイント産業のビジネス・モデル

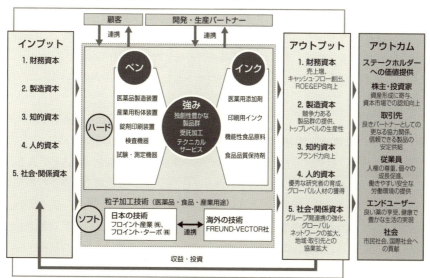

である。機械部門は，サービス・メンテナンスは必要であるが，原則的には1回限りのフロー型ビジネスである。市場の成熟化に応じて更新需要のウエートが高まり，好不況の変動の波を受けやすい。

一方で化成品の売上高はまだそれほど大きくはなく，プリンター・ビジネスにおけるカートリッジ・インクの収益には届かない。一方で60億円とそれなりの規模に育ってきており，経営の安定における重要度は小さくない。化成品部門の内訳は，医薬品添加剤，食品品質保持剤，新規食品がそれぞれ20億円前後を占めている。化成品部門は，機械のように1台売っていくらというビジネスではなく，医薬品，食品の副原料として安定して生産されるストック型ビジネスである。機械部門の変動を安定化する効果は決して無視できない。

今後は，化成品部門のウエートが拡大すればするほど，機械部門特有のサイクリカルな変動を除去する効果が期待できる。フロー型・ストック型の2つの異なるタイプのビジネスを抱える意義は十分あると言えよう。

4　持続的成長と今後の課題

国内の製薬市場は，すでに成熟期の段階に入っており，今後の大きな成長は期待できない。最近では，GE（ジェネリック医薬品）の国内医薬品業界からの需要が増え，想定外の追い風が吹いているが，伏島巖社長の言葉を借りれば，これは長期の持続的な追い風ではなく，地道に第2，第3の成長戦略を追求する努力が必要であるという。フロイント産業にとっての今後の成長戦略ベクトルには，以下に挙げるいくつかの方向がある[5]。

（1）今後の成長戦略の基本ベクトル─国内の製剤事業の開発

第1の方向は，従来続けてきた製剤機械の先行開発をさらに強化することである。この方向は研究開発型ファブレス経営に強みをもつ同社の基本となる戦略でもある。

同社は，前述のとおりほぼ10年おきに画期的な製品を開発してきたが，最近販売した製品としては錠剤印刷装置「タブレックス」，連続生産システム「グラニュフォーマー」が注目されている。錠剤印刷装置は，装置のなかに外観検査機能が搭載されている。医薬品業界の大手企業の錠剤製造で初めて使われた実績も出ており，ユーザーからの引き合いも多い。経済産業省「グローバルニッチトップ企業100選」に選定さ

れた際に評価されたコーティング装置「ハイコーターFZ」は，製薬業界の製造加工のソリューションビジネスで全世界に貢献していると認められた製品である。今後は，製薬業はもちろんのこと食品，ファインケミカルなどの分野への展開も期待される。

なお製剤機械の開発においては，同社の強みである機械部門，化成品部門をもつ垂直統合型の並行開発の強みを最大限発揮することは必要である。それに加えて，今後は外部の資源や関係を結合した「オープン・イノベーション」も検討すると，一層幅広い開発の効果が期待できよう。

（2）さらなる飛躍に向けての課題―機械部門の海外展開

同社は，設備機械の循環変動のなかで，長期持続的な安定成長を続けてきたことは特筆すべきことである。また第6次中期計画（2015年2月期〜17年2月期）を，さらなる飛躍に向けて「100年企業に向けた第2の創業期へ Change & Challenge」と名付け，売上高230億円（営業利益23億円）を目標にしてきた。現在の予想では200億円（営業利益19億円）ともう一歩の線まで近づいている。とりわけ2008年のリーマンショック以降，同社の収益のトレンドは，従来以上の上昇傾向がみられ，医薬品業界におけるジェネリック・ブームの影響が明らかに追い風となっている。

一方で国内の製薬市場は，すでに成熟期を迎えていることから，国内のみで長期の持続的成長を追求するには限界があり，世界の成長市場に打って出る必要もでてくる。2016年2月現在のフロイント産業の地域別売上構成は，セグメント情報によれば日本71％，北米・中南米19％，欧州5％，その他5％である。日本以外の売上は29％であり，北米（含む中南米）を除くと本格的なグローバル化は十分進んでいるとはいえない。

米国には，連結子会社のフロイント・ベクターを抱えているため，同社のシェアは比較的高い。また同社の開発力を活かして，ベクター社と連携して米国の市場圏の拡大を図ることもできよう。一方で，欧州には強力なコンペティター2社の壁があり，今後の大きなシェアアップは期待しにくい情勢でもある。

今後の成長市場としては，欧米以上にアジアが有望である。アジアにはインド，中国の巨大市場が存在しており，とりわけインドはジェネリック市場の先進国でもある。潜在市場性はきわめて高い地域であるが，日本からの製品輸出には，大きな壁があることも事実である。日本の機械は，品質は優れており多機能であるが総じて価格が高

く，日本仕様のままでは過剰品質となり，輸出が困難である。アジア市場のニーズを踏まえた低価格・低機能のローカル製品の開発が必要である。またアジアへの展開は，輸出戦略だけでは限界がある。現地政府の現地化要請もあり，独資，現地企業との合弁，M&Aなどの一歩踏み込んだ対策も必要となる。アジア市場は潜在成長性こそ高いが，ハイリスク・ハイリターンの地域である。

　それでもフロイント産業がさらなる持続的成長を続けるためには，グローバル化は避けて通れない道であろう。今後さらに大きな成長が必要かどうかを十分見きわめて，必要であればリスクを賭した思い切った投資や連携戦略への決断が求められよう。

注

1) 土屋勉男，原頼利，竹村正明（2011）『現代日本のものづくり戦略—革新的企業のイノベーション』白桃書房，p.175。
2) 医薬品業界では連続生産が必要な大量生産品は総じて少なく，アリナミンなどの一部の製品に限られている。
3) 寺島昇（2013）「フィスコ企業調査レポート フロイント産業」11月12日。
4) セグメント利益は4億円の調整（△）が全社費用として計上される。
5) 本論の2つの方向（製剤機械開発，グローバル化）以外に，健康食品などのOEM生産事業もある。しかし2000年以降，それほど大きな売上の伸びとはなっていない。事業を本格的に拡大するには，設備投資が必要となり，判断が分かれるところである。

根本特殊化学株式会社[1]
トップダウンの特許戦略で世界市場の新用途を開拓

1 会社の概要

(1) 夜光塗料の「世界オンリー1」企業

　根本特殊化学は，放射性物質を含まない蓄光材（N夜光）で世界シェア80％をもつ「世界オンリー1」企業である。国内の時計に使われている夜光塗料（蓄光材料をインク化したもの）では，ほぼ100％同社の製品が使われており，その開発力，グローバル展開力は，大企業にも引けを取らない研究開発型の企業である。

　同社は1941年，創業者の根本謙三氏が杉並区西田町（現荻窪）の自宅に，国際科学研究所を設立したことからスタートする[2]。謙三氏は，科学雑誌の編集者をしていたが，大量の自発光性夜光塗料の材料を入手し，夜光塗装加工および夜光塗料販売を

根本特殊化学株式会社の概要

本　　社	東京都杉並区高井戸東4-10-9
創　　業	1941年5月
資 本 金	9900万円
経 営 者	代表取締役会長　根本郁芳 代表取締役社長　舎川　登
売 上 高	63億円（2016年5月期）
従業員数	ネモトグループ本社：27名 グループ全体：729名（国内254名，海外448名）
事業内容	蓄光性蛍光体および機能顔料，高輝度蓄光材，特殊蛍光体，各種センサー，特殊表面加工電子部材
経営特性	・逆境をバネに画期的な夜光塗料（N夜光）を開発 ・「特殊化・多角化・国際化」で成長，国際化（グローバル化）─海外売上64％ ・N夜光の世界の特許戦略をトップダウンで推進 ・世界市場で新用途の開発，事実上の国際標準の獲得に成功

※2016年5月期時点。

目標に会社を設立した。特に戦後，精工舎の時計の文字盤に採用されたことが大きかった。1960年には，放射線同位元素使用許可工場として高井戸工場を建設し，78年には工場に隣接して技術開発センターを建てる。現在，工場は移転され，3階建ての建物は本社・ショールームとして管理，営業部隊が配属されている。

同社では，本社である根本特殊化学株式会社を中核とするグループ経営体制が構築されている。同グループのコア技術は，蛍光体製造技術，塗装・印刷技術，放射線取扱技術から成り立っており，それらのコア技術をもとに，「セーフティ（安心）」，「セキュリティ（安全）」，「ヘルス（健康）」の3つの分野に用途開発を集中し，効率のよい事業開発を展開している。

同社のグループ経営は，コア技術と用途のマトリックスで構成され，「研究開発・製造」を基本単位とするグループ会社が構築されている。本社には，会長，社長を中心に27名が所属し，基本戦略および企画営業を行っている。その下に国内，海外の開発・製造の会社が領域別に張り付いている。国内には，5つの開発・製造会社をもち，蓄光体・特殊蛍光体（材料），センサー（製品），電子部品材料（製品），医薬品開発試験受託などの関連会社が設立されており，合わせて254名の従業員が配属されている。

一方で海外には，ポルトガル，中国（深圳・上海・大連），スイスに製造会社が計5社設立されている。また中国の深圳には検査業務会社が1社，営業拠点としては香港2ヵ所・中国の3社が所属する。海外の会社は合わせて9社，448名の従業員を抱えている。連結すると従業員の総数は729名（嘱託・パートを含む）であり，地域構成でみれば，国内では本社を合わせて39%であるのに対して，海外では61%であり，グローバル化の進んだ企業であることがわかる。

（2）人のやらないものをやる

創業者の根本謙三氏は，文科系の出身であるが，先験的な考えをもっていた。事業に関して「人のやらない特殊なものをやれ」，「トラックで運ぶような事業はするな，ポケットに入るものをやれ」という考えをもっていた。また「1つの事業は30年と続かない」，「よいときに次の事業を開発する」ことが重要であると言う。常に次の製品の開発を続ける研究開発型の風土は，先代の経営者の教えが浸透したものである。

創業間もなく夜光塗料の用途開発に着手する。夜光塗料とは，蛍光体の一種である蓄光材料を塗料化したものである。蓄光材料には文字どおり光を蓄える性質があるが，

当時の性能では短い時間しか光らなかったため，塗料化する際にラジウムなどの放射性物質を混ぜ，これらが発するアルファ線で蓄光材料を常に刺激することで光り続けるようにしていた。戦後には目覚まし時計の文字盤に夜光塗料を塗布して精工舎にもち込み，これが受け入れられ，会社発展の足がかりをつかんでいく。また同社は，常に夜光塗料の継続的な材料開発に挑戦しており，材料の「特殊化」をとことん追求していった。

代表取締役会長・根本郁芳氏

　1964年には，現会長の根本郁芳氏が，創業者の後を受け社長を引き継ぐ。日本経済が高度成長期を迎えるなかにあって，時計メーカーは徐々に国際競争力を蓄え，世界に飛躍する局面を迎えていた。同社のビジネスも，時計メーカーの成長とともに事業が拡大していくが，その当時のビジネスは，時計用の夜光塗料に集中していた。また同社のビジネスは，精工舎の「下請け」工場の性格をもち，そこからの脱皮が課題であった。さらに言えば，時計の夜光塗料の事業は，1980年ごろをピークに国内では成熟傾向が出ており，売上高もピークを過ぎつつあった。同社の戦略は，夜光塗料の「特殊化」が基本であり，研究開発体制の整備が課題であった。それとともに「特殊化」を基軸にした，事業の「多角化・グローバル化」が次の課題である。80年代以降は，主力事業の時計用の夜光塗料に次ぐ，第2，第3の新材料の開発を進めるとともに，新用途の開発やグローバル化により持続的な成長を続けることが，緊急かつ重要な局面を迎えていた。

2　環境脅威・危機への対応と事業の飛躍

（1）自社製品メーカーへの基盤形成

　同社の第1の飛躍は，1960年の新しい夜光塗料の開発である。初期の頃の夜光塗料には，放射性物質のラジウムが使われていたが，安全性が問題であった。そこで，ラジウムに比べて安全性がけた違いに高いプロメチウムに着目する。同社はその開発にも成功し，日本工業規格にも指定された。このように，ラジウムより安全な夜光塗料を他社に先駆けて先行開発し，国内シェア100％を押さえることに成功したのである。

根本郁芳社長は，開発部隊を充実させることにより「下請けからの脱却」を目指す。1960年に高井戸工場が落成するが，それとともに工場に併設する形で開発センターを設立する。また1970年には，二光社の平塚工場を買収し，下請け・加工屋から自社製品メーカーへの脱皮を目指し，材料から加工，製品化に向けて「垂直統合型」のビジネス・モデルを作り上げていく。

(2) 未曽有の危機をN夜光の開発で突破

同社の第2の飛躍は，グローバル戦略製品「N夜光（ルミノーバ）」の開発である。

そのきっかけは，同社の最大の有力顧客である精工舎が，1991年に「今後5年以内に放射性物質の使用を全廃し，放射性のないELに切り替える」とする記事が日経産業新聞に出たことである。後日，精工舎からは，全社的な見解ではないことが判明した。しかし何年先かは別として，放射性物質を含まなくても十分に光る夜光塗料の開発は，同社にとっても避けて通れない課題であった。このときから，新素材の開発のために技術開発本部を立ち上げ，全社一丸となって新材料の開発に挑戦していく。

同社の夜光材料の開発拠点である平塚事業所のビジネス・プロセスを見てみると，「原料調達〜調合〜撹拌〜焼成〜冷却（急冷）〜粉砕」の各工程がある[3]。なかでも原料の調合がポイントであり，数種類以上の原料を正確に調合して，ポットに入れて撹拌する。また調合した粉は，1300度の温度で3〜4時間焼成するが，固形物を冷却し，粉状に粉砕するのが通常のプロセスである。取引先ニーズの変動をバネにして，同社は放射性物質を含まない夜光塗料の開発に対し「3年目標」を掲げ挑戦する。それには数千種類の原料を組み合わせ，新材料の性能検査を短期間内にトライしなければならず，時間との勝負が続くことになった。

平塚事業所

結果として，同社は1993年4月に「N夜光（ルミノーバ）」の開発に成功する。N夜光は，アルミン酸ストロンチウムを結晶体とする放射性物質を含まない蛍光体である。従来の製品に比べて，放射性物質がゼロ，明るさが10倍，残光時間が10倍という画期的製品であった。根本会

長の話では,「開発の時間を急ぐあまり,徐冷の工程を急冷したことが,画期的な性能をもつ新製品を生み出すきっかけとなった」とのことである。偶然のトライが生み出すラッキーな結果であった。

N夜光の先行開発は,セイコーグループを大いに喜ばせることになった。それだけでなく,国内はもとより,ロレックスをはじめスイスの高級時計メーカーからも注文が殺到し,いまや時計用としては100％の世界シェアを上げる中核製品となった。同製品の開発により,1993年日経優秀製品・サービス賞最優秀賞を受賞する。その後も1996年には国内で最高の権威をもつ大河内記念技術賞を受賞し,2005年には経済産業大臣賞「特許活用優良企業」を獲得している。

3 新材料の先行開発―特殊化戦略

(1) 材料の先行開発が重要

根本特殊化学の経営理念は,「安心・安全・健康の3つの分野で世界に通用する技術をもつこと」である。世界に通用する技術の追求は,同グループの基軸となる「特殊化戦略」である。それは,夜光塗料の材料技術を深耕し,機能上優れた新材料を他社に先行して開発することである。

「特殊化」の事例としては,1971年に開発した高機能な蓄光材GS(スーパーグレード)の開発,73年にはその機能をさらに一歩進めたGSS(スーパースペシャルグレード)の開発と続く。そして特殊化の究極の成功事例として,93年に開発した「N夜光」が決定打となった。現在はN夜光の開発からすでに20年以上たつが,それを上回る夜光塗料は出ていない。それでも常に開発し続け,デザイン上欠かせない「白体色N夜光」,さらにはN夜光の2倍の残光時間をもつ「SG-2200」の時計専用グレード品の開発に成功する。現在では特許切れの影響も懸念されるが,大きなダメージは出ていないという。

N夜光は時計の文字盤に使われ,ほぼ100％のシェアを実現している。それだけでなく,同社のもう1つのコア技術である「塗装・印刷技術」と結び付き,多くの用途開発の可能性が生まれていると言える。

(2) 特殊な用途に絞り込む

夜光塗料には「自発光性」と「蓄光性」の2種類があり,前者は放射性物質を含ん

でいるため，現在は利用が制限されている。後者は放射性物質を含んでいないが，長時間の発行は不可能であると言われていた。しかしN夜光は，従来品に比べ初輝度，残光時間が10倍以上の緑色の光を放ち，光の「吸収・発光」を何回でも繰り返すことのできる優れものである。

　この分野には，日亜化学，三菱化学をはじめ大手のコンペティターがいる。根本会長によれば，「N夜光の市場は，LEDのような大きな市場と異なり，他社が入りにくい規模」とのことである。最初は日亜から材料を受けていたが，調達先を切り変えた。分野を絞り，大手が参入しにくい年間100トン程度の「適度な規模」の市場に特化し，大手の参入を阻止し，高いシェアを持続させているのである。

4　特許戦略と標準化でグローバル市場の開拓

(1) 世界各国の特許を押さえる

　N夜光は，1993年4月の開発とほぼ同時に国内特許を出願している。1995年1月には特許公開が行われ，コンペティターより複数の異議申し立てを受けるもののいずれも成立せず，1998年12月には，特許権の確定登録に至る。この間，応用製品の発売や時計メーカーとの独占的使用権の契約が締結された。

　一般に，材料の特許は製品特許以上に価値が高いと言われ，独占的使用権の公示のもとで，他社の参入を排除する効力は絶大である。特にグローバル展開するにあたっては，国内だけでなく，相手国でも特許の取得が必要である。根本会長は，「コストはかかっても特許は取得する」との方針を掲げ，トップ主導で，特許の取得とグローバル展開を同時に推進している。

　N夜光の世界各国における特許の登録状況をみれば，日本の登録が1996年7月，米国が1995年6月，欧州が1996年4月，豪州が1996年1月，カナダが1999年9月と，1990年代の後半には主要国での取得を完了している。アジア地域に関しては，香港が1996年8月，台湾が1996年1月，韓国が1998年4月に登録を完了している[4]。

　根本特殊化学の特許戦略の考え方は，同社が世界の特許を保持しそれぞれの国の最強の競合先にライセンスを供与し，互いに競争しながら市場を開拓することである。またコンペティターとの競争に当たってはパートナーと共同で特許を防衛し，共同で侵害品を排除する戦略であり，オンリー1製品をグローバル市場で拡大するための巧みな特許戦略が構築されている。

(2) 世界の市場を求め新用途開発に挑戦

　N夜光は革新的な新材料であったため，時計の文字盤以外ではどのような用途に利用されるのか，必ずしも明らかではなかった。したがって，N夜光が開発されてから時計以外の新たな用途の開発に，グローバルな視点で挑戦していく必要があった。

　まず注目されるのは，世界各地で起きる「社会問題」とともに新たな用途が開発されたことである。1995年には阪神淡路大震災，2001年には米国の同時多発テロ，2011年には東日本大震災など大きな事件・災害が起こり甚大な被害がもたらされた。大事件・大災害が社会問題を提起していく過程で安全・安心機能が重視され，注目が集まる。とりわけ米国，欧州などの世界市場でN夜光の新たな用途が開拓され，新材料の需要が着実に増大していった。

　たとえば米国の国防総省（ペンタゴン）では，9.11の同時多発テロの教訓をもとに，職員が暗闇のなかでも安全に外に避難できるよう，蓄光材料を使った避難誘導標識が配備された。また最近では，地下鉄の施設や映画館，音楽ホールなど暗闇のなかで誘導するための安全標識，避難誘導標識の導入が進められているが，そこでは同社の蓄光材料を使った製品が利用されていることがわかる。

(3) N夜光が米欧日の「標準品」に採用

　自社で先行開発した製品を，時計の文字盤を中心としたニッチ市場で，安定したビジネスで持続させることも重要である。一方で画期的な材料の用途を広げ，社会ニーズに適応した新たな市場を切り開いていく努力も必要である。N夜光のように，従来のものより10倍以上の性能をもつ画期的な材料の場合は，各国の公共機関に採用されれば波及効果が期待できるとともに，他社の参入を防ぐ「高い壁」にもなる。

　たとえば同社によれば，新消防法の施行に際して誘導標識に関し，JISが誘導標識に求める基準をN夜光の輝度を前提において，高い水準に設定した[5]。その結果，誘導標識には同社のN夜光以外の材料が参入できなくなり，独占的シェアを獲得する足がかりとなったのである。また国際的にも，客船における避難誘導システムや安全標識のISO規格に，やはり「N夜光」の性能を前提とした基準が設定され，同社の材料以外の参入の余地が狭まり，独占に近いシェアを獲得することに成功している。

　さらに言えば，前述したように「N夜光」は大きな事件・災害が起こるたびに，世界的に社会問題に対応した新たな用途開拓が進み，主要国の「事実上の標準」として

第Ⅱ部　グローバルニッチトップ（GNT）の事例分析

の地位を不動のものとした。その結果，世界の80％シェアの獲得に成功したのである。

　世界市場を開拓する場合には，まず米国や欧州の市場で「事実上の標準」を獲得することが有効である。米欧での先行取得は，日本での「事実上の標準」の獲得にも役立つことは明らかであるため，その結果，世界の「標準」を抑え，高いシェアを獲得し，持続することができるのである。

5　グローバル成長戦略

（1）「特殊化」から「多角化」「国際化」へ

　同社の主力製品蓄光材料（夜光塗料）の主要な用途は時計であったが，時計メーカーの国内生産は1981年をピークに減少を続けている。需要を拡大させるためには，世界の時計メーカーを目指してグローバル化（国際化）するか，新用途の開発，「多角化」を推進する以外にない。

　同社の海外進出は，営業拠点作りが先行する。1977年にスイスのチューリッヒに連絡事務所を開設し，78年には香港に時計関連の営業拠点を合弁（現根本精密（香港）有限公司）で設立するが，それを契機に，アジアや欧州に営業拠点を設立していった[6]。

　一方で同社の本格的な海外生産は，欧州からスタートしている。欧州は時計の一大産地のスイスがあり，またアメリカに輸出しやすいメリットもある。そこで同社は，欧州の南に位置するポルトガルに着目した。1990年には，ポルトガルに蛍光体の製造工場の建設を決断する。根本会長によれば，「当時ポルトガルはEC（現EU）に加盟した直後であり，ヨーロッパ圏内でも賃金が相対的に安い。また外資の誘致にも熱心であり，税金の優遇策も魅力であった」とのことである。そこで，「この工場の製品を全世界に輸出し，世界中をポルトガルの夜光で光らせたい」との思いを込めて，工場を稼働する。当時は従業員30名，年間100トンの「N夜光」開発前の蓄光材料（GSS）からスタートし，2000年には第2工場を建設し，N夜光の生産にも着手する。さらに2007年にスイスのチューリッヒにおいて，スイス時計向けにN夜光のライセンス供与による現地生産を開始した。スイスの時計メーカーが部材の100％を国内で生産したいという意向に対応した措置であり，「現在は大変うまくいっている」とのことである。

　そのほかの海外生産としては，中国の深圳では夜光加工，上海ではセンサーの製造，

図表②-1 根本特殊化学の海外投資の推移

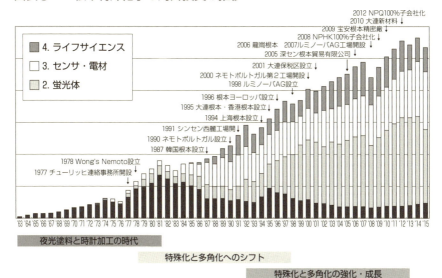

大連では蛍光体の製造と3ヵ所に製造拠点を展開している。中国への進出は、日本に近いため原材料の調達が可能であり、人件費が安いことも魅力である[7]。深圳工場は、時計文字盤、針の夜光塗装および銘板の製造工場であり85名の従業員を抱えている。上海工場は各種ガスセンサーの工場であり、従業員は105名、大連工場は、各種蛍光体の製造工場であり43名の従業員が所属する。中国の工場は、ネモトグループの多角化に対応した工場である。

（2）グループ経営に強み——海外は「資本出資・配当」が基本

ネモトグループは「根本特殊化学株式会社」を持株会社にして、国内6社、海外9社の企業グループが形成されており、従業員数は本社27名のもとで、国内が254名、海外が448名、合計729名である。中小企業というよりも、中堅企業と呼ぶにふさわしいグループ経営の体制が構築されている。

連結売上高は、ここ数年間安定した業績を継続している。従来から「グループ」経営による運営を目指してきたが、2012年からは完全分社制に移行している。

同社の海外運営は，「経営責任は日本人，実務のトップは現地人，資本出資・配当で還元」という方針をもっている。根本会長によれば，「現地の従業員を動かすのは，現地の人間がよい」との考えであり，合弁相手のパートナーの選び方が，海外事業の成否を決めるという。また海外に工場を作り，利益を上げて日本へもち帰るという姿勢では，海外の企業は根付かない[8]。金額の多少にかかわらず，利益を地域に還元することが重要との考えをもっている。ちなみに中国の大連では，地域の高校合わせて約40人に奨学金を出すなど，地域貢献を行い利益の還元も行っている。

　同社の海外事業は，独資または51％以上の出資を基本とするが，同社の重視する「安心・安全・健康の3つの分野で世界に通用する技術をもつこと」などの理念を共有する経営を実践するために，経営の主導権をとることが必要なのである。また海外事業からの収益は，「資本出資に対する配当」を基本とする。つまり海外投資の配当として，利益を出資分に応じてもらうとの考えが基本である。

（3）グローバル化の推進と国際分業構想

　グローバル化を推進するに当たり，国内，海外の研究所，事業所，営業拠点間の工程間の国際分業の「構想」が重要である。

　グループ本社の役割は，グループの基本戦略を策定し，国内・海外に広く発信することである。さらに重要なことは，研究開発型としての開発構想を策定し，国内の多角化事業や海外の工場に対する先導役になれるかどうかである。

　グループ経営をとる同社にとっては，それぞれの研究所，事業所，営業所は，小集団の会社を作り，独立独歩で自律的な経営を推進していく。小集団による機動的経営は，根本特殊化学の創立期の姿にも重なる。一方でグループ経営からみると各社の機能，工程を連結し，横串を通す「全体最適の経営」も求められている。まず国内に注目すると，バリュー・チェーンの上流に当たる平塚事業所における材料分野の「ものづくり」革新の能力が重要である。N夜光やそれに次ぐ新たな材料開発は，グループ経営の技術基盤であり，先導役である。そこで開発，製造された蓄光材・各種蛍光体は，多角化・グローバル化の原動力であり，茨城事業所（2017年2月に新設の牛久事業所に移転）や筑波研究所においては，新たな用途を生み出し差別化製品の開発が行われている。

　たとえば茨城事業所では，放射線取扱技術を応用することから始まったセンサー開

発が行われている。一方，中国の大連では，平塚での材料開発・製造をもとに，各種蛍光体が製造される。つまり国内の平塚で開発された上流の材料が，国内や海外の事業所，工場で，それぞれの地域や顧客の求める価値を実現し製品化，収益化に結び付いているのである。それらの「ものづくり分業」関係の出発点は，本社の構想と平塚の材料開発が，ものづくり革新の原動力であり，コア・コンピタンスと言えよう。

同グループの場合は，最終的な内外の顧客価値の実現に向けて，コアとなる技術，素材を国内が持続的に生み出し続けることが重要であり，それがグループ経営，グローバル経営を成功させる究極の要因なのである。

注
1）本事例は，前書の事例（pp.41-51）をもとに最新のインタビューで加筆修正した。
2）東京都産業労働局（2009）「輝く技術光る企業―根本特殊化学」9月。
3）東京都産業労働局，前掲書。
4）中国は2004年5月と遅れて登録する。人知国家，国策への対応が求められ，合弁先企業と連携した特殊な対応が求められている。
5）内閣官房知的財産戦略推進事務局（2016）「知的財産戦略に関する論点整理（知的財産による競争力強化・国際標準化関連）」1月20日。
6）中小企業基盤整備機構（2013）「中堅・中小企業の海外展開における国際連携動向調査」3月，p.108。
7）同上書，東京都産業労働局，前掲書に同じ。
8）中小企業総合研究機構，前掲書，pp.106-109。

事例分析③ 株式会社マスダック
全自動どら焼製造機のオンリー1企業
製品売上の変動を食品事業（OEM）で安定化

1　会社の概要

　日本には，高い技術力や現場力を有して製品やサービスを提供している企業が多数存在している。しかし，国内市場の縮小傾向，海外との競争激化にともない，従来のサプライチェーンのなかでは十分に受注を確保することがむずかしくなってきている状況にある[1]。また，優れた製品やサービスを提供していても，さらなる国際的な市場展開やブランドの確立，提供する製品・サービスの価値に見合った高い収益率の確保など，一層の発展のための課題が多い状況にある。これに対し，ニッチとも呼べる市場であっても，国内外の市場を一体的に捉え，適切にマーケティングを行い，そのシェアを拡大し，ブランド確立とともに高水準の利益を確保し，トップとしての地位を築くという成長のシナリオにすでに取り組んでいる企業も多数存在している。こうした観点から，上記の条件に当てはまり，経産省より「グローバルニッチトップ企業100選」として認定，顕彰された企業が，株式会社マスダック（以下，マスダック）である。

　マスダックの概要は以下のとおりである。マスダックは，1957年3月に新日本機械工業株式会社として創業し，2007年にマスダックに社名変更した。従業員はパート・アルバイトを除く266名が働いている。事業所は，所沢のほかに名古屋，大阪，福岡に展開している。また，オランダのアムステルダムにマスダックインターナショナルを設立し，欧米向けの販売，一部機械製造も行っている。事業は機械事業部と食品事業部があり，機械事業はお菓子の機械の製造販売，食品事業は東京土産で有名なお菓子などをOEMで生産している。

代表取締役社長・増田文治氏

　機械メーカーとして日本の和洋菓子業界の発展とと

もに成長を遂げながら，現在は和洋菓子用のオーブン，充填成型機，直焼焼成機の専門メーカーとして世界のトップレベルに入っている。そして，関連機械メーカーとの連携を図って，和洋菓子の生産ラインを当該社の責任で構築する総合機械メーカーとしての役割も期待されてい

マスダック

る。1974年に始まった食品製造事業は，2004年に安全・安心を提供することに徹底してこだわった食品工場を竣工させ，2007年には約2倍へ増床した。一方，機械事業部は，2009年にオランダに製造会社を設立し，グローバルな視点からデザインやコストの見直しを行い，日本国内はもとより，欧米ならびに中国をはじめとするアジアのユ

株式会社マスダックの概要

本　　社	埼玉県所沢市小手指元町1丁目27-20
創　　業	1957年3月
資 本 金	1億円
経 営 者	代表取締役社長　増田文治
売 上 高	122億3800万円（2015年3月期）
従業員数	266名（パート・アルバイト除く）（2016年6月30日時点）
事 業 所	本社・工場/本社営業所/大阪営業所/名古屋営業所/福岡営業所/小手指南工場
事業内容	・マスダックブランドの製菓機械の営業，設計・開発，製造，検査，据え付けおよびメンテナンスサービス ・菓子の製造，検査および引渡し ・顧客へ提案する菓子の研究・開発
海外拠点	オランダ（アムステルダム）
主　要 取引銀行	みずほ銀行所沢支店/三井住友銀行所沢支店/商工組合中央金庫新宿支店/三菱東京UFJ銀行所沢支店
営業品目	直焼き機・充填機・オーブンほか
販　売 子会社	MASDAC INTERNATIONAL B.V.

※2016年6月30日時点。

ーザーに現地の事情に適した機能やデザインの機械を適正価格で提供する努力を行ってきた。マスダック独自の技術を必要とするお菓子の生産に特化して，菓子業界に安全で美味しいお菓子をリーズナブルコストで提供するとともに，菓子工場の建設，運営のノウハウも公開している。

2　主力事業開発の動向

(1) 機械作りに着手

日本の市場では一人二極化消費が進んでいるが，利益確保には，価格以上の価値を提供する商品を，高い生産性で製造することが求められている[2]。マスダックは「安全・安心，美味しい，付加価値の高いお菓子づくりにフレキシブルに対応」をコンセプトに，製菓機械の開発・製造・販売・メンテナンスおよび菓子の研究開発を行い，これらを実現する生産技術をもって，菓子業界の変化・対応力に貢献している。

お菓子の機械について調べてみると，キャンディ，チョコレート，ビスケットの製造機械は海外から輸入，導入できたが，菓子パンや和菓子の製造機械はほぼなかった。創業者の増田文彦氏（現名誉会長）は，「人々を楽しませてくれるお菓子を提供する機械作りを通じて，お菓子をもっと手軽に食べてもらい」，「明るく笑顔に満ちた生活空間や円滑な人間関係づくりに貢献したい」[3]という理念のもと，1950年代に機械化に着手した。食品機械はものづくり大国・日本のお家芸ともいえる分野である。

(2) 知名度のアップ

全自動どら焼機

マスダックを有名にしたのが，増田文彦氏が1959年に開発した全自動どら焼機である。1957年の創業以来，和菓子だけでなくケーキやクッキーなど「お菓子の手作り技術」を機械化することにこだわってきた。「全自動どら焼機の国内市場では現在，シェア9割程度で，和菓子大手の文明堂から，街の和菓子屋まで多くの顧客と取引させてもらっている」とのことである[4]。

創業当時は桜もちを焼く機械を開発していたが，桜もちは春先に需要がピークになるため，和菓子屋はその時期だけアルバイトなどを大量採用する必要があった。そこで，取引先の和菓子屋から，増田名誉会長にこれを機械で自動化したいという開発の依頼があった。機械の開発には成功したが，桜もちは春先以外にはあまり売れないため，機械を買っても1年の大半は稼働しないという問題点も出てきた。したがって，1年間を通じて需要があるどら焼に着目し，自動機の開発にこぎ着けたのである。

マスダックの洋菓子の大量生産技術には定評があり，OEMも引き受けることとなった。そこで，東京土産として有名な洋菓子「東京ばな奈「見ぃつけたっ」」を受託生産する。どら焼の量産への道を開いたマスダックが，まず桜もちの機械から事業を立ち上げ，やがて「東京ばな奈」まで作っていたとは，どら焼が大好物な人気アニメキャラクター「ドラえもん」も驚くかもしれないと言われている[5]。

製菓機械には，「充填」，「成型」，「焼成」，「蒸成」，「冷却」，「中味充填」，「重ねる」などのさまざまな工程がある。マスダックの強みは，この工程の一貫生産ラインを自社設備で構築できることにある。これに生地を仕込むミキサーや，出来上がった製品を包む包装機などの周辺機器を含め，菓子製造のトータルエンジニアリングができるのである。たとえば，お菓子のなかでも人気が高い菓匠三全社の「萩の月」（仙台市青葉区）や春華堂社の「うなぎパイ」（浜松市中区）の生産ラインや，大手製菓メーカーの量産菓子製造ラインには，マスダックの製菓機械が使われている。

（3）マスダックの強み

マスダックの強みは，お菓子を作る工程の機器である充填機，成型機，熱加工機（オーブンや蒸し機），仕上げ機などをすべて自社生産し，それを組み合わせた和洋菓子の一貫生産ラインを構築できることである。それに加え，オンリー1である全自動どら焼機がある。また，食品事業と機械事業の2つの事業をもっていることも大きな強みと言える。

マスダックは，自社で開発したお菓子と機械をお客様に見ていただくためにショールームを作った。それが食品事業部の前身となっており，現在はOEM事業に特化している。そして，自社で製作した機械を，自らが使うことで，お客様と同じ目線で機械をみることができ，不具合の改良も進む。これらが，新たな機械やサービスを生み出すことにつながるという相乗効果を得ており，同業他社にはない強みと言えるであ

ろう。

　2015年2月には，食品事業部，管理本部，品質管理室が食品安全マネジメントシステムの1つである「FSSC22000」を取得し，安全・安心なお菓子作りをより深化させている。

　展示会への出展も国内外で行っており，それも強みと言えるだろう。2016年度の出展状況をみると，4月12日～15日のシンガポールエキスポで，2年に1度しか開催されないアジア最大級の食品・飲料関連展示会「FHA2016 (Food & Hotel Asia2016)」で全自動どら焼機とシステムワンを出展している。5月11日から4日間，中国・上海で開催された東アジア最大級の食品関連展示会「ベーカリーチャイナ2016」では，マスダックは生地や仕上げ方法によってバリエーションが広がるロールケーキラインを出展し，6月7日～10日に東京ビッグサイトにて開催された「FOOMA JAPAN 2016」では，VSライン（バンドオーブン）（チョコパフサンドクッキー），VSライン（キャタピラオーブン）（ナッツフィナンシェ3種），全自動どら焼機（バターどら焼），小型どら焼機（どら焼），すり込み成型機（ダックワーズ），システムワン（レアチーズタルト），システムデポリー，エボリューションIIなどを出展し，マスダックの実力を広く伝えると同時に大きな反響を呼んだ。

3　グローバル化の推進

(1) 海外ビジネスの始動

　創業者の増田文彦氏の先見的な「将来的な市場を見据えると海外ビジネスは避けて通れない」の判断で，当時不二家に勤めていた増田文治氏（現社長）を呼び戻して1981年に海外留学を命じた。留学先に選んだのが世界各国のパン職人が集まるAIB（米国製パン研究所）であった。留学を終えた後は，海外営業部を立ち上げ，アジアを中心に営業した。これが，現在の海外ビジネスの始動と言えるだろう。現在では東アジア，東南アジアに加え，欧米やロシア，中東，北アフリカなどへと販売エリアを広げている。

　世界各国で相次いでマスダックの製品が採用され，よい一歩を踏み出していたが，日本と事情が違う欧米では，仮に機械を売っても原材料の調達ができなければ単なる機械を売るだけに止まってしまい，ビジネスの成功には繋がらない。機械を相手の国に輸出し，設置するだけでなく，菓子製造に必要な材料の入手も確保しなければなら

ないのである。日本であれば，何か製品を開発する際，原材料メーカーに連絡をすれば各メーカーの開発担当者からさまざまな材料の提案を受けられるが，海外では対応策などの構築が必要となる。しかし，機械が売れても適切な原材料の現地調達がなければ意味がなく，機械を売っただけでは成功につながらない。マスダックは，海外ビジネスの始動の際にこの反省材料を活かしていこうと心に刻み込んで行動した。

（2）グローバル化の進展

　グローバル化進展の第一歩として，マスダックは2002年にフランス・パリで行われる3年に一度の「ユーロパン」の展示会に，日本製パン製菓機械工業会所属の5社とともに自社製品の出展をした。また，マスダックの主力機械のなかでも競合する製品ではなく，まだ欧州にはない全自動どら焼製造機械も出展。「小豆あんの独特の舌触りが欧米では好まれないと感じた」増田社長は，代わりにフルーツジャムとチョコクリームを入れることを考案する。これを「サンドイッチ・パンケーキ」と名付けて実演し，大反響を呼んだ。出展期間中，朝から晩までマスダックのブースの周りには二重三重の人だかりができ，日本からもっていった原材料はすべて使い切るほど，注目と人気を集めることとなった。会場で焼きたてを配ると人だかりができ，手応えを感じたという。

　それ以降，毎年のように国際見本市に参加し，翌年秋にはドイツで開催されたパンの国際見本市「iba（国際製パン・製菓機材総合見本市）」に単独で出展した。展示会に合わせて，1時間で6000個自動生産できる機械を新たに開発して現地にもって行き「披露」した。そこにはフランスの展示会と比べ10倍も多くの来場者が訪れた。そして2004年5月にはオランダのアムステルダムに営業拠点として「マスダックヨーロッパ」を設立した。これを契機に，さまざまな文化をもつ多くの国々で構成された欧州をとおして，オセアニア，アメリカ，中東など各国のサブディーラーネットワークにより世界に発信され，マスダックブランドの輪は，着実に地球的規模で広がりつつある。

（3）グローバル化進展にともなう事業収益の向上

　本格的に欧州に進出した2003年からの10年間で，機械全体の売上は伸び，輸出比率も10～20％に達した。少子化で日本のお菓子の生産量，消費量が減少する将来のこと

を予測して，欧州市場の開拓から中国をはじめとするアジア向けの経営行動も順調に動いている。

　欧米のほか，チュニジアやサウジアラビア，ウルグアイなどの製菓業者にも展開している。タイではアーモンドクリームを練り込んだカスタードを挟むなど，現地の好みに合わせて使われている。現在は，人形焼きや蒸しケーキの製造機も海外で販売している。

　2013年からは上海，シンガポールなどの展示会に続々出展し，ほかのアジア諸国，韓国，ベトナム，フィリピン，インドネシア，タイなどからも，原材料の使い方や製造技術指導，細やかな情報提供などにより大きな信頼を得ている。このようにマスダックは，機械だけでなく，顧客が必要としているソフト面においても，お菓子に携わる人々と一緒になって，アジアのお菓子作りに励んでいる。今後，アジアを中心に，世界各国に目を向け，輸出比率をさらに高めていく戦略を講じているとのことである。

4　マスダックの経営特性

　マスダックは，1950年代に手作りから機械化，1970年代には全自動化，そして1985年頃から独自の商品プラス機械開発，1995年頃から多品種少量・自動化生産，2000年代は安全安心を担保する生産体制・設備と変遷してきた。そしてこれからは，IoTの活用が重要であると認識している。

　増田社長は，「IoTの活用により工場の自動化はさらに進化し，ジャストインタイムや多品種少量生産は今後もさらに求められている。お菓子は毎日毎日つくっており，機械を止めない仕組みの構築が最重要である。これを解決するために，今後の取り組みとして，センサーとか，人工知能，さまざまな通信技術をどんどん使いながら製菓業界に貢献していく」と語った[6]。マスダックは，今後引き続き製パン・製菓の開発を推進し，洋菓子・和菓子作りをアジアへ，そして世界に広めていくことを目標としている。

　経営の特徴をまとめると，製菓機械の一貫生産ラインを自社設備で構築でき，全自動どら焼機については国内外で圧倒的シェアをもつ，オンリー1企業であることが挙げられる。会社全体の経営は安定しており，売上は，機械事業，食品事業の合計で125億円に達している。266名の従業員のうち40名は技術者で，ファブレス経営，機械の景気変動への対処，食品のOEM事業で安定化を図っている。経営の健全化を図り

ながら，マスダックは品質保証の確立と顧客満足度の向上，FSSC22000認証を取得，グローバル競争力の強化，収益性の拡大などに取り組んでいる。また，バランススコアカード（BSC）という財務的な視点，顧客の視点，内部プロセスの視点，教育と成長の視点など，視点ごとに具体的な目標，業績評価指標などを設定し，「ワークライフバランス」としてBSCに取り組んでおり，バランスをとって行動していこうという会社経営の手法も取り入れている。

今後について増田社長は，「モノが数多く売れる時代には機械を通じて生産技術を提供するだけでよかったが，いまは豊かな時代になり，いろいろな場面でお菓子を食べたり売ったりする機会が増えている」と言い，菓子の機械製造，製造技術，衛生管理技術をユーザーに総合的に提供することで，今後の菓子業界が抱えるさまざまな課題解決に向けて積極的に取り込みながら大いに社会に貢献したいと抱負を語っている。

競争多変の厳しい環境のなかで，マスダックはイノベーション・サイクルを完遂できる「イノベーター企業」として大いに活躍，貢献している。従業員は多くないが，製菓機械の営業，設計・開発，製造，食品事業などを行う中堅GNT企業として地域の雇用に一定のプレゼンスが認められており，グローバル化の推進を掲げているマスダックへの期待は大きい。現在，海外事業はまだ10～20％と少ないが，これから課題となる本格的なグローバル化の推進を目指して成長を図る経営行動を，興味深く見守っていく必要があるだろう。

注
1) 経済産業省「ニュースリリース」2013年10月11日。
2) 『日本食糧新聞』2016年6月1日。
3) 『日刊工業新聞』2012年9月26日。
4) 『日刊工業新聞』2012年9月26日。
5) 『日本経済新聞』2011年6月9日。
6) 埼玉りそな経済情報2016年6月，No.150。

アリアケジャパン株式会社
完全無人化工場に100億円投資
先行投資が持続的成長を生む

1 会社の概要

アリアケジャパン（以下，アリアケ）は天然調味料のパイオニアであり，食品業界では同社の調味料を使わない食品はないというくらい広く浸透している。そのため「食品業界のインテル」とも呼ばれている。

アリアケの創業の歴史は1966年と古く，先代の社長であり，現特別相談役の岡田甲子男氏が有明特殊水産販売を立ち上げたことからスタートする。2016年に創業50年目を迎え，年商464億円に育て上げた。同社のビジネスは業務用に特化しており，一般の消費者の目に触れる機会は少ない。そのため，食品業界では50％を超える圧倒的シ

アリアケジャパン株式会社の概要

本　　　社	東京都渋谷区恵比寿南3-2-17
創　　　業	1966年6月2日
資　本　金	70億9509万円
経　営　者	創業者　岡田甲子男（現特別相談役） 代表取締役社長　田川　智樹
売　上　高	464億円（2016年3月期・連結）
従業員数	884名（2016年3月期・連結）
事業内容	天然調味料の製造・加工および販売，農畜産物の生産・加工・輸出入および販売，水産物の加工・輸出入および販売，医薬部外品の製造・輸出入および販売，飲食店の経営，上記に関連する技術指導業務など
経営特性	・天然調味料のパイオニア：自動化・無人化指向の独自のビジネス・モデル（原料調達からの一貫生産体制，味覚の計数管理，共同開発・提案営業に強み） ・加工食品・外食・中食向けに顧客基盤を拡大 ・グローバル成長を推進（海外売上116億円（25％）：北米10％・欧州6％・アジア9％） ・世界8極の最適地生産体制の構築

※2016年3月期時点。

ェアを獲得している割には知名度はそれほど高くなく、専門業者の間で知られてきた隠れた優良企業と言えよう。しかし天然の畜産系のダシは、アリアケのダシが味の決め手となると言われ、業界ではあらゆる食品に使われている。

アリアケの歴史をみると、経営者は設立後一貫して製造工程の

特別相談役・岡田甲子男氏

代表取締役社長・田川智樹氏

「自動化・無人化」の追求にこだわってきた。その独自の思考は、「原料調達からの一貫生産体制」をグローバルに構築するというというユニークな「垂直統合型」のビジネス・モデルを生み出してきた。また同社がこだわってきた「無人工場」は、自然環境の変動を受けやすい天然調味料の品質の安定のうえで大いに貢献してきた。高品質を追求するなかで、味覚の「計数管理」により科学的に味覚特性を分析する方法を開発するとともに、新たな味覚を創造し、提案を続けてきたのである。

アリアケは、高品質の天然調味料の安定供給力と味覚の科学的分析を武器に、貪欲なまでに顧客開拓を徹底し、3000種類にも及ぶ新製品を次々に開発する。最初は即席麺のダシからスタートし、加工食品・外食・中食向けに顧客基盤を拡大し、長期の増収増益の経営を作り上げてきたのである。

2　アリアケの成長の軌跡―自動化、無人化工場の建設

（1）アサリ調味料からスタート

アリアケが1966年にスタートした当初は、アサリで調味料を作る小さな会社であった。先代社長の岡田氏は、創業に当たり最初に食品会社に注目した理由を「とにかく小資本でできる、食べ物は朝昼晩消費される消耗品、そのなかでダシは永遠になくならない、これからの成長産業」と考えたからだと言う[1]。最初はアサリのエキスを即席麺会社の隠し味として使っていたが、「取引先の即席麺メーカーから今後はポークとチキンのエキスを使う」という言葉を受け、畜産を原料としたエキス作りに着手したことが、飛躍のきっかけとなった。

田川智樹社長によれば、天然調味料のビジネスは、当時では家内工業による職人技

の世界であり，量産化できない暗黙知の仕事だったという。また製造の現場は，3K（きつい，汚い，危険）を地で行く大変な労働環境であった。製造工程は，大きな釜で鶏やポークの骨を長時間かけて煮込む。調味料としてのエキスを抽出する工程は，労働集約的工程であり，「人は集まらず，入ってきてもその日のうちにやめてしまう」厳しい環境におかれていたという。

先代社長は，顧客のニーズはあり，健康志向や安全志向とともに今後ますます成長していくことが見込まれるが，「この仕組みを変えなければ儲からない」との確信をもつに至ったという。

（2）完全自動化工場の建設

アリアケは，1978年に長崎県の小佐々町の工業団地で，現在の第一工場である畜産エキスの専門工場の建設に着手する。同社の売上高は，当時20億円程度であった。同工場は，「完全自動化」を目標にしたが，それには至らなかった。しかし従来の天然調味料の製造工程には見られない「連続抽出機」を開発し導入したことは，大きな成果であった。

それまでは大鍋を使い人の手でエキスの抽出やスープをとるのが一般的であった。天然の畜産材料は，形態や大きさが不ぞろいであり，機械化になじみにくいことがその原因の1つである。そのため，従来は人手に頼り，労働集約的な生産方法がとられてきたが，アリアケはそれらの工程に自社設計の機械装置を導入し，自動化に果敢に挑戦していった。その結果，生産性の向上だけでなく，品質面でも安定する道が開けた。

アリアケは，1998年，第1工場の隣町の佐々町に第2工場を建設する。総工費は75億円という巨額なもので，関連した工事費を含めると100億円投資と言われており，当時の売上高が119億円だった時代に，いかに大規模な先行投資が決断されたかということであろう。

その当時の環境動向をみれば，1990年代の日本経済はバブル崩壊後の「失われた10年」の時代を突き進んでいた。また

九州第2工場

95年頃には円高，ドル安が急伸し，グローバル化による国内の産業の空洞化が緊急課題となっており，日本国内では「ものづくり拠点」としての不安が叫ばれていた時代であった。

　消費者の本物志向，健康志向，安全志向などの根強いニーズに支えられ，天然調味料の市場拡大は期待できるが，売上高119億円に対して総額100億円の工場建設を決断するのはとてつもない賭けである。結果としてみれば，大規模な先行投資は長期の持続的成長の原動力となり，同社のシンボル的なフラッグシップ工場となり，その後の成長を支えることになる。その後の動向をみれば，経営者の先見性にはただ感服するのみである。

3　持続的な成長は用途開発の歴史―加工食品，外食産業そして中食市場へ

（1）徹底したカスタマイズ戦略―外食産業への展開

　アリアケは前述したとおり，創業当初はインスタントラーメンなどの即席食品，スープのもとになる粉末エキスが中心であったため，とりわけ大手の即席麺メーカーと共同で粉末や液体の天然調味料の開発を行い，顧客をリード・ユーザー（先導顧客）役として地道な製品開発を進めていた。また即席麺以外でも，即席カレーなど加工食品向けへの顧客の開拓も進みつつあった。

　しかし1980年代に入ると，インスタントラーメンの市場には伸び悩みの傾向が出てきており，新市場の開拓が緊急の課題となった。そこで岡田氏が目を付けたのは，ホテルやファミリーレストラン向けの天然調味料市場の開発であった。洋風ダシの場合は，プロのシェフが，鶏ガラ，豚骨，野菜などをベースに長時間かけて煮込み，本格的なダシを作る。ここで使われる洋風ダシ作りは，シェフによる「職人技」の世界であり，まさに暗黙知の世界である。このようななかでシェフの役割を否定するような営業提案は反発も多く，門前払いを受けることはしばしばであり，時には塩をまかれたこともあるという。

　一方でアリアケの場合は，第一工場の時代に連続抽出機を導入し，品質の安定のための制御が進んでいた。また，業界に先駆けて味覚センサーの導入も図った。さらに基礎研究部門では，「味の数値化」に取り込み，あらゆる味を5種類の指標（うまみ・甘味・苦み・酸味・塩味）で正確に評価する方法を確立し，どんな顧客が求める味で

も正確に再現することができる状態にあったのである。

それらの動きを背景に，アリアケの営業開発は，きわめてユニークかつ他社が真似のできにくい方法をとっている。それは顧客志向が徹底しており，顧客の潜在ニーズを見つけて提案するコンサルティング営業である。たとえばレストラン運営においては，顧客とのレシピの共同開発はもちろんのこと，店舗運営に関連した顧客ニーズの分析，流行食品の分析，店舗改善などに踏み込みこんで企画提案する徹底ぶりである[2]。そして2年ほどして，九州のホテルで第1の成功ケースがでる。またそれを機に，外食産業への顧客開拓は着実に進むことになった。

（2）中食市場の開発

1990年代は「日本経済の失われた10年」の時代である。バブル経済崩壊後の景気の低迷に加えて，円高・ドル安の急伸によるグローバル化の進展，国内産業の空洞化の危機により，日本経済は低成長局面が長期間持続する不況局面に突入する。食品市場も長期の停滞が懸念されるなかで，アリアケは1998年には総額100億円と言われる完全無人化工場を完成させ，供給過剰も懸念される。しかしそのような環境の激変期に当たり，アリアケはむしろ先行投資が新たな需要を生み出す成長循環の局面に突入したのである。

その背景には，1990年代に入り，食品市場の低迷危機に市場開拓を進めてきたコンビニエンスストア（以下，コンビニ）やスーパーマーケット（以下，スーパー）などの「中食市場」（コンビニなどの弁当，総菜など）が徐々に成長してきたことが挙げられる。中食とは，家庭内の「内食」，家庭外の飲食業が提供する「外食」に対する言葉である。働く女性，共働き世帯の増加，一人暮らしの高齢者の増加などを背景に，食生活面で大きな変革が発生してきたのである。とりわけ主婦と高齢者の利用が「中食」の市場を押し上げている。それらの動きに対応して，コンビニやスーパーなどでも自社開発の弁当や総菜などの品ぞろえを増やしたことが，天然調味料の急拡大につながっていると言える。日本経済は低成長局面に突入するなかで，少子高齢化や共稼ぎ世帯の拡大など，質的変化が訪れている。一方で安全安心に対するニーズは着実に上昇し，天然調味料にとっては追い風が吹く状況が到来したことを示している。

アリアケはコンビニやスーパー，そして総菜ベンダーなどに対して得意な共同開発や提案営業を展開してきた。外食産業と同様な味の数値化をもとに顧客の求める味を

提案するのである。また顧客と共同できめ細かく求める味を企画し，顧客の獲得に成功していった。ちなみに同社が開発した製品数は3000種類にもおよび，これは徹底した顧客志向のカスタマイズ戦略が展開された結果である。

　2000年代に入ると，中食市場はさらに成長を加速させてきた。この成長は一時的な現象ではなく，少子高齢化，共稼ぎ世帯の拡大などを背景とした潮流のような現象であろう。とりわけ消費者のコンビニ依存，中食依存の傾向は大きく，その流れを活かさない手はないであろう。アリアケは，コンビニやコンビニ向け総菜ベンダーへの売り込みを加速し，それが着実な成果を上げている。またコンビニでは天然調味料の売り込みにとどまらず，最終製品を共同開発し，ビジネスの多様化にも努めている。

　なお2002・2015年度の事業報告書をもとに売上動向をみれば，顧客別構成はラーメン用調味料が26％，加工食品・中食産業用が37％，外食産業用が36％，輸出が1％となっている。また売上構成を部門別にみれば，液体天然調味料が58％，粉体天然調味料が18％，液体スープが19％，その他が5％であった。部門別構成では，2015年には液体天然調味料が77％，粉体天然調味料10％，液体スープ6％，その他7％となり，液体天然調味料のニーズの拡大傾向が顕著である。

　いずれにしても，2000年代に入るとコンビニなどの「中食市場」向けの拡大傾向がさらに顕著になり，アリアケの持続的成長は一段と加速することになった。

4　グローバル戦略の展開

（1）供給体制の整備と米国進出—原料調達の確保

　アリアケのグローバル化は，天然調味料の主要な原料である豚骨・鶏ガラなどの調達先を求めて，1990年に米国バージニア工場，そして1994年には中国山東省に青島有明食品有限公司を設立したことに始まる。

　田川社長によれば，「同社は年2万トンの原料を使っており，新鮮な原料の安定調達は重要な課題」であると言う。当時の状況としては，日本国内の畜産原材料の枯渇が進み，新たな調達拠点の確保が必要であった。また天然調味料の工業生産が進み，味を科学的に分析する技術者の獲得も期待できるなどの要因も考慮された。一方で米国進出は，進出前には期待されていなかった衛生管理のノウハウが習得できた成果が大きかったという。

　アリアケは食品衛生管理において，当初は日本の厚生省基準を導入する予定であっ

たが，米国の食品衛生管理が日本以上に進んでいることから，米国農務省（USDA）の衛生基準を思い切って導入した。これが完全無人化工場の建設においても，安全衛生面での大きな下支えとなった。また2000年前後には食品メーカーの不祥事が次々に社会問題になるが，それは不祥事の未然防止の面でも威力を発揮することになる。「天然調味料の生産プロセスはバクテリアの温床になりやすく，衛生面の管理がきわめて重要」であると言う。

（2）多極的世界最適地生産体制の構築―供給から需要へ

アリアケは，グローバル競争優位の源泉として，米国，欧州をはじめ，海外に6ヵ所の生産拠点を有している。前述した米国は100％出資，中国は89％出資の連結子会社である。この2社は，進出した歴史も古く，当初は原材料調達からスタートするが，いまでは製品の製造，販売面でも事業は完全に軌道に乗っている。

米国，中国以外では，台湾，フランス，ベルギー，オランダに子会社，工場をもち，「世界7極体制」の最適地生産体制が構築されている。2016年3月には，インドネシアの西ジャワ州に現地法人を設立し，約10億円を投じて天然調味料の事業を立ち上げた。現地で需要が伸びている即席麺などのスープに使われる調味料を生産し，即席麺や食品のメーカーに供給する。また同工場は，ハラルの認証をもつ重要な工場でもある。

アリアケは，後述するように今後の成長戦略としてグローバル化に力点を置いており，グローバル市場の開拓は，最重要な戦略課題と言える。そのためにも世界地域に多極的な最適地生産体制を構築し，グローバル化による成長戦略を展開する計画が必要である。同社の決算説明資料を参照すれば，海外事業では売上は好調である。一方で営業利益面では跛行性がみられ，欧州のように赤字の地域も存在したが，最近ようやく黒字転換し，業績面での貢献が期待される。

収益面では低調であった欧州事業ではあるが，2003年フランスのアランソン市に工場を建設し，著名なシェフとして知られているジョエル・ロブション氏と提携して，肖像と名前をブランドに使うことでブランド力の弱さを克服した。また同氏の指導のもとで，チキン・ブイヨンを開発し，これがフランスで高く評価された。レ・グレ・ドール賞を受賞し，世界の7大市場で特許申請を行う[3]など，世界市場におけるブランド戦略の足固めが行われてきた。それが実を結んだ成果と言えよう。

いずれにしても世界の潜在成長性は高く，日本，米国，中国，台湾，フランス，ベルギー，オランダ，インドネシアの世界8極による「世界最適地生産体制」が確立したことから，攻めの戦略を展開する局面に来ていると言える。

5 アリアケの経営特性と強み

(1) 経営の特徴と強み

以上述べてきた点をまとめると，アリアケの経営は畜産系の天然調味料を「世の中で初めて」完全自動化による工業生産を実現したパイオニアである。「日本経済の失われた10年」の不透明な環境の中で巨額な先行投資を行い，完全自動化工場を建設し，供給面から持続的成長の基盤を固めた「イノベーター」でもある。

また供給力の整備に合わせ果敢に新用途の開拓に挑戦し，即席麺用の天然調味料から「加工食品・外食産業・中食市場」と新たな用途開拓を先導し，供給力に見合う新たな需要を創造し，持続可能な成長を生み出した。それを可能にしたアリアケの強みをまとめると，図表④-1のとおりである。

図表④-1 アリアケの経営特性と強み

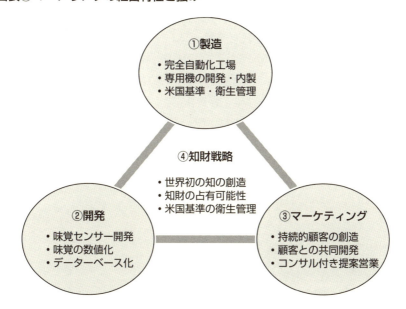

①製造—高品質,かつ安定的に供給する能力

アリアケの強みは,天然調味料を独自の完全自動化工場により高品質かつ安定的に大量供給できるものづくり能力にある。工場の建設に当たっては,連続抽出機をはじめ抽出・混合,包装・製品管理の全工程を自動化している。また各工程には自社で開発した専用機械が導入されている。工場現場は,まさに知財ノウハウの塊と言えよう。また衛生管理の基準に米国USDAを採用したことが,近年の安全衛生のニーズを先取りしただけでなく,グローバル展開においても有効であり,製造面の強みを構成している。

②開発—味覚の科学管理により3000種を生み出す製品開発力

製造とともにものづくりの能力を支える開発力に注目すると,同社は合計3000種類ともいわれる新たな天然調味料を次々に開発し,多くの顧客ニーズにきめ細かく対応している。その背景には,プロの調理人の職人技に頼ってきたシェフのノウハウを科学的に分析し,管理する方法を開発したことが大きい。まず,味覚センサーをいち早く導入するとともに,あらゆる味覚を5つの基本要素で数値化し,「科学的に再現」するシステムを確立したことが,多くの製品開発を可能にした要因であろう。

③マーケティング—顧客との共同開発・コンサル付き提案営業に強み

アリアケの本当の強みは,不況局面でも巨額の先行投資をした先代社長の「企業家能力」とともに,供給能力を需要に転換する顧客開発力が優れていることと推察する。なかでも顧客開発力,マーケティング力が優れている。同社の顧客は,食品メーカー,外食産業,コンビニなどの業務用が中心であり,B to Bのビジネスに位置付けられる。そのため用途開拓は,顧客志向のカスタマイズ(特注品)戦略が基本である。同社の場合は,顧客の求める味覚やレシピの共同開発にとどまらず,顧客の業務効率,ひいては収益を上げるためのコンサルティング営業を得意としている。インテルのように顧客を呼び込む「プル型営業」の能力が長けているということであろう。

④知財管理力—専有可能性を考慮した知財戦略

アリアケは,天然調味料の国内シェアが50%を超えており,この分野では知財創造の能力はきわめて高いと言えよう。一方で,知財の収益化は持続可能な成長を生む条

件であり，知財の開発と収益化のバランスが重要である。特にグローバル成長を追求する場合，知財戦略の優劣が問われることになる。

同社が新開発した天然調味料は，長期間にわたり成長と利益を両立させており，知財の「専有可能性」を維持している状況がうかがえる[4]。

同社の公開特許は，独立行政法人工業所有権情報・研修館の「特許情報プラットフォーム」検索では13件とそれほど多くない。完全無人化工場に代表される製法面は，知財保護のためブラックボックス化しているという。

一方でグローバル化の対応した米国バージニア工場の建設，事業化では特許を取得している。またフランスでレ・グレ・ドール賞を受けたチキン・ブイヨンでは世界30ヵ国に特許を申請するなど，知財対策を重視している。知財戦略は，持続的収益化の必要用件であり，国内，海外を分けて，きめ細かい知財管理が必要である。

(2) 今後の成長戦略—グローバル垂直統合型のビジネス・モデル

田川社長によれば，アリアケは今後10年以内をめどに，現在の売上高464億円を1000億円へと2倍に増やしたいと言う。国内が348億円から44％増の500億円に漸増するのに対して，海外は116億円から500億円に4.3倍と大きな成長を見込んでいる。

アリアケの最近の傾向としてリーマンショック後の2009年度を起点にすると，15年度までの6年間で，売上高は229億円から464億円とちょうど2倍の規模に成長しており，決して到達できない目標ではないであろう。この間国内は206億円から348億円と1.69倍に安定成長しているが，海外は23億円から115億円と5倍増の急成長である。2010年代の成長傾向をみれば，グローバル化が次の成長の決め手であることは間違いないであろう。天然調味料のニーズは，健康志向，自然志向の流れに乗って国内だけでなく海外でも追い風が吹いている。特に今後は中国，インドネシアなどのアジア新興国の需要が本格的に立ち上がることも心強い。

同社はグローバル化以外にも，川上，川下の分野に実験的に進出している。川下分野としては，2000年に大阪の心斎橋に中華料理のアンテナショップを立ち上げている。また川上分野としては，野菜材料の確保もかねて2005年佐世保市に農業法人アリアケファームを設立し，健康・安全・安心の「元気野菜作り」にもトライしている。しかしいずれも実験的な性格をもち，あくまでも将来の成長戦略の本命はグローバル戦略と考えてよい。

同社は当初，グローバル化を材料の安定供給の手段として捉えていた。この役割は製品品質を向上させ，安全，安心な材料という側面で大いに貢献してきた。国内市場が成熟化するなかで，次の成長市場は海外である。2000年以降200億円にも及ぶ先行投資を世界の成長市場に投入し，世界の8ヵ国，地域で「世界最適地生産体制」を構築してきた。今後は先行投資を回収する段階を迎えている。世界戦略においても同社が開発してきた「グローバル垂直統合型」のビジネス・モデルは，差別化した強みを発揮することが期待されているのである。

注

1 ）大竹剛「岡田甲子男 "原爆病"を精神力で克服していた」―戦後の味を作った「べろメーター」の開き直り人生（戦後70年特別企画 遺言 日本の未来へ）」『日経ビジネス』2015年4月24日。
2 ）『Side by Side』「特集 イノベーションの創出と組織変革」2015年1月。
3 ）酒井光雄（2013）「成功事例に学ぶ 繁栄企業のブランド戦略―事例2・アリアケジャパン」日本経営合理化協会経営コラム，12月24日。
4 ）イノベーションの収益化は，ビジネス・モデルの創造と専有可能性に規定される。前者は知財の創造に関連し，後者は特許やブラックボックス化による参入阻止の戦略と関連する（土屋勉男，井上隆一郎，竹村正明（2012）『知財収益化のビジネス・システム』中央経済社，p.38）。

ポーライト株式会社
海外売上80%のグローバル経営
日本・台湾を拠点に世界的供給体制を構築

1 会社の概要

ポーライトは1952年に創業された。本社をさいたま市に置き、粉末冶金製品のトップメーカーとして世界中から高いニーズが寄せられている。主力製品の1つである小型モーター用の「オイルレスベアリング（焼結含油軸受）」は世界トップのシェアを誇る。特に自動車、OA機器、情報AV機器、DVD・CDなどの光ディスク駆動用モーターでは圧倒的シェアをもち、多くの製品に採用されている。ポーライトは、早い段階からビジネスのグローバル展開を進めており、現在は日本国内に2工場、海外に9ヵ所の生産拠点、3ヵ所の販売拠点を構え、全世界に向けた製品の供給体制を構築している。

日本の製造業は、電気電子産業を中心に、海外との競争激化によって競争力を失ってきており、新たな「稼ぎ手」として、輸出力の担い手を育成することが急務である。

粉末冶金に特化して65年の歴史をもつポーライトは、この分野では有数の有力企業であり、いち早くグローバル経営に全力を挙げ、台湾・シンガポール・マレーシア・中国・アメリカ・インドに生産拠点を設置、香港・フランス・アメリカに販売拠点を構え、全世界に供給できるグローバルネットワークを形成している。生産個数は世界一に輝く年間60億個以上の製品を供給でき、そのものづくり体制に信頼が寄せられている。

2 主力事業開発の動向

（1）ポーライトの強み

ポーライトは粉末冶金製法のうち、特に各種モーター（光学ディスクドライブ用のスピンドルモーター、MPU・CPUなどの冷却用ファンモーター、携帯電話・

代表取締役会長・菊池眞紀氏

ポーライト株式会社の概要

本　　社	埼玉県さいたま市北区日進町2-121
設　　立	1952年11月
資　本　金	9000万円（グループ全体：約67億円）
経　営　者	代表取締役社長　菊池眞紀（現在，代表取締役会長）
売　上　高	90億円，グループ全体：約480億円（2016年12月期）
従業員数	400人（グループ全体：約4000名）（2016年12月現在）
業　　種	粉末冶金製法による焼結含油軸受，機械部品の製造
事業内容	・焼結含油軸受および機械部品の開発，製造，販売 ・顧客構成：エレクトロニクス10％，自動車50％，電動工具20％，モーター10％，その他10％

※2016年12月時点。

家庭用ゲーム機など用の振動モーター）に用いられる焼結含油軸受において，世界シェア5割以上を占めている。たとえば，パソコンのファンモーターなどで，主軸を支える焼結含油軸受に含浸する熱可逆性ゲル状潤滑剤を開発している。通常の含浸油では軸受の運転にともなう高温で蒸発，流出して軸受寿命に至るが，ゲル状潤滑剤では，高温時の液状態で含浸，常温では半固体状のため流出消耗しにくく低摩擦特性も付与するため，モーターの省電力化，長寿命化に貢献する。

つまり，粉末冶金による焼結含油軸受および機械部品の製造を営む素形材企業として成長を遂げているポーライトだが，粉末冶金の特性を最大限活かした小型モーターやマイクロモーター用の焼結含油軸受の生産がポーライトの強みなのである。

ディンプル軸受

金型自主開発製造はポーライトの強みである。高密度（～7.5kg/㎤），高強度（～1000MPa），高精度（JGMA1級），自動車用製品として多くの機械部品と各種モーター用含油軸受および一般プレス成形と比して形状自由度の高いMIM（Metal Injection Molding）などの実績が，まさにポーライトの粉末冶金のスペシャリストとしての地位をさらに裏付けている。

また，豊富な自動車用製品群としては，P/S lide Door用Clutch，VVT，Seat AdjusterおよびStarterなどの機械部品，そして世界トップシェアを占める高温から低温まで対応可能な車載モーター用含油軸受（Oilless Bearing）がある。そのほかの技術として，粉末冶金と射出成型の融合である複雑形状・高密度対応可能なMIM，通常の金属粉末と粉体潤滑剤（通常0.8→0.2wt%に減量）の混合に加え，新たに液体潤滑油の金型塗布を追加することにより，高密度化（6.8→7.5kg/c㎡）を実現した「金属粉末成形用の金型潤滑油と塗布システムの開発（サポインH24：実用化未）」などが上げられる。

　粉末冶金の場合，完成品の用途やニーズに合わせて金属粉を選択する必要があり，その金属粉を混合して金型に充填後，プレス成形，さらに焼結後，金型で寸法や形状を整える方法で仕上げることになる。一般には金属材料からさまざまな用途を考えるに対して，粉末冶金は各用途に合わせた金属を作り出せるのが特徴である。複数の金属粉を混ぜ，焼結することで，硬さや柔らかさなどの調整もできるうえ，空孔のなかに油を含ませることができるため，軸受などに利用した場合，放熱性がありノイズも発生しないなどの特徴もある。途中での給油が不要のため，オイルレス軸受ともいわれている。

　国内の粉末冶金業界は，4社の大手系列企業がトップを占め，その次に独立系である粉末冶金のスペシャリストとしてポーライトが続き，その後ろには比較的小規模の企業が多数存在している。このように，粉末冶金業界全体でみると多くの競合が存在しているが，ポーライトが得意とする「小型モーター用の含油軸受」の領域には，国内はもとより世界でみても競合となる企業は数社のみである。前述のとおり，同社は軸受分野において圧倒的なシェアと存在感を発揮しているが，これは特定の分野における「市場シェア」と「利益率」を高めるために，「技術力を基礎としつつ，競合他社が追随不可能な新製品を作ること」と「技術力を基礎とした高付加価値製品を提供すること」が重要であると認識している点が大きな意味をもっている。

（2）長年築き上げた実績と信頼

　ポーライトの製品すべてはカスタム設計であり，技術者が設計段階からメーカー技術者と打ち合わせを行い，自動車部品・家電・マルチメディアなど幅広い業界との取引実績から得られた経験と豊富な情報をもとに，細かいニーズに応えて顧客の課題に

最適なソリューションを提案している。製品は完全受注生産となっており，顧客の要望に対して誠実に応え続けてきた。そのおかげで技術が蓄積し，他社の追随を許さないまでになったのである。製品の評価における指標の1つであるQCDSの要求事項が顧客ごと・製品ごとに異なるため，それぞれの要求対応に努力し続けている。

たとえば，1970年代に登場したカセットテープから光メディアへの音響製品への対応がそうである。当時，国内メーカーのカセットテープ駆動用モーターは，ポーライトの軸受であった。しかし，科学の進歩にともないカセットテープからCDに，そしてDVD，さらにブルーレイディスクへと移っていくなかで，光ディスクの駆動に使われるスピンドルモーターはより小型，高精度，高回転速度のものが必要とされるようになり，その要求に都度応えることで顧客満足度を向上すべく努力を続けていたのである。この過程で後述の独自技術の内径中逃げ軸受も誕生しており，技術が蓄積されたと言えよう。

進化してきた製品は，高性能，高精度，超小型，長寿命，低ロスなど，常に業界をリードしており，所有する数多くの特許，実用新案がそれを裏付けている。健全なバランスシートを維持する安定した財務基盤は，数多くの大手優良企業との長期継続取引から生まれている。

列に属さない独立系企業として幅広い業界との取引を維持しながら，中堅GNTとして，創業精神である「誠意と技術」を貫き，ものづくり現場での飽くなき継続的改善などで安定な経営基盤が築いている。現在，ポーライト国内の技術者は国内社員全体の10％に当たる40名体制で，軸受関連20人，機械部品関連20人となっている。最終製品の顧客の図面設計段階から打ち合わせを行い，モーター構造を踏まえて軸受設計，そして生産まで行われている。

粉末冶金は製品の内部に空孔が生じる。焼結含油軸受ではこの空孔に油を含浸させて使用するため空孔の存在はメリットになるが，機械構造部品を製造する際は強度の面でほかの製法に比べて限界がある。ポーライトはこの欠点を克服し，持続的な発展を遂げながら，2007年度に経済産業省の「中小ものづくり高度化法」の認定を受けた。そしてアモルファス金属粉末を原料にしたマイクロ機械部品の製造技術の開発がポーライトを中心に進められ，製品化された。

なお，顧客ニーズの変化に合わせた製品の改良・技術の進歩として象徴的なのが，「内径中逃げ軸受」の開発である。これは，従来はハウジングに2個の軸受を圧入し

て使用していたものを，2個の軸受を一体化しながら軸受の中央部のみ内径を大きくしたもので，従来の軸受に比べて同軸度精度の向上，モーター全体の小型化の実現，長寿命化など，性能の飛躍的向上に成功した。

これによって，従来ボールベアリングが使われていた分野においても同社の含油軸受が採用されるようになり，ポーライトの評判とシェアは大いに高まったのである。

（3）近年におけるポーライトの実績

ポーライトは，日本のものづくり環境全体がもたらす外部経済も巧みに活かしながら，継続的にトップグループのポジションを占め，優れた製品を開発し続ける姿勢が高く評価されている。2010年からの受賞履歴をまとめたものが，**図表⑤-1**である。

図表⑤-1　ポーライトの受賞履歴，受賞名称

受賞年度	受賞履歴，名称
2010	・日本粉末冶金工業会　新製品賞・材質部門（耐摩耗性に優れた，高荷重・長寿命対応の焼結含油軸受）
2011	・日本粉末冶金工業会　奨励賞（オーブンレンジ高温耐久性焼結含油軸受） ・日本粉末冶金工業会　新製品賞・デザイン部門（超高速回転用焼結含油軸受） ・日本粉末冶金工業会　新製品賞・デザイン部門（プラスチック歯車より優れた低騒音焼結歯車の開発）
2012	・日本粉末冶金工業会　新製品賞・材質部門（超薄型モバイルノートPC用ファンモーターの低騒音含油軸受）
2013	・日本粉末冶金工業会　新製品賞・デザイン部門（HEV・EV車に使用されるバッテリー冷却ファンモーター用軸受の開発）
2014	・日本粉末冶金工業会　奨励賞（高温耐久性に優れた車載バルブ開閉モーター用焼結含油軸受）
2015	・日本粉末冶金工業会　工業会賞 ・日刊工業新聞社　優秀賞（内径にディンブルを付与した高効率含油軸受）
2016	・素形材産業技術賞　素形材センター会長賞 ・日本粉末冶金工業会　工業会賞 ・りそな中小企業振興財団　優秀賞

第Ⅱ部　グローバルニッチトップ（GNT）の事例分析

3　グローバル化の動向と特徴

（1）グローバル化にともなう事業の収益化

　ポーライトの海外展開は，海外市場が成立する前から始まった。その流れをたどると，1962年と1967年に台湾，1979年にシンガポール，そして1991年にシンガポールが手狭になったためマレーシアへ，1987年には香港，1992年に中国揚州に工場を建設している。

　つまり，相当早い時期から海外進出を果たした企業の1つなのである。粉末冶金製品は，一般的には金属の切削加工品よりも強度は落ちるが，金型を使った製品製造であるため，品質の安定性がある。たとえば，ポーライト揚州工場は粉末冶金分野では中国で第2位のシェアを有しており，技術レベルに関しては，まだ中国系企業に対して脅威感は抱いていないという。

　ポーライトは，創業者の個人的つながりによって，中小企業では他社に先んじて台湾に展開しており，日系家電大手とほぼ同時期であった。

　アジア経済圏への本格的な進出は円高対応のアジア・トランスプラント戦略およびプラザ合意（1985～87）以前に展開したシンガポール工場を皮切りに，香港・中国，マレーシアなどに拡大していった。家電・AVからパソコン，そして自動車メーカーの海外進出にともなって，用途拡大部品の現地調達化が加速度的に進み，この流れに乗ったポーライトも海外売上比率80％，海外雇用比率90％の真のグローバル経営となっていった。こうした海外子会社の発展にともない，現在雇用している従業員の70％の母国語は中国語となっている。経営の現地化がしっかり進められ，日本駐在員の数も最小限に収めているなど，積極的にグローバル化を推進している。

　生産部門と営業部門におけるグローバル化の動向をみると，生産部門の日本国内の従業員は約400名であり，軸受を生産する本社工場と機械部品を生産する熊谷工場で200名ずつとなっている。営業部門は，アメリカ，フランス，香港に営業所を設けている。グループ全体4200人で，国内従業員が400人，海外が約9倍の3800人となっている。ポーライトは一貫して「緩い連携，独立採算，経営の現地化」というグローバル経営を重視し，グループ全体の2016年の売上高480億円に占める割合は日本国内が90億円で，圧倒的に海外が主力となっている。また2020年に売上7.5億ドル，利益率10％の経営目標を打ち出しているが，これには会社間・業務間連携により資金の回転

率を高め，これまで以上のキャッシュを創出していく必要があることを認識している。

海外工場の従業員は，台湾工場1600人，中国揚州工場1800人，シンガポール80人，マレーシア150人，中国郴州工場50人，米国ジェファーソン工場60人となっており，現地人による経営と少ない日本駐在員の体制で経営活動が行われている。たとえば，揚州ポーライトは，経営現地化のもとで，二輪車，四輪車部品の新規の受注をとり，また四輪車用VVT・VCT（可変バルブタイミング機構）といった高度な機構部品を中国で生産，増産するような方向に向けてこれに対応した部品供給を行っている。

（2）今後の課題と展望

ポーライトは，グローバル人材の育成，経営の統合，戦略・文化の融合の必要性を認識しており，英語による会議，SAP ERPによる共通基準・スピーディな意思決定に着手している。2012年にERPの導入を決断し，2018年に完成予定となっている。SAPERP導入後は業務そのものが変わり，それまで行っていた無駄な業務がなくなった。売上高が拡大する一方で，従業員の残業時間は以前よりかなり減り，安定していることからも，生産性が上がっていることが実証されている。2013年6月の中国郴州工場を皮切りに香港営業所，中国揚州工場，シンガポール，マレーシア，台湾と次々に海外拠点へのグローバル展開を推し進めている。

今後は，アメリカ，インド，フランスなど，残拠点にも順次導入していく計画である。「日本国内におけるSAP ERP導入の成果を各拠点に拡大して，グローバル市場での成長のビジネススピードをますます加速していきたいと考えている」[2]とのことである。まさにグローバル中堅企業の必勝モデルともいえる同社のクラウド活用は，同様の課題を抱える多くの中堅企業にとって参考になり，価値ある先行モデルと言えるであろう。

高い製品競争力や製造技術などにより，周辺の多変の環境下にあっても，海外市場の市場開拓が浸透し，拡大しつつある。海外の売上高比率が約90％を占める中堅グローバル企業である同社は，海外拠点とのリアルタイム情報連携を目指してSAP ERPを採用し，それをAmazonのクラウドサービスであるアマゾンウェブサービス（AWS）上に導入した。日本国内の拠点に続いて，海外拠点も順次導入が進んでおり，グローバルな事業基盤の統一へ向けた第一歩を踏み出している[3]。

ポーライトでは顧客とのすり合わせと提案営業を重視しているが，これは日系企業

に対してだけではなく，非日系の企業に対しても同様である。同社の技術者は，軸受とモーターについての専門的な知識・技術と，高い顧客コミュニケーション能力，そして高い語学力（英語・中国語）を要求される。そうした人材を育成するため，ポーライトでは新卒採用者に対して積極的に海外駐在の機会を与えている。同社の新入社員は，3年ほど本社で経験を積んだのち，海外の工場へ赴任するのが通例となっている。現地工場の「顧問」として諸々の調整役を担いながら海外経験を積み，ポーライトが求めるコミュニケーション力，語学力をもつ技術者に近づけていくのである。

　ポーライトは，高い製品競争力や製造技術などにより，周辺の多変の環境下にあっても海外市場の市場開拓が進展しつつあるが，含油軸受の分野はニッチ性が非常に高く，市場自体も成熟しているため，これから国内において業界構造が一変するという事態は起こりにくい。しかし，モーターの生産が拡大している中国や韓国などにおいては，同種の製品を作る企業が複数登場している。現時点ではポーライトに圧倒的な優位性があり，高機能製品においては明確な脅威となっているわけではないが，将来的にその差が小さくなっていけば，脅威になり得ると考えられるであろう。

注
1 ）経済産業省（2014）「グローバルニッチトップ企業100選」3月17日。
2 ）SAPジャパン公式ブログ「海外の売上高比率90％，グローバル中堅企業のポーライトが推進するクラウド活用の必勝モデル」2014年7月24日。
3 ）同上SAPジャパン公式ブログ。

株式会社フジキン
欧米M&A戦略
アジア共有体を機軸にグローバル競争優位の構築

1 会社の概要

(1) 13年連続の「超モノづくり部品大賞」に輝く

フジキン[1]は、半導体製造装置用精密バルブ機器システムでは国内、海外で圧倒的に高いシェアをもつ企業であり、常に製品技術の先行開発に挑戦する研究開発型の経営を特徴とする。前書の事例分析でも取り上げた企業であるが、革新的中小企業としては規模が大きく、第Ⅰ部第2章でも紹介したように中堅GNTの対象としてふさわしい企業であると考え、本書に加えている。

フジキンは、特殊精密バルブ機器システムの「オンリー1」企業で知られており、半導体製造装置用「精密バルブ」で国内70%、海外43%の高いシェアをもつ。また宇宙開発(宇宙ロケット)用特殊バルブの国内シェアは80%と、ほぼ独占に近いシェアを獲得しており、ものづくり能力と先端情報処理能力は超一流である。フジキンが特に優れているのは、ハード面で経済産業省の「第1回ものづくり日本大賞」、ソフト面で「第5回同大賞(海外展開部門)」のそれぞれ「優秀賞」を受賞したことであり、さらにモノづくり日本会議・日刊工業新聞社の「超モノづくり部品大賞」を13年間連続受賞している。2014年3月17日には経済産業省「グローバルニッチトップ企業100選」にも選ばれており、グローバル市場においても特異な地位を築き上げている超優良企業である。

(2) 東大阪に「ものづくり」企業の誕生

フジキンは、創業87年を迎える長寿企業である。従業員はグループ企業、国内・海外を連結すると3600名(2017年2月末時点)と中堅規模の企業であるが、いまだに中小企業の活力とベンチャー魂が息づいた「ユニークな経営」を実践する会社でもある。

代表取締役会長兼CEO・小川洋史氏

フジキンの歴史は，1930年に創業者であり先々代の社長を務めた故小島準次氏（故人）が大阪市で「配管機材・機械工具商」を起こしたことから始まる。その会社は社長自身が出征したため，戦時中は一時休業するが，戦後は富士島工機株式会社を設立し，配管機材・機械工具商として事業を再開することになった。

　小島準次社長は，単なる配管機材・機械工具商には飽き足らず，何かおもしろい仕事がないか探しているときに，得意先から「ガスの微妙な流量を制御できるバルブがほしい」という要望があったことをきっかけに，ガスの流量調節の研究に挑戦する。試行錯誤の末，1953年には細い針をスライドさせる「ニードルバルブ」の開発に成功する[2]。これがフジキンの初めての自社製品であり，ニードルバルブの特許を取得し，「メーカー」としてのフジキンがスタートする。1954年には，「富士金属工作株式会社」を設立し，問屋業から製造業へ脱皮し，メーカーとして本格的にスタートする。当時，戦後の低迷期を迎えていた日本経済は，朝鮮戦争の勃発とともに特需ブームが起こり，景気の拡大に乗じて攻めに転じる。

　フジキンの特徴は，ニードルバルブの開発にみられるように，取引先のむずかしい

株式会社フジキンの概要

本　　社	大阪府大阪市西区立売堀2-3-2
設　　立	・創業：1930年5月 ・設立：1954年9月
資 本 金	54億円（グループ合計）
経 営 者	代表取締役会長兼CEO　小川洋史 代表取締役社長兼COO　野島新也
売 上 高	533億円（2016年3月期・連結） （海外売上比率41%）
従業員数	3600名（グループ合計）
事業内容	半導体製造装置用超精密バルブ機器，宇宙開発用超精密バルブ機器，新エネルギー用バルブ機器，原子力発電所用計装バルブ機器，超精密ながれ（流体）制御システム他
経営特性	・新製品開発を生み出す「だるま経営」 ・精密バルブのトップランナー企業，宇宙開発用・半導体製造装置用で圧倒的シェア ・米国・欧州・アジアにグローバル展開

※2016年3月期時点。従業員数は2017年2月末の値。

要請をバネに数々の開発に挑戦し，飛躍してきたことである。1958年には，可燃性ガスの逆流を防ぐ「完全逆止弁（カーベクト）」を開発，さらに翌年には「真空用メカローズバルブ」の開発にも成功している。その後も新製品開発を続け，国際見本市に出展するまで，実力を蓄えていく。1967年には，東大阪に新工場を建設する。東大阪の工場は，フジキンのものづくり革新の歴史を支えてきたすばらしい工場である。フジキンは，同業者が多数集積する「立売堀」の金属・機械問屋としてスタートするが，東大阪工場の建設までに20年かけ，本当のメーカーに成長した歴史をもっている。

2　半導体製造装置用精密バルブ機器の開発

（１）特殊精密バルブ開発への挑戦

　バルブは，液体や気体の配管など，流体が通る系統において流れの方向，圧力，流量の制御を行う機器の総称を指す。多くの機械に利用される素形材の１つであり，中小企業性製品の１つに数えられる。一般社団法人日本バルブ工業会は，正会員115社，賛助会員が65社であり，大手，中小が参入して，多くの用途に分かれて激烈な競争が展開されている。

　フジキンは，1953年にニードルバルブを開発して，特許を取得する。その後は多様な顧客のニーズに対応した「小型精密バルブ」などを次々に開発してきた。フジキンが精密バルブのNo.1企業として知られるようになったきっかけは，原子力プラント用バルブにある。ある大企業がフジキンの小型高圧バルブ技術に注目して共同開発することになるが，フジキンの献身的な協力が評価され，「徹夜してでも問題を解決してくれる」[3]とのうわさが流れ，注文が殺到したのである。

　さらにフジキンの評価を決定付けたのは，宇宙開発分野のバルブ開発の仕事を受けたことであり，宇宙ロケット用の小型軽量バルブの開発に成功したことが大きい。日本の国産ロケットの開発は1972年からスタートし，80年代の後半には日本初の２トン級静止衛星の打ち上げに成功する。フジキンは共同開発により，チタン合金を使った超軽量バルブを開発する。ステンレスの４分の１という軽量ながら，99.9999％の信頼性を備えた特殊バルブであった。そのために1976年，業界に先駆けて大阪工場内にクリーンルームを建設し，クリーンな環境のもとで難切削材の加工をするようになる。当時のクリーンルームは改良を重ね，いまでも残っている。

　またその当時，京セラと共同で，耐摩耗性，耐食性，耐熱性に優れた「オールファ

インセラミック・バルブ」という特殊バルブの開発にも成功する。各種ニーズとウォンツを集約した初めての大型自主開発製品であり，従来の金属加工とはまったく異なる特殊材料を使った開発であり，連携の効果が生きる。これらの特殊精密バルブ機器類の開発は，その後の主力製品の「半導体製造装置用バルブ」という「グローバル製品」を生むきっかけとなった。

（2）半導体製造装置用バルブの開発―グローバル戦略製品の獲得

　1980年前後は，「LSIの国産化」を目指し超LSI技術研究組合が組織され，開発のロードマップと製造設備の国産化が国策として推進された時代である。その流れを受けて，半導体設備の国産化の政策もスタートする[4]。当時，半導体の製造装置は米国で開発され，大部分の装置は輸入されていた時代である。

　フジキンの営業マンは半導体商社から引き合いを受け，半導体製造装置用バルブの開発をスタートさせる。当時は半導体製造用に知見はなかったが，原子力用や宇宙ロケット用バルブの開発の経験が大いに生きることになった。とりわけ宇宙ロケット用は，極低温環境におけるガスのコントロールが必要であり，クリーンルームにおける洗浄作業などの実績が評価されることになった。

　フジキンは，半導体製造装置用の小型精密バルブの開発に着手する。当初は米国と同じ製品を作ることから始め，次第にそれを超える製品にも挑戦していく。1987年には，国産初の半導体製造装置用1号機（MEGA-ONE）の開発に成功する。またその後は半導体商社に次ぐエレクトロニクス・メーカーなどの顧客を開拓し，順調に売上を伸ばしていく。半導体製造装置用の課題はクリーン化であり，「半導体には多様なガスが使われ，動くとゴミが出る」ことから，ロケット用バルブのクリーンルーム技術が大いに役立ったとのことである。クリーン化の度合いは，クラス1万からスタートし，「1000～100～10～1」へとゴミのコントロールが進み，現在では最先端のクラス1への対応ができるレベルにきている[5]。

半導体製造用超高純度集積化ガス供給システム

クラス1はフジキンしかできない極限技術でもある。インタビューによれば「それを支える技術としては，①クリーン技術（クラス1のクリーンルーム内加工），②超精密加工技術（ステンレス材の精密加工，流れが通る内表面鏡面仕上げ），③集積化技術（単品バルブや継手流量コントローラーの組合わせ，モジュール化によるコンパクト化）」などが代表的であり，材料技術やシール技術などが複合化された強みと言えよう。

（3）顧客ニーズ主導型イノベーション

フジキンは，有力な顧客のニーズや問題解決から，これまで多くの特殊精密バルブを開発してきた。開発方法としては，顧客ニーズ主導型であり，特殊なニーズ，むずかしい課題を苦とせず，顧客と共同で問題解決を図ってきた。その成果が，特殊精密バルブの開発に結び付くことになるのである。このようなイノベーションのパターンは，「リード・ユーザー」型のイノベーションと呼ぶ[6]。すなわち，多様な取引経験で技術基盤を構築するとともに，顧客の問題解決をパートナーとともに挑戦するのである。大企業は基礎研究所をもち材料や半導体などに強みをもつが，応用研究主体のフジキンにとって，大企業の開発力を結合できるメリットは甚大である。

他方で大企業も用途開拓ができ，ウイン・ウインの関係にある。前述した京セラとの共同開発はまさにその例である。フジキンは，多くの特殊精密バルブの開発を顧客である大企業とともにトライし，多くの顧客の「カスタマイズ化」したニーズに適応し，新製品を開発していく。また半導体製造装置用の開発に当たっては，半導体の研究で先行する東北大学との共同開発も活用しており，大企業，大学などの開発力を結合した「オープン・イノベーション」が展開されている。

3　グローバル戦略の展開

（1）欧州輸出からスタート

バルブ業界は多くの製造業にみられるように，技術特許を米国，欧州に依存しており，海外技術の導入から発展してきた歴史もあるため，海外展開は総じて遅れてきた。しかしフジキンの場合は，会社設立後の比較的早い時期から，海外輸出に力を注いできた。また顧客企業との共同開発で差別化した製品を海外に先駆けて開発してきたこともあり，グローバル化の進んだ企業に位置付けられるであろう。

フジキンのグローバル化は，1970年代にさかのぼる。特殊精密バルブは，国内は安定成長市場であるが，海外は国内以上に成長していたため，海外への輸出は長期的な目標の1つであった。そこでフジキンが最初に注目したのは，米国や欧州の展示会であり，展示への視察や出展などを通じて海外への進出がスタートする[7]。それとともに欧州や米国との技術提携にも熱心であり，ドイツ，米国，フランスなどの企業の製品輸入や技術提携などにより，技術基盤を広げていった。

　最初の輸出は，欧州市場からスタートすることになった。1980年3月，フジキンのステンレス・ニードルバルブの技術力，品質が高く評価され，業界初の西ドイツ（現ドイツ）TüV（ティフ・ラインランド技術検査協会）の認定工場の資格を取得するのである。そして同年10月には，海外市場開拓のためオランダのロッテルダム，81年3月には西ドイツのデュッセルドルフに駐在員事務所を開設し，輸出戦略を強化していく。欧州は環境意識も高く，セラミック・バルブなど，特殊バルブのニーズもあることが魅力であった。

（2）米国・アイルランドのカーテンコントロール社（CCI・CCL）の買収

　フジキンのグローバル戦略のエポックは，1990年に米国・アイルランドの精密バルブ会社のカーテンコントロール社（CCI・CCL）を買収し，海外で初めての自社の生産拠点を確保したことから始まる。CCI・CCLは，半導体製造装置用バルブとしては世界的なブランドをもち，中大型のバルブに強いという特徴をもつ。また半導体の最大手IBMやインテルとの取引チャネルをもち，米欧の優良な顧客を抱えている点も魅力である。

　フジキンは小型技術や前工程に強みをもつが，CCI・CCLは大型や後工程，ファシリティに強みをもち，お互いに補完・分業関係が成り立つ。もしフジキンが内部開発をするとすれば，多くのヒト・モノ・カネと時間の投入が必要であった。またCCI・CCLはアイルランドにも工場をもつ国際企業であり，欧米戦略のかなめにもなることからM&Aを決断したのである。

　M&Aの投資額は10～20億円程度の相当大規模の投資が必要であったが，当時の有力銀行が仲介支援してくれた。CCI・CCLは当時100～120名の人員を抱え，「うちと違い最初からメーカーでありプライドも高かった」，「最初はうまくいかなかった」が，アイルランドの子会社が仲介役となり，「うまく融合するのに10年近くかかった」と

言う。M&Aは買収よりも，その後の融合の方が重要なのである。
　CCIは，現在CARTEN−FUJIKIN Inc.（CTF）に社名を変え，CCL含め現在100人程度の人員を抱えている。米国，欧州を広くカバーし地域間での分業体制が出来上がっているだけでなく，バルブ機器では前工程をフジキン，後工程をCTFが担当している。またCTFはファシリティ向けにも強く，世界の供給拠点としても重要な存在である。

（3）アジアものづくり共有体の構築
　半導体の生産拠点は，米国，欧州，そして日本が先行してきた。しかし近年では日本における半導体の比較優位は低下し，生産拠点は，韓国，台湾，中国（チャイナ）[8]を使うなど，アジア新興国に移行しつつある。特に2008年のリーマンショックと欧米先進国の不況，アジア新興国の成長，さらに2009年から12年にかけて起こった円高のオーバーシュートが後押しし，半導体の日本での生産が縮小し，アジア新興国への移行が鮮明になってきた。

図表⑥-1　アジアものづくり共有体の構想

バクニン工場（ベトナム）

半導体製造装置や部品材料の生産拠点は，いまでも日本国内に集中しているが，半導体の生産が急速に日本からアジア新興国に移行するなかで，日本とアジア各国にまたがる「アジアものづくりネットワーク」の構築は，顧客対応力やコスト競争力の両面で緊急課題となってきた。

フジキンは，アジア新興国に関してはベトナムに2ヵ所と韓国に2ヵ所の製造工場をもっている。また台湾，韓国，中国にはサービスセンターをもち，「アジアものづくり共有体」を構築してきた。ベトナムは，2002年9月にハノイに工場を設立しており，2013年6月にはバクニンに新工場を竣工している。

ベトナムの進出は，2002年7月に投資ライセンスを取得し，100％の輸出工場をスタートさせたことに始まる。ベトナムに進出した理由は，労務費が安く，ワーカーのスキルが高いだけでなく，税制上の優遇措置にも魅力があった。生産品目は，主として特殊材料の継手やバルブボディ製造を行っており，アジアにおける精密部品の供給拠点である。

ベトナム工場は，「日本品質」を目標にしており，日本国内と同レベルの精密加工を目指している。そのため原材料は日本から調達し，設備はMCやNC旋盤など国内の精密加工設備を移設し，検査もミクロン・オーダーの品質を保証する装置を導入している。また，社員の育成は優先課題である。日本と同様に「5S」（整理・整頓・清掃・清潔・躾）を基本に，社員を重視した「人財宝」の教育訓練が徹底されており，資格取得も推奨している。2013年には生産能力の拡大のため新工場を立ち上げており，将来はベトナム市場の開拓もにらんでいる。事業はきわめて順調に推移していると言えよう。

4 中堅GNTへの飛躍に向けての構想と成功要因

(1) グローバル成長に向けての中核製品の獲得

前述のとおりフジキンは，現在グローバル化を機軸に中堅GNTとして持続的成長を続けている。とりわけ1987年に「半導体製造装置用バルブ機器」の1号機の先行開

発に成功してからは，持続的な成長に向けてのスピードが加速している。その持続可能な成長を支えている要因は何であろうか。

まず第1に，半導体商社からの引き合いを機会と捉えた先見性が重要であったと言える。小川洋史会長が言うように「引き合いは偶然きたものである」とはいえ，フジキンには顧客のニーズを大事にし，むずかしいニーズにも丹念に答えていく顧客主導型開発の精神が浸透しているのである。その精神をいかんなく発揮し，顧客と連携して持続的な開発を進め，1号機を開発するだけでなく，「他社はクラス10〜100が中心」というなかで，フジキンは最先端の「クラス1」機器の開発に成功する。その研究開発型の風土が成功の要因であろう。

第2に，フジキンの規模がここまで大きくなった要因は，成長製品「半導体」に関連する機器を事業として取り込んだ点にある。現在の二大グローバル製品と言えば，自動車と半導体が挙げられる。急速に中堅規模に成長した企業をみれば，二大製品に関連した企業が多い。フジキンはアジアに製造拠点を置く半導体の製造装置に関連した機器を事業化している点が大きい。

第3に，半導体製造装置用を日本国内だけにとどまらず，グローバルに展開している点が持続的成長を可能にする要因でもある。しかも顧客は日系だけでなく，欧米，アジア新興国の企業を取り込んでいる。そのために欧米向けには米国のM&A会社CCI（現CTF）を使い，またアジアには日本を中心に台湾・韓国・中国・ベトナムの間で「アジアものづくり共有体」を構築している。世界に向けて事業を拡大できるのは，日本，欧米，アジアの5極体制を構築し，開発，生産，販売を各地域で持続的に展開できる国際分業体制を整備したからにほかならない。

（2）グローバル経営の成功要因

フジキンのグローバル経営は，中小ものづくり企業が国内市場の成熟化や比較優位の低下傾向のなかで，アジア市場を加えて成長発展するためのベンチマークとなる経営の1つであろう。フジキン型のグローバル経営を成功させるためのポイントは以下の3つある。

第1は，日本国内の精密バルブの「ものづくり能力」と「先端情報処置能力（ICT含む）」が常に進化を続け，アジアものづくり共有体を先導し，けん引することが重要である。フジキンは，1953年にニードルバルブを開発して以来，多様な顧客のニー

ズに真摯に対応し，小型の「特殊精密バルブ」を次々に開発してきた。その持続可能な開発能力は，経済産業省の「ものづくり日本大賞」のハード，ソフト部門の受賞，ならびにここ13年間にわたりモノづくり日本会議・日刊工業新聞社の「超モノづくり部品大賞」の連続受賞などで証明されており，ものづくりの進化能力は健在である。

第2に，フジキンの場合「ものづくり」の持続的能力構築は経営風土のなかに定着し，社員1人ひとりのなかに，開発型DNAのように体化した点は，大いに注目される。同社の場合は，「ダルマ経営」と呼ばれる社員の意識改革や個人の能力向上を重視し，それが社員の開発型DNAとして働いているように思う。今後は，日本だけでなくベトナム工場をはじめ「アジアものづくり共有体」のなかに開発型DNAが移植され，共有体が自立的に進化発展を生み出すことができれば，フジキン独自の「グローバル経営」の新たな競争優位の源泉となろう。

第3に，フジキンのアジアものづくり共有体は，アジア大の視点をもち，日本の強みとアジアの優位を結合した国際分業戦略を構築していることである。それらの戦略を活用することにより，差別化製品の開発やアジア新興国が求める低価格，高品質の新興国発のイノベーションが進めば，さらに競争優位を高める可能性が出てくる。フジキンの「アジア共有体」を活用したグローバル経営に，今後も注目していきたい。

注
1）本事例は，前書の事例（pp.41-51）をもとに最新のインタビューで加筆修正した。
2）片岡信之，橋本久義編，龍谷大学大学院ビジネスコース著（1996）「第1章 業界ナンバーワンの地位を維持」『創造的中小企業—元気な会社20社の生きざま』日刊工業新聞社，p.4。
3）橋本久義（2012）「第5章 日本を支える底力ある中小企業」『中小企業が滅びれば日本経済も滅びる』PHP研究所，p.162。
4）超LSI技術研究組合は，1976～1980年の4年間，LSI開発のロードマップと製造設備の国産化を目指し産官学の連携のもとに組織された。
5）クリーン化に当たっては，東北大学故・大見忠弘教授の「ウルトラクリーンテクノロジー」コンセプトのアドバイスも受けて開発したという。
6）土屋勉男，原頼利，竹村正明（2011）『現代日本のものづくり戦略—革新的企業のイノベーション』白桃書房，p.175。
7）眞嶋一郎（1992）『ダルマ経営—ハイテク企業・フジキン物語』にっかん書房，p.81。
8）フジキン社内では，「チャイナ」を使うが，本文中で使っている「中国（China）」で表示する。

IDEC株式会社
開発・知財・国際標準の三位一体の戦略でグローバル成長を実現

1 会社の概要

　IDEC株式会社は，1945年に大阪で和泉商会として創業され，電気機器の小売，卸売業を開始した。1947年には，企業規模を整えて和泉電気株式会社として大阪市中央区に設立され，開閉器の生産，販売を開始した。事業の拡大のため，1956年，本社を大阪市北区に移転するとともに，大阪市淀川区に大阪事業所を完成させ，機器製造の操業を開始した。1958年にはさらに事業を拡大し，工業用操作スイッチ，表示灯，端子台などの生産，販売を開始している。

　その後もビジネスは順調に推移し，1969年には京都府長岡京市に京都事業所を完成させて，本社を大阪市淀川区に移転した。それにともない会社自体も形態を変え，国内外展開をしながら成長してきている。1982年には，大阪証券取引市場第2部に株式を上場，1989年には東京証券取引所市場第2部，1990年には東京証券取引所と大阪証券取引所の市場を第1部に指定替えしている。2005年に商号を和泉電気からIDECに変更した。

　生産面でも，1984年に福崎事業所（兵庫県神崎郡），1989年に滝野事業所（兵庫県加東市），1991年に筑波事業所（茨城県龍ヶ崎市），2013年に尼崎事業所（兵庫県尼崎市）と生産拠点を拡大させ，海外においても1973年の台湾を皮切りに，2002年蘇州（中国），2012年タイに生産拠点を開設している。

　また，技術研究にも注力しており，1992年にアイデック技術研究センター（大阪市淀川区）を開設，1998年には東京本社（東京都港区）を開設している。

IDEC本社

IDEC株式会社の概要

本　　社	大阪市淀川区西宮原2-6-64
設　　立	1947年3月
資 本 金	100億円
経 営 者	代表取締役会長兼社長　舩木俊之
売 上 高	434億円（2016年3月期・連結）
従業員数	2222名（2016年3月期・連結）
事業内容	制御機器製品，制御装置およびFAシステム製品，制御用周辺機器製品，防爆・防災関連機器製品，そのほか電気機械器具の製造，販売
経営特性	・海外売上36％（欧米18％，アジア・パシフィック18％） ・先行開発の重視 ・開発・知財・国際標準の三位一体戦略（イネーブルスイッチで高い世界シェアの獲得） ・ファインバブルの国際標準を推進

※2016年3月時点。

　事業規模としては，2016年3月末時点で資本金100億円，売上高434億円（連結），従業員数が約2222人（連結）になる。IDEC株式会社の概要は表のとおりである。

　経営の特徴としては，連結売上高434億円，従業員数2222名を数える中堅企業であることが挙げられる。その事業内容は，各種制御機器，制御システム，防爆機器の開発製造販売である。近年はメガソーラーなど再生可能エネルギー関係事業やファインバブル発生器の開発ビジネスも展開している。

　2016年3月期の連結売上構成は制御機器製品55.3％，制御装置およびFAシステム製品14.2％，制御用周辺機器製品12.3％，防爆・防災関連機器製品3.8％，その他14.3％となっている。

　海外展開については，2016年3月期の海外売上高は158億円（36.6％）であり，地域別の割合では日本が63.4％，パシフィックが18.4％，北米が13.5％，欧州ほかが4.4％になっている。販売拠点は7ヵ国に展開しており，生産拠点は台湾，中国，タイに構えている。また，2017年に買収したフランスに本拠を置くAPEM社グループが連結に加わったことにより，販売拠点は13ヵ国，生産拠点は9ヵ国に拡大することになった。

2　海外拠点の選択

　1970年代に入ってから，IDECは海外展開を目指すようになり，1973年，台湾和泉精機股有限公司（現台湾愛徳克股.有限公司）を設立し，1975年にはIDEC CORPORATION（米国カリフォルニア州），1976年にはIDEC Elektrotechnik GmbH（ドイツ　ハンブルグ）を設立している。引き続き，1987年にはIDEC ELECTRONICS LIMITED（英国）を設立している。この1970年から1980年にかけて，IDECは事業の欧米展開を進めていたと言える。

　1990年代になると，IDECは中国を含めたアジアへの進出を始めており，時代の流れにうまく対応していると言えるだろう。1992年に台湾和泉電気股有限公司を台湾に設立し，1995年に香港和泉電気有限公司を香港に設立している。

　21世紀に入ると，2000年にIDEC IZUMI ASIA PTE LTD.をシンガポールに設立し，2002年に蘇州和泉電気有限公司（中国・蘇州），愛徳克電気貿易有限公司（上海）を設立している。時代の流れと変化に応じて，うまく海外の事業展開をしてきた会社だと言える。

　この海外進出基調は近年も続いており，2006年には和泉電気（北京）有限公司（中国・北京），2012年にはIDEC ASIA（THAILAND）CO., LTD.（タイ）を設立している。

3　主力事業開発の動向

　経営戦略については2つの大きな特徴があり，その1つが「技術開発・知的財産・国際標準」の三位一体の経営志向，もう1つが高シェアかつ高収益品の創造への挑戦である。それは過去の失敗からの教訓で生み出されたものであり，特に世界市場の競争では先行開発した高シェア製品が時間とともにシェア低下に至るという自然原則に対応するための工夫である。この業界の失敗例と成功例には，以下の2つが挙げられる。それはビジネスにおける国際標準の必要性を示す教訓となる例である。

　①国際規格作りに参加せず失敗した事例―産業用制御機器のスイッチ製品
　　　取り付け穴サイズの国際標準化の動きを看過し，欧米規格が国際規格として採用され，その結果，日本製スイッチの市場が大幅に縮小した。
　②国際規格作りをリードし規格化に成功した事例―3ポジションイネーブルスイッチ
　　　2ポジションスイッチが主流であったが，人間工学に基づきその操作安全性を

考慮した3ポジションイネーブルスイッチを開発し，その規格を国際標準化することで独占的な市場を得ることに成功した。

これについてアイデアと特許の組み合わせとして，その詳細を後述する。

現在では，「開発・知財・標準」の三位一体の戦略の必要性を十分認識したうえで，第3世代非常停止押しボタンスイッチの開発やファインバブル発生器の開発など，新しいビジネスに挑戦している。ファインバブル発生器のビジネスについても事業分野の多角化として，その詳細を後述する。

4 3ポジションイネーブルスイッチの開発

豊富な製品群を揃えて発展著しいIDECであるが，GNT分野としての特徴に3ポジションイネーブルスイッチの開発と販売がある。

しかし，その前に国際標準化の話をしよう。さまざまな制御スイッチが存在しているが，産業用制御機器に使う押しボタンスイッチの取り付け用丸穴の直径には，国際的に3種類が存在していた。産業用制御機器の押しボタンスイッチ取り付け穴寸法の規格では，日本では直径25mm穴が最も多く普及し，欧州では22mm穴，米国では30mm穴が普及していた。

ところが，ジュネーブに立地する国際標準化機関，国際電気標準会議IECで同寸法の国際標準の審議が進んだ結果，発行された国際規格（IEC60947-5-1）には，欧米規格の22mmと30mmのみが規定された。その理由は，日本から技術専門家が審議に参加していなかったので，日本の事情などまったく考慮されなかったからである。

その後，日本で押ボタン穴寸法の国内規格，日本工業規格JISC8201-5-1を改訂することになったが，WTO/TBT協定に基づき，すでに国際標準化された2つの欧米発国際規格（22mmと30mm）を国内規格化し，日本で普及していた国際規格外の25mm穴を国内規格から外すことになってしまった。

このような経緯から，日本で製造される25mm穴の押しボタンスイッチの世界シェアは激減し，新規格制定の影響で22%（1988年）から15%（1998年）へ，そして11%（2008年）へと，20年で半減してしまった。

このようなビジネスにおける国際標準化の重要性を経験したIDECは，産業用ロボットなどに使われている安全操作用イネーブルスイッチの構造について，新しい国際規格案を提案することにした。

過去の安全操作用装置は2ポジションで，スイッチを指で押せばロボットが動き，スイッチから指を離せばロボットは停止するというものだった。しかし，緊急事態になれば，操作者が固まってしまい，スイッチをもつ手を強く握ってしまうおそれがある。

そこでIDECは独創的なスイッチング機構の3ポジションイネーブルスイッチ

3ポジションイネーブルスイッチ製品群

の国際標準化を提案した。2ポジションまでの機能は通常の押しボタンスイッチと同じだが，スイッチをもつ手をさらに強く握っても，やはりロボットは停止する。そして，その手を緩めても，ロボットは停止したままである。誰が考えても，「安全だ」ということになる。

こうしてIDECが日本発の規格として国際提案した3ポジションスイッチ（3ポジションイネーブルスイッチ）は，国際標準規格文書に記載されることになった。いまではIDECの3ポジションイネーブルスイッチの世界シェアは90％を超えたという。

これだけなら，ただのアイデアの勝利に過ぎないが，IDECは3ポジションイネーブルスイッチに特許を組み込み，そのアイデアを間接的に保護している。特許と標準とアイデアの組合わせとして，非常に優れたビジネス手法と言えるだろう。

5　事業分野の多角化

制御機器の分野とは違い，IDECが次にビジネスを展開している分野がウルトラファインバブルである。ファインバブル（微細気泡）は，マイクロバブル（MB）とウルトラファインバブル（UFB）の2種類に分類されている。この2つのうち，将来の産業応用が大きく期待されているのがUFBである。その適用範囲は工業，農業，水産業，食品業などと広範囲である。UFBは長時間（数ヵ月から数年）液体中に存在するため，バブルによる洗浄効果や植物育成効果など，さまざまな効用がすでに確認されている

ファインバブルの国際標準化については，用語や定義などの基本規格を装置メーカーのIDECが担当し，計測方法規格を島津製作所が担当している。また，分野ごとの

個別応用規格については，NEXCO西日本（トイレや橋脚の洗浄）や三菱電機が進めている。韓国も養魚などの分野で規格提案をし，そのビジネスは国際的に展開されるようになっている。特にUFBは，気泡が長く維持されることから，長期間にわたり効果が持続するために，その応用技術の展開が大きく期待されている。

応用例を挙げると，清掃洗浄ではトイレ，工場の生産ライン，配管が対象になる。環境では土壌や地下水の浄化，工場の排水処理，農業では農畜産物の成長促進，収穫増，品質向上，漁業では魚の成長促進，鮮度維持，養殖での死魚の減少が対象になる。健康美容や医療では温浴効果，患部や医療器具の殺菌が対象になり，期待される応用範囲は広いと言える。

ファインバブル技術は，2017年4月に国際標準化機関ISOで国際標準としての一歩を踏み出した。まず，日本が提案する用語規格が国際標準になった。認証体制も国内の製品評価技術基盤機構（NITE）と協働で進められ，日本が先行する気泡発生や計測技術の内外での普及が促進されている。ファインバブル産業会（FBIA）には現在，企業70社，大学，自治体などが参加しているが，その一連の動きをリードしているのがIDECである。IDECはファインバブル発生装置メーカーの先駆者である。標準・知財・技術の三位一体のビジネスをバランスよく進めている企業だとわかる。

6　各事業における中堅企業規模の維持と今後の全体成長への戦略

IDECの過去と，現状の企業形態と製品群をみると，小企業としての部品製造から，中堅企業としての多種の部品製造へ，そして機器製造へと発展してきていることがわかる。製造機器ビジネスの段階のため，消費者向けの機器ビジネスほど事業浮沈の危険性はない。

重要なことは，企業規模の拡大化にともなう多角経営への移転の必要性であるが，そこでも得意事業においてはGNTの立場を確保しようとする姿勢がみえる。企業としての総合的な事業展開のもとに，個々の事業について戦略的な対応がとられている企業である。

すでに中堅企業へと成長したIDECは，ファインバブルなど他分野へ進出しながら企業内事業全体の活性度を高く維持し，次のステップに向けて躍進している。IDECの企業評価は，この企業が抱える多種の事業それぞれで評価しながら，最終的には一企業として全体を評価するべきだろう。

IDECは「持続可能な企業」から，すでに海外進出による成長型グローバル企業に変身しているが，同様の規模の他社と違うところは，企業のビジネス戦略として技術戦略と知財戦略に積極的な国際標準化戦略を組み合わせたユニークな特徴をもつことである。また，自社が強みをもつ事業においてGNTを維持しながら，多品種および多事業の展開により，1つ上の総合成長も狙うという戦略的な特徴をもつ企業でもある。

アイダエンジニアリング株式会社
「最先端の新製品をお客様に供給する」 サーボ・プレス機で世界に飛躍

1　会社の概要

（1）研究開発型のGNT

　アイダエンジニアリングは，プレス機専業の大手メーカーであり，創業100年の老舗企業である。2002年に世界初のダイレクト駆動「サーボ・プレス機」の開発に成功し，これを中核に世界の市場を開拓する。2016年3月期では海外売上比率65%のグローバル経営を推進中の企業である。

　同社の歴史は古く，1917年に故会田陽啓氏が会田鉄工所を東京亀戸に設立したことから始まる。1933年には国産第1号のナックルジョイント・プレス機を完成させ，1937年には株式会社会田鉄工所に改組し，会社組織を整える。1955年には国産初200T高速自動プレス機を完成させ，1959年には現在本社がある相模原市に移転し，工場を新設する。

　1967年には世界最大級2500Tトランスファー・プレスを完成させるなど，常に「国産初」，「世界初」のプレス機を先行開発し，市場に投入してきた。1970年には社名を現在の「アイダエンジニアリング」に変更し，1971年には東証1部上場に昇格している。

アイダエンジニアリング

　2002年には世界初となるダイレクト駆動「サーボ・プレス機」を完成させ，2003年から17年にかけて，サーボ商品の技術力により『日刊工業新聞』などの新製品賞を連続10回受賞している。また2014年3月には経済産業省の「グローバルニッチトップ企業100選」にも選定され，持続的な新製品開発を続ける研究開発型の企業である。

(2) グローバル経営に強み

　アイダエンジニアリングは，2015年3月期の営業利益が「30年ぶりに過去最高を更新」し，強くなって帰ってきた同社の業績に注目が集まった。同社はプレス機一筋で100年目を迎えた老舗の企業であり，「30年前は売上の80％が国内，生産拠点は国内のみ。それが30年後の現在では，プレス機の世界シェアが第2位，製品需要地の80％が海外」[1]というGNTに生まれ変わったという。

　一般に工作機械産業は，景気変動の影響を受け業績が上下動を繰り返す不安定な産業とみられてきた。ところがアイダエンジニアリングの場合，リーマンショック以降の2009年度を底にその後2015年度までの6年間，増収増益を続けている。現在の売上高は755億円（2016年3月期），純利益は57億円，従業員数1951名，自己資本比率68％の業績の高い企業である。

　同社の好業績は，独自の「サーボ・モーター」を開発し，低速・高トルクの「サーボ・プレス機」を世界に先駆けて開発した技術開発力と関連が深い。またサーボ・プレス機においては，80T～4000Tのプレスラインをもち，あらゆるニーズに対応できる技術力が強みである。サーボ・プレス機の主力ユーザーは，自動車関連が80％と多

アイダエンジニアリング株式会社の概要

本　　社	神奈川県相模原市緑区大山町2-10
設　　立	・創業：1917年3月 ・設立：1937年3月
資 本 金	78億3101万円
経 営 者	代表取締役社長　会田仁一
売 上 高	755億円（2016年3月期・連結） （海外売上比率：65％，海外雇用比率：57％）
従業員数	1951名（連結）
事業内容	プレス機械，各種自動加工ライン，産業用ロボット，各種自動送り装置，金型等の製造・販売
経営特性	・創業100年の老舗企業 ・「最先端の新製品を顧客に供給」，低速・高トルクのサーボ・プレス機を新開発 ・日系自動車の海外展開を超える真のグローバル経営を実現（海外生産比率51％）

※2016年3月期時点。

く,その他電機・電子関連が20%を占める。

　生産体制は,国内が相模原の本社工場,下九沢,津久井を擁し,サーボ・モーター用制御関係部品,自動装置などの設計・製造を担当する100%子会社「アクセス」を石川県にもつ。グローバル営業サービス体制として,日本・中国・東南アジア・米州・欧州を拠点に世界5極体制を構築している。また生産体制としては,汎用機の生産工場は中国,マレーシアにあり,個別受注機の生産は,日本,イタリア,米国に集中している。中国の生産拠点は汎用機と個別受注機の中間的位置付けとなっている[2]。

2　製品開発の動向

(1) 主力製品の開発への挑戦
①研究開発型の風土

　アイダエンジニアリングの開発の歴史をみると,「国内初」,「国産1号機」,「世界初」などの言葉のついた製品開発が多いことに気づく。初期の頃でいえば,国産1号機のナックルジョイント・プレス (1933),王冠打ち抜き自動プレス (1951),国産初の200T高速自動プレス (1955),世界最大級2500Tトランスファー・プレス (1967),国産初工業用ロボット (オートハンド) (1968) などが代表的である。初期の頃はドイツのプレス機メーカーからの技術導入が多く,海外の図面を参考に国産機が開発された。1970年代,80年代には同社の技術水準は徐々にレベルアップが図られ,海外の技術導入・国産化の段階から独自の技術による世界初の挑戦の時代に突入していく。

　その頃の主要顧客は,電機・電子,自動車などであるが,1990年代には日本の主力産業の交代が起こり,電機・電子は比較優位が低下していく。一方,自動車は世界の市場で比較優位を高めた。また円高・ドル安が進むなかでグローバル化への対応が課題であった。

　そのようななかで2002年には,同社の歴史を変える画期的な製品「サーボ・プレス機」を世界に先駆けて開発・市場投入し,本格的なグローバル成長を推進していく。

②サーボ・プレス機の開発の背景

　サーボ・プレス機の開発に当たっては,3代目の経営者である会田仁一氏が開発本部長を兼務する。「世の中にないものを作れ」という号令のもとに,全社の総力を結集して2000年から開発をスタートし,2002年には「ダイレクトサーボフォーマシリー

ズ」として販売の開始に成功する。

　その頃は1990年代の平成大不況，失われた10年の経済が，設備投資財を担当するプレス機業界に大きな影響を与えていた。なかでも主力業界の自動車では素材変更，円高進行によるグローバル化の拡大など環境脅威のなかで，新製品の開発は緊急課題になっていたと思われる。会田社長が先導したトップダウンの開発は，世界初の「グローバル戦略製品」として大きな成果を生んだことになる。

　同社は20年以上前からニーズの変化に気づき，構想を温めてきたという。その頃の主要な顧客は，電機・電子から自動車への移行が進んでいた。自動車産業では，燃費効率や安全性などの面で新素材の開発・導入が急速に進んでいく。従来は，鉄やステンレス素材が中心であったが，鉄板も軽量で高強度の高張力鋼板が開発され，その導入が進んでいく。また鉄鋼以外にアルミ合金，マグネシウム合金，CFRPなどの新素材の導入が進むとともに，加工の難易度が高まり，従来の機械式プレス機では対応できない素材が，顧客の間で広がってきていたのである[3]。

　これは従来の機械式プレス機では対応がむずかしく，加工途中の速度制御，一時停止，複数回の繰り返しなどが自由にできる「サーボ・プレス機」の必要性が高まっていることを意味していた。そのため同社は，顧客ニーズの変化に対応した研究開発は継続して進めてきた。

　特にサーボ・プレス機には，「大容量・低速・高トルク」でサイズコンパクトなサーボ・モーターの開発が必要である。開発の初期段階では，サーボ・モーターは外部購入していたとのことであるが，2000年ごろからサーボ・モーターの自社開発に切り替えている。外部購入モーターは，回転数比がプレス機駆動に向いていないことから，社内開発に転換したのである。同社以外の内外のコンペティターは，外部から減速機とサーボ・モーターを購入している企業がほとんどである。そのため，同社が他社とは一線を画し，独自技術により中核部品を内製化する意義は大きいと言える。その後同社のサーボ・プレス機は進化を続けるが，製品差別化の中核技術となり進化を支えているのである。

(2) グローバル化の加速―日系を超える

　2002年に独自のサーボ・プレス機「ダイレクトサーボフォーマシリーズ」の開発・販売を引き金に，それ以降サーボ・プレス機の多様な製品群を次々に開発していく。

サーボ・タンデムライン

精密部品の生産では高精度なマシンとして業界で有名な「ULシリーズ」(2004年)、世界最大級である2300トンの「大型サーボ・プレス」(2009年)など画期的な製品を次々に世に出す。また2009年には、自動車車体パネルの世界最速サーボプレスラインをホンダと共同開発し、システム納入に成功したことが画期的出来事と言ってよかろう。

　従来の自動車用プレスでは、同社は中小型に特化しており、大型の車体プレスはコンペティターの牙城で、同社が参入できる余地は少なかった。それがホンダへのシステムの納入により、自動車プレスのあらゆる分野に進出できる武器が整った。

　同社は、当初はメカ式プレス機の会社であり、顧客の求めるプレス機に適応してきた。また自動車業界の顧客は、従来では部品会社のTier1以下への対応が中心であった。しかしそれがサーボ・プレス機を投入したことから、自動車メーカーへ顧客層を広げ、メーカー・サプライヤーのあらゆる層に対応する製品群を獲得したのである。

　グローバル市場においても、従来は国内取引の延長として日系自動車業界のグローバル化に対応する面が強かった。しかしサーボ・プレス機をもち、メーカー・サプライヤーのあらゆるニーズに対応できることから、グローバル市場での取引の自由度が格段に増し、日系の自動車業界以外への取引が可能となったことは大きい。

　同社は現在、世界19ヵ国、38拠点をもち、日本・中国、東南アジア、米州、欧州の5極体制を構築している。グローバル戦略製品「サーボ・プレス機」を中核に、積極的なグローバル展開が可能となり、有価証券報告書のセグメント情報によれば海外売上比率65%、海外雇用57%のグローバル企業に成長したのである。

3　グローバル経営の特徴と狙い

(1) ビジネス・モデルの特徴
①設備投資財特有の循環変動

　アイダエンジニアリングの売上高・当期純利益の動向をみれば、サーボ・プレス機を投入して以降好調であることがわかる。2010年3月期はリーマンショックの影響を受けて業績が急低下し、売上はほぼ半減、利益赤字の異常事態が生じたが、その影響

も短期間で収束し,順調に回復している。特にグローバル化のプラスの影響が大きいものと思われる。

　アイダエンジニアリングの製品のプレス機は,自動車,家電・エレクトロニクス業界の「設備投資」の派生需要から成り立っており,設備投資財特有の循環変動がみられる。シュンペーターの景気循環論では,短期の景気変動を3年から5年（40ヵ月程度）のキチン変動と呼び,企業の在庫変動に起因した循環であるとしている[4]。消費財などの変動の少ない産業とは異なる収益の上下動がみられ,これは工作機械業界特有の現象である。それらの景気変動は,顧客の業界の変動に加えて,設備投資の決定に絡む固有の変動が加わる。同社としては景気変動の影響を回避し,収益の成長と安定を同時に図ることが重要な課題となる。とりわけ顧客を国内部門に集中すればするほど,成熟化した日本市場は更新需要の比重が大きく,循環変動の影響を強く受けることになる。

②サービス化,部品ビジネスの開拓

　それを回避する方法は,国内以上に成長が期待できる欧米やアジア新興国への販売を強化し,成長の潮流を呼び込むことであろう。グローバル化を強化すれば,世界の新規需要を取り込み,変動の少ない持続的な成長を実現する可能性が高まるからである。

　またプレス機を設置した後に生じる「サービス部門」の売上高を拡大することも,景気変動を緩和する効果をもつ。主力のプレス機械の売上は,販売台数に応じて収益が得られる「フロー型」なのに比べ,サービス部門の売上高は,設置されたプレス機械から年々生み出される「ストック型」のビジネスであり,収益の変動を小さくする効果をもっている。またサービス活動を強化すれば,機械部門の営業拡大にも貢献する。

　同社の事業は,現在主力のプレス機械部門が81％であり,サービス部門が19％,その他が0.3％である。プレス機械部門が大部分を占めているが,サービス収入が2割近くに来ており,この収益割合がもう少し高まれば,収益の安定にも貢献するはずである。

　同社は,2010年にはサーボ・モーターの外販も始めている。これは同社の製品の心臓部に当たり,外販には社内の反対も大きかったようである。「低速・高トルク」で

大型機械の駆動に減速機を使わずダイレクト駆動するメリットは大きいが，プレス機以外のニーズが不明であり，顧客と共同開発で新用途を探る必要があった。しかし知財は，特許とブラックボックス化で技術の漏洩を守れるとの考えも働き，外販に踏み切ったのである[5]。当初は，単価150～1000万円，年間300台（15億円程度）が目標であり，軌道に乗ればサービス収入とともに製品部門の変動を平準化する効果が期待できそうである。

（2）グローバル化の加速と国際生産分業戦略
①グローバル化の体制整備

　アイダエンジニアリングは，自動車業界，家電業界が主要な顧客であるため，1970年代ごろから積極的にグローバルな事業展開を進めてきた。顧客の海外進出に対応した動きである。当初は日本からの輸出が中心だったため，日系企業の海外工場向けのプレス機の販売サービスをサポートするための拠点づくりからスタートした。

　1972年には，米国に現地法人を設立し，1989年にはシンガポールに現地法人を設立するとともに，1993年には香港にも現地法人を設立する。その後1995年には，米国・マレーシアに生産拠点を設立し，本格的なグローバル化がスタートすることになった。

　製造拠点の多極展開は，1995年の米国オハイオ州，マレーシアにプレス機の生産工場を設立したことから始まる。2003年には中国上海近郊（2010年に南通市へ移転・拡張）に生産拠点を設立し，2004年にはドイツに現地法人を設立する。その後イタリアの現地法人を吸収合併し，生産拠点を設立するなど，多極的な展開が進められてきた。

　2002年のサーボ・プレス機の開発以降，グローバル化の動きはさらに加速し，いまでは日本，中国，東南アジア，米国，欧州の世界5極体制を構築するまで進化している。特に生産工場は，汎用機の生産工場はマレーシアにあり，個別受注機の生産は，日本，イタリア，米国を拠点としてきた。中国の生産拠点は汎用機からスタートし，個別受注機も生産できる体制を整え，現在では世界5極体制の下で各地の需要，ものづくり能力を考慮した分業体制が構築されている。

②製品間・工程間の国際分業戦略

　アイダエンジニアリングのグローバル供給体制をみると，主要国のニーズや技術開発力を考慮して，巧みな製品間，工程間の国際分業体制がとられている。グローバル

供給体制において，日本が研究開発の先導役を担うことが必要である。また最終製品の組立・調整は，地産地消が基本である。しかし地域間では市場のニーズ，発展段階や技術開発力などの面で格差が存在することから，製品間・工程間の国際分業の必要性が生まれる。

まず製品別にみれば，日本，イタリアは成熟したニーズをもち，技術開発力も高いことから，地域の顧客にカスタマイズした個別受注機を生産する。一方で中国，マレーシアは，低価格で標準化された汎用機の生産に特化し，相互補完の体制を構築することが基本戦略である。ちなみに大型サーボは日本に集中し，小型サーボはマレーシアで分担するような製品間分業が出来上がっている。

次の工程間でも世界の各地域で，集中生産や部品分業の選択が行われる。日本は，精密機械部品であるサーボ・モーター，クランク軸，クラッチブレーキ，ギアなどコア部品の集中生産が行われ，世界に供給する拠点でもある。一方で大物部品，構造物など嵩がはるものや重量品は現地生産・調達が重視される。フレームの溶接・熱処理・機械加工・塗装などは現地調達が基本であり，低コスト生産のメリットが追及される。

またグローバルな分業の効率を上げるため，大物構造物は加工機種を国際的に統一し，共通のプログラムのもとで生産し，コスト，品質，納期の短縮に努めている。海外における現地調達比率は，おおむね50％程度，残りはグローバル調達が活用されている。

4　グローバル市場の競争優位と今後目指すべき方向

（1）グローバル市場の競争力
①日系グローバル化への対応から海外顧客の開拓へ

日系企業のグローバル化は，「輸出中心」を過ぎ，「日系のグローバル化」への対応を必要とする段階を迎えている。一方でアイダエンジニアリングのグローバル化は，それらの段階を飛び越えて，独自の「世界の顧客開拓」に突入する段階を迎えている。顧客の所在地をベースにすれば海外売上高は66％となっており，3分の2が海外の顧客で占められ，日系の顧客の範囲を大きく超えている。

自動車業界における最大の顧客はホンダであるが，アイダエンジニアリングはホンダ以外にも多数の日系自動車メーカー，サプライヤーに浸透している。たとえば，大型の車体プレス用では，トヨタ・小松，VW・シュラーなどの既存の取引関係の壁が

あり，アイダエンジニアリングはそれらの牙城には入り込めなかった。最近では，ホンダの海外工場（北米）はもちろんのこと，欧州系メーカー（ジャガーなど）にも納入してきており，サーボタンデムラインの実績は10工場を超えている。また自動車メーカー以外のサプライヤーでは，日本の系列関係を超えて日系のグローバル化を下支えしている。また欧米のメガサプライヤーにも多くの実績をもち，海外の顧客への浸透も進んでいる。

なお筆者は2016年，日中タイの3ヵ国のサプライヤーのものづくり能力の比較研究のため，各地域の自動車サプライヤーのインタビュー調査を行ってきた[6]。その際に印象に残ったのは，金型の精密加工工程では，アイダエンジニアリングのマシンを入れたとする工場が多くみられたことである。日系およびローカル系を問わず，改めてアイダエンジニアリングのマシンの底力を再確認することになった。

②グローバル市場の競争優位

同社の製品ラインは，自動車工場のあらゆる部品に対応できる設備を取り揃えている。製品のラインアップは，大型サーボタンデムライン（車体成形），サーボトランスファープレス（骨格部品成形），ブランキングライン（パネルブランク材・各種部品成形など），ロボットライン（フレキシブル生産）の4つで構成され，その後高速自動プレス（PHV,EV用駆動モーターコア加工），冷間鍛造プレス（トランスミッション部品成形）などを加えている。

納入実績は，2005年以降は順調に拡大しており，日系への納入が多いなかで，海外企業にも浸透し始めており注目されている。同社の事業規模を世界のプレス機械メーカー間で比較すると，2015年でSCHULER（ドイツ）が1360億円，アイダエンジニアリング755億円となる。同社はトップのSCHULERを急速に追い上るチャレンジャーの位置にある。日本ではほかに3位に小松580億円，5位にH&F235億円などの企業もランクインしている。

欧米やアジア新興国では微妙にニーズが異なっているが，同社は，差別化したニーズを取り込み「トップブランドの確立」を目標としている。

（2）今後の方向と課題
①グローバル競争優位を磨き上げる

　アイダエンジニアリングは，2014年5月に中期経営計画を発表した。同計画は，「成形システム・ビルダ」としてグローバルに発展し，「人と社会に貢献」するとの経営理念のもと，創業100周年の2017年3月に向けて成長基盤の構築を目指したものである。「環境・省エネをものづくりから支えるグローバル先進企業」のビジョンを掲げ，①市場・顧客開拓，②商品力強化，③グローバル化への邁進の3つの課題を掲げているが，グローバル化を基軸とした目標は所期の成果を上げている。

　同社の持続的成長戦略としては，まずサーボ・プレス機のような世界初となる中核製品を，世界に先駆けて先行開発することが必要であろう。それとともに中核製品を活用して顧客の求めるニーズを汲み取り，また先取りして，顧客と共同で問題を解決するなかで，新たな製品ラインを整え，あらゆるニーズの適応できる「成形システム・ビルダ」を目指すことが重要であろう。

　そしてコア部品（サーボ・モーター）を中核に，製品（サーボ・プレス機），成形システムのあらゆるニーズに対応する「提案型ビジネス」をグローバルに展開することが，同社の勝ちパターンではなかろうか。

　自動車ビジネスは世界に広がっているため，今後はグローバルな競争優位の持続的構築に向けて，勝ちパターンをさらに磨き上げることが重要であろう。

②グローバルなサービス営業の再強化

　アイダエンジニアリングは，機械式プレス機の事業からスタートし，日系・非日系との多様な取引関係を構築してきた。サーボ・プレス機の開発以降も，既存の取引先を中心に，機械式からサーボ式への置き換えを基本戦略として，確実に成果を上げてきた。

　同社の強みは，サーボ・モーターやプレス機のような単体ビジネスでなく，顧客の問題を共有し，共同提案から生まれる成形システム・ビルダである。そのためには，顧客からの技術情報の交流が重要であり，技術営業，提案営業が新たなイノベーションの支えでもある。とりわけ顧客の現場からのニーズをフィードバックし，成形の流れ全体をデザインし，材料供給装置や搬送ロボットなどを組み合わせ，顧客の生産性の向上に貢献する提案型の営業が，差別化戦略での出発点でもある。

同社がプレス業界で評価されている理由として，製品開発力や技術力に加えて，アフターサービスが充実していることが挙げられる[7]。プレス機は，長期間過酷な環境で使われ，また機械やシステムは大規模な投資が必要である。ひとたび故障すると大変な機会損失が発生するため，アフターサービス，メンテナンスは非常に重要である。同社は，販売後の顧客に対応するため，世界19ヵ国35都市に営業・サービス拠点を配置し，きめ細かなサービス体制を構築している。プレス機械をサーボ・プレス機にレトロフィットし，最新鋭設備に再生するビジネスは，顧客のアフターサービスと同社の収益ビジネスが両立した効率のよいビジネスの例であろう。

今後は，顧客からの情報を持続的に競争優位にフィードバックするためのネットワーク作りが課題になる。そのためには，グローバルな視点で活躍できる人材の育成が課題であり，取引先に英語圏やドイツ語圏が多いため，異文化・異言語へ適応できる人材育成も課題である。

注
1）「強くなり帰ってきた，ニッポン復活支える最高益企業」『日経ヴェリタス』2014年6月1日。
2）「世界のモノづくりに貢献」『日刊工業新聞』2012年1月23日。
3）三菱UFJリサーチ&コンサルティング株式会社（2015）「アイダエンジニアリング株式会社」『グローバル・新市場を見据えた経営・営業を担う人材育成の促進報告書』3月，p.23。
4）J・A・シュムペーター著，塩野谷祐一，中山伊知郎，東畑精一訳（1977）『経済発展の理論—企業者利潤・資本・信用・利子および景気の回転に関する一研究（上）（下）』岩波文庫。
5）同社は特許を200件以上もっているが，知財戦略としては「デファクト標準，特許による防衛」を基本に，中核技術を防衛するための特許戦略を重視している。
6）土屋勉男（2016）「アジアのローカル・サプライヤーのイノベーション能力に関する実証的研究—タイのローカル2次サプライヤーの事例研究を通じて」『桜美林経営研究』第6巻，pp.1-20。
7）三菱UFJリサーチ&コンサルティング，前掲書，p.22。

株式会社堀場製作所
自動車排ガス測定装置の世界シェア80%
米国・欧州・日本でデファクト標準を獲得

1 会社の概要

　京都にはユニークな企業理念を掲げ，独特な強みをもつ企業が多いと言われている。堀場製作所もそのような企業の1つである。京都企業の強みを考えてみるとき，4つの経営資源のなかでも，ヒトと情報に注目してみていくと，その秘密がわかるという意見もある。ヒトについて言えば，京都には職人や大学人が多くいる。たとえば，昔から寺社仏閣建築や仏像・仏壇で汎用されている薄膜などの表面処理技術である精密で微細な加工技術なども，同社は恩恵を受けていると推測される。また，ヒトにも関連するが，情報という視点からみれば，京都大学を中心とする大学人や学術組織との連携は，先端技術の開発やベンチャービジネスからの成長に不可欠な成功要因である。そして，このほかにもカネという視点からみれば，京都人には富裕層が多く，地場の革新的な取り組みに対して支援し育てていくという気概や風土が存在するようにも思える。堀場製作所は，そのような社会環境のなかで創業されたビジョナリーカンパニーなのである。

　同社のホームページによれば，堀場製作所は，HORIBAグループとして世界各国で自動車の研究開発，プロセスと環境の計測，生体外の医療診断，半導体製造・測定をはじめ，科学研究開発や品質測定など幅広い分野での機器やシステムを提供している。実績ある高品質と確かなパフォーマンスに支えられて，HORIBAブランドは揺るぎない信頼を確立している。その会社概要は以下のとおりである。国内のグループ会社としては，株式会社堀場製作所，株式会社堀場アドバンスドテクノ，株式会社堀場エステック，株式会社堀場テクノサービス，ホリバ・テストオートメーションなどがある。海外でも多くの拠点を展開しているグローバルカンパニーである。

　同社の特徴の1つとして，実にユニークな経営の社是を掲げていることが挙げられる。「おもしろおかしく」という独自のモットーを合言葉に，健康，安全，環境の保全をはじめとする科学の進歩へ向けた最先端の技術製品を生み出すという社会的責任

に取り組んでいるのである。1945年，創業者である堀場雅夫氏は，敗戦で挫折せざるを得なかった原子核物理の研究を続けるため，京都大学在学中に京都市烏丸五条の地に「堀場無線研究所」の看板を上げた。核物理実験用の高速演算機（いまで言うコンピュータ）に欠かせないコンデンサーを自作したところ，性能と品質の良さが評判となり，量産化に着手することになった。ところが，折悪く朝鮮動乱による資材高騰で工場建設が頓挫してしまう。そこで，やむなく手元にあったpHメーターを販売する。このpHメーターは，コンデンサーの電解液のpH値コントロールをするために自作したもので，その性能の良さから大変な好評を得，いつしかpHメーターの堀場として知られるようになった。こうして，堀場無線研究所創業から8年後の1953年，株式会社堀場製作所を設立し，計測機器メーカーとして歩み出したのである。

同社の前身である「堀場無線研究所」は，敷地80㎡程度の民家を借りて創業された。家電製品の修理で稼ぎつつ，コンデンサーの開発に着手し，コンデンサーの品質管理，酸化膜の溶液の状態を一定に保つのがポイントとなる技術をもとに，そのための高精度のpH計を自前で製作する。そして資金調達のため，pHメーターの製造・販売事業を開始した。手作りでき，大きな設備投資も不要という創成期のビジネスとしては恰

株式会社堀場製作所の概要

本　　社	京都市南区吉祥院宮の東町2番地
設　　立	・創業：1945年 ・設立：1953年
資 本 金	120億円
経 営 者	代表取締役会長兼社長　堀場　厚
売 上 高	1701億円（2016年12月期・連結）
従業員数	7149人
事業内容	分析・計測機器の開発・製造・販売（自動車計測システム機器，環境・プロセスシステム機器，医用システム機器，半導体システム機器，科学システム機器の各分野）
経営特性	・研究開発型（差別化集中：気体測定），自動車排ガス測定で飛躍（マスキー法対応） ・デファクト標準で米国，日本で先行 ・特許，ブラックボックス化

※2016年12月時点。

好の取り組みと言えよう。その後pH計（液体）から多様化し，赤外線ガス分析計（気体）の開発，自動車用ガス分析装置へと大きく飛躍した。

その後の主な歩みとしては，1945～1960年代に研究開発型企業の基盤確立，1970年代は強力な国際製品で世界進出，1980年代での内部の自力を蓄えた時代から1990年代の第二の創業とグローバル経営へと続き，2000年代から"One Company"として，グループが一体となって世界に挑み，2010年代に創立60年を迎えた。現在は新・中長期経営計画に着手し，高い収益力を誇る自動車計測と半導体の2事業部門のさらなる成長に加え，各事業部門の戦略的な成長を目指している。なお，事業の構成としては，自動車計測システム機器が4割弱，環境＆プロセスシステム機器が1割，医用システム機器が2割，半導体システム機器や科学システム機器がそれぞれ2割弱となっている。また，従業員の内訳としては，日本籍が4割，米国が1割半，欧州が3割，そしてアジアが2割である。

2　自動車用排ガス測定装置の開発

世界を揺るがした独フォルクスワーゲン（VW）によるディーゼルエンジンの排ガス規制逃れで，不正を見つけるために使われた機材は，京都市に本社がある計測器メーカー，堀場製作所のポータブル測定器だったといくつかのメディアが報じていた。堀場製作所の自動車計測事業戦略室へ米国ミシガン州拠点のスタッフから一報を告げる電話連絡が入ったそうである。調査を担当したウェストバージニア大学やカリフォルニア大気資源局は同社の顧客であり，世間が大型連休に入る時期にもかかわらず，同社は情報収集に追われた。環境汚染を防ぐ排ガス規制への信頼が根本から揺らぎ，各国が規制強化や検査体制見直しを検討し始めるなど，世界の自動車業界と各国政府を巻き込む騒動となった事態で，堀場製作所の製品はその引き金を引いたと言えよう[1]。

堀場製作所は，エンジン排ガス測定の分野で世界トップシェアを誇る。各国の排ガス規制に対応した製品を早くから提供し，より優れたエンジン開発に貢献してきた。現在では，排ガス計測以外にも，たとえばエンジン出力をタイヤに伝える駆動系の試験やブレーキの試験など，自動車開発全体における各種計測システムの開発・販売にまで事業領域を広げている。同社は，排ガス計測からエンジン性能試験，エンジン開発のトータルサポートシステムなど，自動車開発にかかわる総合計測設備を提供でき

る「トータルソリューションプロバイダ」と自らを定義している。

　世界的に高いシェアをもつオンリー1企業である同社は，エンジン排ガス用分析装置では世界市場シェア80%，血球計数CRP計測装置では世界市場シェア100%といった実績をもつ。また，国の食糧増産政策のもと，化学メーカーは肥料の増産を進めるなかで，良質な化学肥料を生産するためにpH計は爆発的に売れ，同社の経営基盤が確立された。分析機器の専業メーカーとして，pH計以外の開発にも着手し，pH計の種類も液体，気体・個体の計測の開発へと発展していく。また，当時気体の分析方法ではガスクロマトグラフ方式が主流であったが，赤外線分光分析方式に着目して赤外線ガス分析計の開発にも着手した。赤外線ガス分析方式は，複数の気体は分析できないが，短時間で分析できるというメリットがあるという。当初は，医療用の呼気ガス分析装置をターゲットとしていた。

　1965年には，自動車排ガス用測定装置（MEXA）第1号機が開発された。その原型は，医学用呼気ガス分析器だったが，堀場雅夫氏の思いに反し，自動車用のニーズに対応し，10台も売れるというビジネスに結び付く。その後さまざまな改良が加えられるが，折しも米国では1963年12月に大気汚染防止のための大気浄化法が制定，1970年には大気浄化法改正法（マスキー法）が制定され，堀場製作所は1975年以降製造する車のCO，NOXなどの汚染物質を10分の1以下にするマーケットの動きに対応した。そのため，排ガス測定装置が米国のEPAに採用される。これを契機に日本でも国家標準に採用され（産業技術総合研究所），いまや同社の製品は世界の自動車用排ガス測定装置の80%を占めるまでに成長した。

3　差別化と標準化の成長戦略

（1）自動車用エンジン計測器システム市場の戦略

　すべては，2004年に米国環境保護庁（EPA）とライセンス契約を結んだことから始まったのかもしれない。堀場製作所が，米国環境保護庁（Environmental Protection Agency：EPA）と，車載型排ガス計測システムのライセンス契約を締結したのである。実際の路上を走行中の自動車から排出されるガスを把握するため，世界の排ガス規制当局として最も権威ある機関の1つであるEPAのライセンスを取得したことで，米国でのディーゼル車排ガス規制をはじめ，ガソリン車を含む次世代の実走行計測試験にいち早く対応した，車載型排ガス計測システムを開発したのであった。

EPAの基本特許ライセンスを活かし，コンパクトで使いやすいグローバル対応の新型システムのビジネスがグローバルで展開された。

　それまで，車両の排ガス計測は実路走行をシミュレーションした実験施設のなかで行われていたが，車両から排出されるガスが環境に与える影響に対してますます関心が高まっていた当時，欧米や日本を中心に，従来の実験施設での測定ではわからなかった実走行中のガスのさまざまな状態を把握しようとする動きがあった。そのような状況のなかで，世界の排ガス規制当局として最も権威がある機関の１つである，米国環境保護庁（EPA）は，それまで実走行での排ガスや汚染物質拡散の実態調査，実走行測定の規制に必要な車載型の排ガス計測機器の開発に取り組んでいた背景があった。そして，堀場製作所のグループは，エンジン排ガス計測分野で40年近く開発・営業・サービスを続けてきた実績を背景に，EPAとの歴史的なかかわりも深く，1975年に自動車排ガス測定システムを納品してから以後，シャシダイナモメーターなど試験設備に欠かせない多数のシステムを納入する。その後，超低濃度排ガス車用の試験装置を受注するなど，EPAへ数々の納入実績を重ねていくことで，業界での「世界標準」としての評価を高めてきた。EPAが基本特許をもち，同社も独自に開発を進めてきた車載型排ガス計測システムについてライセンス契約を結んだことで，次世代試験方法に対応したグローバル戦略製品の開発が可能になったことは注目したい転換点である。ライセンス取得を機に従来まで未知の領域であった次世代の実路走行計測においても，世界標準を狙ったのである。

　その結果，堀場製作所は世界の主要な公的機関に納入することになる。自動車用エンジン計測器システム市場の世界シェア80％を獲得し，世界でのデファクト標準を握る。その主要顧客は公的機関が中心で，世界の環境規制の動向の先行指標を握り，米国環境保護庁（EPA）を初め，世界の公的機関を押さえる快挙となった[2]。また，車検用でも同社の製品が広く使われ，世界の主要自動車メーカー，バイクメーカー，エンジンメーカーのほとんどに採用されているという。

（２）グローバル成長戦略

　堀場製作所のビジネスの柱は自動車部門で，同社の排ガス測定装置は世界シェア80％を誇ることはすでに述べた。自動車メーカーや政府機関などが顧客で同社の製品を使用し，自動車の排ガスに含まれる窒素酸化物や一酸化炭素，二酸化炭素，二酸化窒

素などを計測しているのだが，米国事業が始まったのはいまからおよそ45年前のことである。日本の自動車メーカーには逆輸入のような形で使われた。というのも，実は同社の排ガス測定装置は当初，日本の自動車メーカーには起用されなかったのである。最初に導入したのは米国自動車メーカーだった。当時は会社の規模も小さく，製品を日本の大手自動車メーカーにもち込んでも，「どこの誰かもわからない会社からは買えない」と，なかなか機器の性能を証明する機会を与えてもらえなかった。しかし，創業者であり当時社長だった堀場雅夫氏は，自社の製品に絶対的な自信をもっていたため，日本でだめなら海外で勝負とばかりに，72年に米国で100%子会社の「ホリバ・インターナショナル」を設立した。その結果，同社の排ガス測定装置は米国自動車大手のフォード・モーターやゼネラル・モーターズ（GM）に採用された。それを見た日本の自動車メーカーは米国大手自動車メーカーで使われている製品が「日本の堀場」であることを知る。それから日本の自動車メーカー各社に同社の製品が使われ始めたのであった。

　1975年には環境保護庁（EPA）が同社へ製品を納入する。これにより日本だけでなく欧州メーカーへの納入も加速していく。当時，米国に輸出していた世界各国の自動車メーカーは同じシステムで事前測定を行い，規制をクリアしたかったことがその背景にある。

　1992年には雅夫氏の長男である堀場厚氏が社長に就任し，海外進出が加速していった。1996年に血球計数装置メーカーの仏ABX社（現ホリバABX社）を買収し，よりグローバルな製品ラインアップと組織拡大を図った。2005年には自動車駆動系のテスト，性能試験，クオリティー試験設備をもつ独カール・シェンク社，2015年には自動車関係のエンジニアカンパニーで衝突試験や雨天時での走行試験などができる設備をもつ英MIRA社を買収し，排ガス測定装置だけでなくトータルで車の検査ができる設備も整えた。2006年には雅夫氏が理化学機器・分析機器分野における最高の賞である，「ピッツコン・ヘリテージ・アワード」を日本人として初めて受賞した[3]。

　以上に紹介した堀場製作所の成長の軌跡をまとめてみると，以下のようになるであろう。同社の成功要因は，他社の先を行く先行開発と機敏なカスタマイズ戦略を含めて，これらのなかに散在していると言える。

　①自動車用エンジン計測器システムの製造プロセス
　　・計測システム：ガス測定・物理量・電気量に変換〜非分散の赤外光，クロスブロー

方式を，国内中心にグローバル・コンテンツ化，国内で集中生産。
・サンプル・ハンドリングおよびオートメーション・システム：ローカル・コンテンツとして地域分散開発・生産。
②コア技術の内製とアウトソーシング
・コア技術：赤外線センサー，フィルター，電極（pH）などのコア部品のセンサーシステムは内製。
③技術のブラックボックス化：人間にかかわる知財～マイスター（徒弟）制度で専門技能者とともにブラックボックス化。
④生産の70%はアウトソーシング：コア部品の内製，組立・調整・検査工程が内製化。
⑤販売は原則直販方式。
⑥国内は日立との連携による代理店方式でスタート：1960年の28%の出資以来，国内は日立（日製産業）が営業代理店。営業は40年間日立経由。
⑦2003年1月に日立の「選択と集中経営」のもとで，堀場製作所の株式を放出：海外と同じ直販方式へ。
⑧世界戦略はM&Aを活用
・海外展開の本格化
1970年：オルソン・ホリバ（米国）の設立，1972年：ホリバ・ヨーロッパ社（ドイツ）の設立
1975年：排気ガスサンプリング方式の特許購入，1977年：米インターオートメーション社の一部買収（ソフト開発力の強化）
・M&Aの実施
1996年：ABX社（フランス）の買収，1997年：ジョバン・イボン社（フランス）の買収，2005年：カール・シェンク社事業部門の買収など

4　経営基盤としての統合マネジメントシステム

　前節までに，堀場製作所における創業から現在までの成長戦略を振り返ってきたが，前述してきた技術的な側面における成長において，経営の基盤を支えるマネジメントシステムの存在も見逃してはならない。ここでは，同社のグローバル経営を支える基盤としての統合型マネジメントシステムについて触れてみたい。同社では，「品質・

図表⑨-1　HORIBAグループIMS方針

1. 私たちHORIBAグループは，世界中のどの地域においてもFirst Class Qualityの製品・サービスをとおして，お客様のニーズにお応えします。
2. 私たちの技術を応用し，科学技術の発展と環境，健康，省・創エネルギーに貢献するとともに，法規制及び社会的規範を遵守することを通じて，ステークホルダーとの共栄を図り，社会の発展のために積極的に寄与します。
3. こころとからだの健康を大切にし，明るく活気のある職場づくりを推進します。
4. リスク管理を実践し，製品・サービスを通じて，人々に健康・安心・安全を提供するため，可能な限り事業を継続・安定的発展に努めます。
5. グループ経営方針に則り，グループ会社全体の価値創造のため，達成計画を策定し，継続的改善に取り組みます。

環境・安全衛生」の統合マネジメントシステム（IMS：Integrated Management System）を構築し，さらに医療機器の品質ISO13485，事業継続のISO22301を加えスパイラルアップし，「環境」「健康」「安全」「エネルギー」「事業継続」に貢献する製品を社会に提供することで「快適で幸福な社会」の実現に貢献することを目指している。そのIMS方針は**図表⑨-1**のとおりである。

　堀場製作所は，統合マネジメントシステム（IMS）の取り組み結果を毎年公表している。たとえば，2015年の取り組み結果としては，HORIBA国内グループの品質に関するコストデータに基づき，予防・評価・損失コストに分類し，解析を行っている。解析の目的は経営に対して，一番影響のある損失コストを減少させ，使用する予防・評価コストの割合を高くし，品質コスト全体の圧縮を目標に取り組んできたのである。

　特筆すべき取り組みとしては，IMSにバランススコアカード（BSC）のフレームワークに該当するコスト管理やKPI（Key Performance Indicator）を設定し，マネジメントシステムの有効活用を目指すとともに，経営の成果につながるよう経営課題や機会・リスクの評価結果を目標設定に取り込んだ仕組みを構築してきたことである[4]。IMSを運用し，中長期経営計画の達成を目指す取り組みは，ISOマネジメントシステムを運用する多くの組織にとっても，参考になる事例として注目したい。

　BSCの詳細については，第Ⅳ部1で触れるが，BSCとは「財務」「顧客」「社内ビジネス・プロセス」「学習と成長」の4つの視点，言い換えると，ステークホルダーの視点で目標とKPI（業績管理指標）を因果関係で結びながら戦略実行や業績評価を行うためのツールである。それは企業価値向上につながるバリュードライバーや価値

決定要因を因果関係で結びながら特定していく手法につながる。BSCのフレームワークとISOマネジメントシステムを併用することによって，経営品質を高めつつ全体最適化経営を推進していく考え方でもあると言える。BSCは4つの視点の因果関係を作りながら財務目標（組織価値）を達成する流れで戦略を実現していくフレームワークである。重要成功要因と言われる戦略目標とKPIを策定していくことから，HORIBAグループ各社のIMS目標とKPIを適切に策定すると，同社の企業価値向上につながる関係モデルとしても意味があろう。

さらに同社のIMSの特徴としては，マネジメントシステムの運用の成熟度を把握するために，経営のマネジメントに沿った自己評価のフレームワークを構築し，現状を独自の成熟度評価基準で測定しながらHORIBAグループで成熟度評価を実施して，PDCAサイクルを回していることが挙げられる。そのフレームワークの構造を以下に示す[5]。

①経営者の責任（目標表明，戦略策定，組織体制・資源提供，経営者による見直し）
②側面・リスクの特定と対応（仕組み，妥当性，見直し，低減などの対応）
③目標管理と評価（目的・目標設定，施策・手段策定，目的・目標達成）
④従業員の能力開発（教育・訓練ニーズ特定，力量・自覚の分析・評価・改善）
⑤コミュニケーション（リスク，外部，内部）
⑥企業の社会的責任（法遵守，情報開示・透明性・社会的責任・貢献）
⑦内部監査の有効性（計画，基準，是正処置，審査員力量，経営者や従業員への報告）
⑧IMSの改善（改善対象特定，評価指標設定，是正処置・予防処置）

5　全体最適化経営を目指すKPI策定プロジェクト

高いパフォーマンスを生み出すために，その結果として有形資産への「ビジネスと利益の継続的成長」ができる体制を確立することは，多くの企業で目指す経営の取り組みである。同様の狙いから，堀場製作所では，企業価値の向上に貢献できるKPI策定のビジネス・モデルを構築し「見える化」することが必要と考え，実効的なKPIを作成するモデル（仕組み）をガイダンス化することを目指していた。そこで同社では，「経営に役立つIMS」を実現するために，どのようにHORIBAグループ各社の重点目標やKPI（主要成果指標）を決めていくのか，その方法についての議論が経営チーム

図表⑨-2 「IMS目標展開およびIMS会計シート」のモデル図

グループIMS方針	グループIMS目的	グループIMS目標	BSCの4つの視点	各社の重点目標	測定指標・計算式	目標設定必要理由	上位目標達成支援	経済効果と費用額	予定貢献損益（¥）
			財務						
			顧客						
			プロセス						
			組織能力						

から提起され始めた。そこで重要なことは，社内の各部門や社員1人ひとりの取り組みの成果が，果たして経営が目指す目標達成の支援につながっているかどうか，という点であった。すなわち，HORIBAグループ各社のIMS目標やKPIを考え，決めるときには，HORIBAグループのIMS運用の方針，目的，目標を考慮しながら，グループ各社でKPI策定ガイダンスを使えるものにしたいという狙いだ。参考までに，IMS目標展開およびIMS会計シートについて，**図表⑨-2**に示す。

このKPI策定ガイダンスは，現在のところ，社内でどのように運用の展開をしていくのかは，いまだ流動的である。しかしながら，今回のプロジェクトを通じて検討をしたBSCのフレームワークは，着実に堀場製作所のISOマネジメントシステムに変化を起こさせている。

すなわち，①堀場製作所において，BSCのフレームワークが，無形資産と考えられる企業内業務活動や業務目標を，有形資産である財務目標や企業価値に連動させた活用が確認されたこと，②ISOマネジメントシステム（IMS）でのBSCの活用をさらに高めていくためには，マネジメントシステムの変革のみならず，経営目標および財務目標達成への現場の理解と意識の向上が不可欠であること，③特に，視点間や目標間の相互の因果関係を中心とするBSCの理論を理解しながら，「IMS目標展開及びIMS会計シート」を作成し，経営に資する適切なKPIを策定していく継続的な努力が求められること，などが挙げられよう。同社の今後の取り組み状況を見守りたい。

注

1) 堀江政嗣（2015）「世界揺るがしたVW排ガス不正、見抜いたのは堀場製の小型測定器」（https://www.bloomberg.co.jp/news/articles/2015-10-01/--if8ph07y），10月2日。
2) ポーター賞受賞企業・事業部レポート「株式会社 堀場製作所 エンジン計測システム機器事業」2005年12月。
3) RAFU SHIMPO - Los Angeles Japanese Daily News（https://www.rafu.com/2016/03/），2016, March 12.
4) 山村充（2016）「株式会社堀場製作所（ISO 9001/ISO 14001等統合）IMSは国内グループ統合からアジア統合へ 2015年版対応として課題・リスク・機会を組み込んだIMS側面把握表を運用（特集2015年版対応組織事例）」『アイソス』第21巻第6号より。
5) 同上書より筆者一部修正。

第 Ⅲ 部

中堅グローバルニッチトップ(GNT)のダイナミック・ケイパビリティ(DC)戦略

1 状況変化への対応と危機突破の戦略
―中堅GNTの事例分析のまとめ（その１）

1 事例各社の特徴と位置付け

（１）製品・事業の特性と差異

　本書では，前書よりも規模の大きな中堅グローバルニッチトップ（GNT）企業を９社選び，事例分析として取り上げた。事例分析では主に，各社の概要，主力製品の開発動向，グローバル化の特徴（持続可能な成長戦略）の３つの視点でインタビュー調査を整理し，各種資料を加えてまとめを行っている。特に持続的成長を指向している企業が「成長の壁」を突破するための事業開発やグローバル戦略，知財戦略などを分析し，環境変動を引き金に危機を突破し，持続的成長に向けて新たな競争優位を獲得する動向を明らかにしている。

　事例分析を行うに当たり，各社の経営の特性や戦略行動の差異を規定する市場構造要因の違いを，３つの視点から整理しておく[1]。３つの要因とは，売上規模，主力製品の財特性，顧客特性である。売上規模は，企業の発展段階の位置と対応しており，成長の壁はグローバル化，多角化などの戦略行動で突破することになる（**図表Ⅲ-1-1**）。革新的中小企業は，成長の壁を主力事業（製品）の開発や危機をバネにした大胆な投資によってどのように乗り越えるか，また持続的成長の実現に向けて顧客開発や収益化をどのように実

第Ⅲ部　中堅グローバルニッチトップ（GNT）のダイナミック・ケイパビリティ（DC）戦略

図表Ⅲ-1-1　会社の寿命曲線と3つのタイプ
　　　　　　―革新的中小企業・中堅GNT・大企業GNT

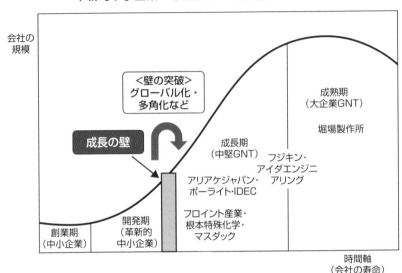

出所：図表Ⅰ-2-3をもとに加筆修正。

現していくかが本書における分析の課題である[2]。

　主力製品の財特性は，資本財・生産財・材料の3つに分けられ，資本財の生産企業は事例企業のなかに多くみられる。この類型は資本財特有の循環変動があり，変動の是正を求め，安定成長に向けての戦略が優先される傾向がみられるため注意が必要である。

　また顧客（最終顧客）の特性も持続的成長の方向に影響を与える。今回の事例では，最終需要先は消費者か製造工場向け（生産者）の2分類に分けられる。前者は国内での関連市場の多角化が優先されるとともに，国内消費市場の成熟化を背景に，海外の「市場」開拓が追求される傾向がみられる。一方で後者においては，開発や生産が重視され，まずは日系取引先の海外進出とともに受け身のグローバル化が進められ，次の段階で海外の現地顧客の開拓を含む真のグローバル化に進む傾向をもつ。

①売上規模別の分布

事例企業は，売上高の規模を目安に，小さい順から4つのグループに分けられる（（　）内は売上高と従業員数）。

- グループ1：売上高200億円未満～フロイント産業（190億円，382名），根本特殊化学（70億円，935名），マスダック（125億円，266名）
- グループ2：売上高200～500億円未満～アリアケジャパン（464億円，884名），ポーライト（450億円，4000名），IDEC（434億円，2222名）
- グループ3：売上高500～1000億円未満～フジキン（533億円，2800名），アイダエンジニアリング（755億円，1951名）
- グループ4：売上高1000～2000億円未満～堀場製作所（1708億円，6831名）

売上高の規模でソートし分類すると，従業員規模は必ずしも売上高と比例しているわけではないことがわかる。特に海外拠点の従業員数は，日本の賃金水準との格差を反映して増減する傾向をもつ。たとえばアジアの工場は，低賃金の労働集約的な工程が選択され，その分従業員数が増える傾向をもつ。そのため，アジア新興国での現地生産が進んだ企業ほど，売上高以上に従業員数を多く抱える傾向にある。根本特殊化学，ポーライトなどは，従業員数が売上高規模以上に大きいが，これらの企業はグローバル化が進み，海外の低賃金国の雇用開発が進んでいることを反映している。

一方でフロイント産業，マスダック，アリアケジャパンなどの会社は，国内の雇用の比重が大きい。国内市場を中心に，高付加価値で知識集約的な事業が展開されていることを示している。

②主力製品の財特性

主力製品の財特性（資本財・生産財・材料）は，財特有の売上高の変動傾向や，収益化の指向の違いがみられるため，注意する必要がある。事例企業の各社は，主力製品の財特性から見て次の3つのグループに分けられる。

- グループA：資本財（設備機械）～フロイント産業（製剤機械），マスダック（全自動どら焼機），アイダエンジニアリング（サーボ・プレス機），堀場製作所（自動車排ガス測定システム）
- グループB：生産財（ユニット機器・部品）～ポーライト（焼結含浸軸受），IDEC（制御装置），フジキン（半導体製造用バルブ装置）
- グループC：材料（無機・化学・医薬）～根本特殊化学（蓄光材N夜光），アリアケジャパン（天然調味料）

グループAは，資本財である設備機械を製造するグループで，製剤機械のフロイント産業，全自動どら焼機のマスダック，サーボ・プレス機のアイダエンジニアリングが含まれる。また，自動車排ガス測定システムの堀場製作所は，グループBの生産財も作っているが，主力製品は自動車の開発部門で使われる計測機械であるため，グループAに所属している。いずれの企業も，自社が見つけた差別化した市場領域で活動しており，先行した市場では高度な寡占市場を形成し，高いシェアを獲得している。なお資本財は，景気変動に影響を受けやすく，売上が上下動を起こしやすいため，その安定が課題となる。

グループBは，主力製品がユニット機器，部品などの生産財であり，焼結含浸軸受のポーライト，制御装置のIDEC，半導体製造用バルブ機器のフジキンが含まれる。いずれの企業も研究開発型と呼ばれ，GNTとして世界的にみても長期間高いシェアを持続している。

グループCは，無機系，有機系などの材料を主力製品とするグループである。主力製品の材料は，特許の価値がきわめて高く，ひとたび先行開発し特許を取得すれば，高い参入障壁を構築し，収益を持続することが可能である。アリアケジャパンは，魚や家畜などの原料をもとに天然調味料を製造する企業で，その工程は食品加工に使われるプラント管理の領域でもある。

（2）派生需要も考慮した顧客特性

財特性にも関連するが，事例分析では，最終顧客の特性（消費財・生産財）

も考慮する必要がある。前述のとおり，対象企業は大別すれば消費財と生産財の2つに大別される。

- グループⅠ：消費財（国内消費者の派生需要）～フロイント産業（製剤会社/消費者），マスダック（食品会社/消費者），アリアケジャパン（食品・小売・外食/消費者）
- グループⅡ：生産財（製造工場向け出荷）～根本特殊化学（時計ほか/工場），ポーライト（自動車・家電・OA機器/工場），IDEC（自動車・機械/工場），フジキン（半導体ほか/工場），アイダエンジニアリング（自動車ほか/工場），堀場製作所（自動車ほか/工場・研究所）

グローバル指向の強度は，グループⅡの方が大きい。特に日本が比較優位をもつ自動車，家電・半導体向けの場合は，取引先が欧米アジアなどグローバルに広がり，取引先のグローバル化に適応し，海外進出することが持続的成長の条件となる。

一方でグループⅠは，一般の消費者を対象にする消費財関連企業であり，国内中心のビジネス，国内顧客向けの多角化を指向する傾向がみられる。海外顧客の開拓は，国内市場が成熟化しているため優先順位は高いが，総じて遅れがちである。製剤機械のフロイント産業，全自動どら焼機のマスダックは，国内中心ではあるが，独自の差別化した成長を実現している。次の大きな飛躍のためには，M&Aなどを活用した思い切ったグローバル化が検討課題でもある。

2 成長の壁と突破の動向

（1）成長の壁とは何か

①成長の壁の要因

第Ⅰ部2で革新的中小企業と中堅GNPの間には，成長移行するための高

い「壁」があることを指摘した。革新的中小企業にとっての壁は，次の3つの要因から生まれる。

　①経営指向（成長しない経営，成長より開発の持続）
　②市場領域（ニッチ市場，他社が気づかない市場，適度な規模）
　③知財戦略（デファクト標準，デファクト知財）[3]。

　これらの要因は，革新的中小企業の研究開発型の強みと密接な関係をもっているため，それだけ厄介である。つまりそれらの要因を転換しようとすると，革新的中小企業の本来の強みを発揮できないというジレンマに陥る。別言すればそれらの要因が，密接に絡み合い，経営の特性，強みを構築していることを意味するのである[4]。

　革新的中小企業の指向や戦略は，中堅GNTのそれらが相矛盾していることから起こる。その背景としてまず第1に，革新的中小企業の経営者は現状を超えてさらに持続成長したいと考えていないことが挙げられる。いままでの研究では革新的中小企業の経営特性を「成長しない経営」とし成長より経営の持続を重視する企業と捉えた[5]。その実態は研究開発型企業として「開発の持続」を優先しており，安定収益に向けての好循環を期待している。一時的な急成長は，経営の持続にとってむしろ危機であると捉える経営者すらいるほどで，そこでの経営は，規模を大きくする戦略や身の丈を超える能力構築は優先されないことになる。

　第2に，技術開発で先行するだけでなく，他社が注目しない市場領域を見つけることにより世界的に高いシェアを維持していることが挙げられる。特に革新的中小企業が狙う市場は特殊であり，一般に「ニッチ市場」と呼ばれる場合が多い。市場規模は，他社が参入しにくい適度な大きさであり，多くの企業が参入してくる魅力のある市場ではない。

　ところが，革新的中小企業が世界を目指して規模をさらに広げようとすると，国内，海外からの参入を誘発し，革新的中小企業としての強みを発揮することがむずかしくなる。したがって自社の強みの背景を十分知っている経

営者は，さらに持続的成長を追求することを避ける指向をもつのである。

　第3に革新的中小企業は，先行開発した技術の「デファクト標準」を狙う企業が一般的であることが挙げられる。グローバル化する場合は，進出国で特許を取得するが，あくまでも知財の独占を指向した防衛型の特許戦略を追求する場合が一般的である。それを超えて欧米国と連携してデジュール型の知財戦略を追求する革新的中小企業は，ほとんどない。多くの企業はデファクト標準を握り，知財はなるべくクローズドにし，独占的市場を長期間持続させたいと考えているのである。

　革新的中小企業の経営者がもつこれら3つの指向が「成長の壁」となって，「成長しない経営」を追求しがちである。その成長の壁の主たる要因は，過去の経営の成功，失敗体験のなかから生まれた「確信」のようなものであり，簡単にはその壁を取り除くことができない。経営者の成功体験を背景とした経営指向そのものが，さらなる持続的成長を排除する壁となって，革新的中小企業特有の経営を作り上げているのである。

②成長の壁の突破の指向

　事例企業9社は，歴史的には革新的中小企業から出発したと思われるが，現在の規模からみると成長の壁を突破した企業群であると言える。図表Ⅲ-1-2をみると，対象企業の半数の5社は上場している。フロイント産業は，1996年に日本証券業協会（後のJASDAQ）に店頭登録している。アリアケジャパンは，1991年に日本証券業協会に店頭登録し，95年に東京証券取引所市場2部上場，02年には東京証券取引所1部上場している。上記の2社は比較的新しく上場した会社であるが，IDECは，1982年大阪証券取引市場で2部上場，1990年には東京証券取引市場1部上場を果たしている。またアイダエンジニアリングは，1962年東京証券取引市場2部上場，1971年には1部上場を果たし，堀場製作所は，1971年大阪および東京証券取引市場2部上場，1982年には東京および大阪証券取引市場1部上場を果たすなど，早い段階で株式

第Ⅲ部　中堅グローバルニッチトップ（GNT）のダイナミック・ケイパビリティ（DC）戦略

図表Ⅲ-1-2　本書における中堅GNTの位置付け

企業名	規模・連結	経営特性	主力製品	グローバル化
①フロイント産業（上場）	売上高190億円 従業員数382名 (4973万円/人)	製剤機械, 化成品の国内70%, 世界シェア30%	医薬品の造粒・コーティング装置, 化成品	海外比率29%, 米国提携会社を買収
②根本特殊化学	売上高70億円 従業員数936名 (747万円/人)	N夜光の先行開発, 特殊化・多角化・国際化で成長	蓄光材・蛍光体, センサー, 電子材料の開発製造販売	海外売上65%, N夜光の標準戦略で世界市場の開拓
③マスダック	売上高125億円 従業員数266名 (4699万円/人)	全自動どら焼機のオンリー1, 機械・食品で安定経営	全自動どら焼機の開発製造, 菓子の製造（OEM）	海外売上10～20%（今後の向上が課題）, 機械・食品で安定収益の確保
④アリアケジャパン（上場）	売上高464億円 従業員数884名 (5248万円/人)	天然調味料のインテル, 自動化・省力化で先行, 売り上げを超える設備投資で最新鋭工場	天然調味料（加工食品用・外食産業用・中食用）	海外売上25%, アジアの収益の向上が貢献
⑤ポーライト	売上高450億円 従業員数4000名 (1125万円/人)	材料・オイル開発, 金型・機械の開発・製造の垂直統合型ビジネス・モデル	焼結含浸軸受および機械部品の開発, 製造, 販売	海外売上80%のグローバル経営, 日本・台湾を拠点に世界供給体制を構築
⑥IDEC（上場）	売上高434億円 従業員数2222名 (1953万円/人)	制御機器のデジュール標準化, 知財戦略を強化	各種制御装置, FAシステムの開発製造販売	海外売上37%, イネーブルスイッチ国際標準で欧州と連携
⑦フジキン	売上高533億円 従業員数2800名 (1903万円/人)	10年連続モノづくり部品大賞を受賞, だるま経営に強み	精密バルブ（半導体製造装置用）国内68%, 世界42%	海外売上55%, 欧米はM&A, アジアはグローバル共有体
⑧アイダエンジニアリング（上場）	売上高755億円 従業員数1951名 (3869万円/人)	サーボプレスを先行開発, グローバル化で成長	プレス機械, 自動化ライン, ロボット, 金型, サービス	海外売上65%, 米欧アジア日本の4極体制の構築
⑨堀場製作所（上場）	売上高1701億円 従業員数7149名 (2379万円/人)	自動車排ガス測定装置80%, 世界のデファクト標準品	分析計測機器の開発・製造・販売	海外売上69%, 世界の自動車研究所のデファクト標準

※規模・連結の（　）内の数値は, 1人当たり売上高を示す。
出所：企業情報, インタビューなどをもとに筆者作成。

の公開を実現している。

　一般に中小企業が上場する場合は，経営の飛躍に向けて強い決意をもっており，また一定規模以上の資金需要が発生したことが想定される。たとえば新製品開発の先行投資のための資金需要，国内の生産能力の拡張のための投資資金，海外進出のための工場建設や企業買収などのための資金需要の発生など，原因はまちまちであろう。持続的成長のため大きな資金需要が発生した場合，上場による長期資本の調達は有効な手段なのである。

　一方で事例企業の半数は上場していないが，上場企業並みのヒト・モノ・カネの調達能力を備えている。研究開発型の革新的中小企業の場合，成長の壁は厳然と存在する。その壁を乗り越えるには，経営者は「持続的成長」経営を指向する意思をもつことが必要である。前述のとおり，革新的中小企業の経営者は，多くの企業が「成長しない経営」を指向するケースも多いため，大きな資金需要もなく，上場しない企業も多くみられる。

　今回インタビューした中堅GNTの経営者は，持続的成長の指向が明確である。とりわけ上場している企業では，毎年業績（売上・利益）を上げ配当を増やし，株価や企業価値を持続的に向上することを株主から期待されている。フロイント産業はJASDAQに上場しているが，設立後53年間連続黒字を計上している超優良企業である。アリアケジャパン，IDEC，アイダエンジニアリング，堀場製作所なども上場企業として業績の向上，持続的成長の指向をもつ。

　一方で上場していない企業でも，フジキンのようにいつでも上場することができる業績とコーポレート・ガバナンスを整備し，持続的成長に熱心な企業もある。またマスダック，ポーライト，根本特殊化学は，グローバルな成長の意欲が旺盛であり，「成長しない経営」とは一線を画している。

（2）事例分析にみる成長の壁の突破の方向

　事例企業に関連して，「成長の壁」を突破しさらなる持続的成長を実現し

てきた状況，各社の成長戦略を紹介しよう。各社は基本的に持続的成長を実現している企業群であるが，持続的成長の方向，つまりアンゾフ［Igor Ansoff］の言う「成長戦略ベクトル」[6]には違いがある。

各社の基本戦略ベクトルは，研究開発型として先行開発を持続する特殊化・差別化の戦略であるが，大別して以下に挙げる3つの方向がみられる。多くの企業は，この3つの方向をすべて追求しているのが一般的だが，長期の持続可能な成長が始まった経緯を分析すると，各社によって戦略ベクトルの方向が若干異なっていることがわかる。

①新顧客の開発：主力製品の新用途開発，顧客多様化戦略
　　〜アリアケジャパン
②グローバル化：主力製品の海外展開，市場の多様化戦略
　　〜根本特殊化学，ポーライト，IDEC，フジキン，アイダエンジニアリング，堀場製作所
③新製品の開発，多角化戦略：新製品開発，新事業開発，バリュー・チェーンの川下展開，新ビジネス・モデル開発など
　　〜フロイント産業，マスダック

主要な取引先の顧客がグローバル競争を行っている自動車，家電・半導体などでは，②のグローバル化による成長が基本戦略である。自動車を主要顧客とするアイダエンジニアリング，堀場製作所，家電・半導体などとの取引が主力のフジキン，時計を主力とする根本特殊化学などは，顧客となる企業がグローバル競争下に置かれており，自社としても「グローバル化」が成長戦略の基本となる。その戦略ベクトルを追求するなかで，持続的成長を実現する競争優位の構築に成功したと言えよう。自動車，家電・半導体など双方に取引先をもつポーライト，IDECも，同じ枠組みで捉えられる。

一方で内需型産業に属する食品のアリアケジャパン，マスダック，製薬のフロイント産業は，国内を中心に新顧客や新製品を開発する戦略を追及する。また，バリュー・チェーンの川下に当たるサービス事業や新たなビジネス・

モデルの開発などを指向する戦略も有効である。

3 DC戦略の動向と経営構想

（1）状況変化への対応―脅威・危機が引き金に

　図表Ⅲ-1-3は，GNTの状況変化への対応の動向を整理したものである。これをみると，状況変化に対応する危機回避のパターンにはいくつかの傾向があることがわかる。

①状況変化・危機対応のなかからその後の持続的成長をけん引する「主力製品」を開発
　　〜根本特殊化学：N夜光，アイダエンジニアリング：サーボ・プレス機，堀場製作所：自動車排ガス測定装置，IDEC：イネーブルスイッチ，フジキン：半導体製造用バルブ，ポーライト：焼結含浸軸受

②状況変化・課題のなかから新たな「先行投資」が行われ，それが持続的成長のきっかけを生む
　　〜マスダック：食品OEM事業への投資，アリアケジャパン：天然調味料の完全自動化工場の建設，フロイント産業：製剤機械・化成品の連携開発の促進

　①の状況変化については，基本的には顧客側のニーズの変化や取引事情の変化が引き金になる場合が多い。たとえば根本特殊化学は，顧客の時計メーカーの「放射性物質を今後5年以内に全廃する」という方針を聞き，短期間のうちに放射性物質ゼロ，残光輝度・残光時間が従来の10倍以上の画期的な「N夜光」という新材料を開発した（1993年）。これは①の典型的な事例であろう。またアイダエンジニアリングは，自動車用プレス機の専門企業であるが，自動車の環境規制や安全性などのニーズを受けて，鉄やステンレス以外の高張力鋼板，アルミ合金，マグネシウム合金，CFRPなどの利用が進む。

それらの材料転換を先取りしてトップダウンで新プレス機の開発が進み，世界初のサーボ・プレス用モーターの開発に成功する（2000年）。堀場製作所も，自動車メーカーが米国で環境規制を求めるマスキー法が提案されたことから，高燃費のエンジン開発のための測定装置が生まれた。特に世界市場シェア80％の実績をもつベストセラー機（MEXA-7000シリーズ）は，1995年の発売開始後に米国の公的機関で採用されたことから，日本でも標準機器として公的機関で採用され，高い世界シェアに結び付いた経緯がある。

以上3社の戦略製品の開発は，いずれも1990年代の「失われた10年」の経済環境の変動期に行われている。状況の変化，なかでも環境の激変期に，経営者が率先して戦略製品の開発を推進してきたことを示しており注目される。

図表Ⅲ-1-3　GNTのDC戦略—状況変化への対応

中堅GNT	状況変化・脅威	危機突破の戦略
①フロイント産業	機械部門の先行開発，資本財の景気変動による収益変動	機械・化成品の開発相乗効果，化成品部門（ストック・ビジネス）の拡大と変動緩和
②根本特殊化学	時計大手の放射性物質全廃宣言，取引停止の危機	高性能のN夜光の開発，グローバル成長の推進
③マスダック	設備機器の成長と循環，収益の不安定	食品OEM事業の開発，収益の安定
④アリアケジャパン	天然調味料の不安定・低生産性	売上高を超える先行投資（最新鋭工場の建設），新用途の開拓
⑤ポーライト	顧客のグローバル化，国内市場の成熟化	グローバル化の推進（含浸軸受（日本）・機械（台湾）を核とする国際分業戦略）
⑥IDEC	オンリー1製品のジレンマ（シェアの低下）	イネーブルスイッチの三位一体戦略（開発・知財に国際標準を組み込む）
⑦フジキン	顧客重視の開発戦略の不安定（多品種少量が中心）	半導体製造用バルブの開発，グローバル成長の推進
⑧アイダエンジニアリング	ITバブル崩壊，自動車の軽量化・材料転換	サーボ・プレス機の開発，システム化・カスタム化によるグローバル成長
⑨堀場製作所	米国の環境規制（マスキー法）の脅威	自動車排ガス測定装置の開発，米国・欧州での先行普及

出所：会社情報，インタビューなどをもとに筆者作成。

他方でIDECは，製造工場で使われる産業用制御機器に強みをもつが，先行開発した機器が時間とともにシェアが下がり，収益が低下する問題に悩んできた。その後，知財の開発時点で知財・国際標準の三位一体の戦略を加え，高いシェアと収益の成長を持続させることに成功している。またフジキンの場合は，原子炉，化学プラント，宇宙ロケットなどの特殊精密シリンダーを製造してきたが，1970年代後半から80年代初めに超LSI組合を中心に半導体製造用装置の国産開発が行われ，その一角に参加したことがきっかけで戦略製品の開発に成功する（1987年）。それまでの特殊シリンダーは，多品種少量の不安定な注文のなかで持続的成長を模索してきただけに，自動車と並ぶ世界製品（半導体）に行きついた意義は大きいと言える。

　さらにポーライトは，モーターのコア部品を供給する生産財メーカーである。当初は家電・電機業界のグローバル化とともに，アジアを中心に先行進出した経緯があるが，その後自動車でもグローバル化が進み，同社のグローバル供給体制が活かされることになる。最初の状況変化は，国内の成熟化に加えて顧客のグローバル化の脅威が引き金となった。

　②の事例は，国内市場が安定している食品や医薬品企業を顧客にもつケースである。①の事例より安定成長市場に直面しており，顧客グローバル化や景気変動の影響は少ない。それでもマスダックやフロイント産業は，機械装置の開発を担当しており，資本財特有の景気変動の影響を受けている。また顧客は，機械装置をひとたび導入すれば，更新需要が出てくるには時間がかかる。つまり資本財の事業は，本来的に景気変動の影響を受ける不安定なビジネスなのである。市場が成熟化すればするほど，変動の波は大きく，その波を是正する新規事業の開発や新たなビジネス・モデルの開発が求められる。したがって景気変動の波は小さくても，経済の不況期には景気の影響を受けにくい安定したビジネスの開発，多角化，グローバル化などを求める指向が強まる。マスダックは，バブル崩壊後の1991年に経営の危機を迎え，食品OEM事業に参入している。フロイント産業は，ほぼ10年おきに新製品を開

発しているが，そのサイクルは日本経済の景気変動（10年サイクル）と無縁ではなかろう。同社の場合，一般の資本財企業とは異なり，機械部門（フロー）と化成品（ストック）の開発シナジーとビジネス補完効果が，長期の安定成長を持続させている。またアリアケジャパンは，ITバブルが崩壊した2000年不況の2年前（1998年）に，当時の売上高に近い100億円規模の投資を天然調味料の自動抽出設備に先行投資し，その後の飛躍的成長を呼び込んでいる。

（2）主力製品の開発と収益化の意義―持続的開発の重要性

主力製品を開発しても，1回きりの開発にとどまっていては，持続的成長は生まれない。常にコンペティターに対して，先行開発を持続させる必要がある。そのためにも顧客の開発が同時に行われ，持続的な収益への好循環が実現しないと，持続的成長には結びつかない。

研究開発型の企業は，先行開発の投資を続ける「持続可能な開発」を重視していることは，先の研究で明らかになった[7]。また製品，技術の開発だけでなく，知財の収益化が想像以上に重要であり，研究開発型の優良企業の場合，収益化の面で資源・能力の再編成，新結合や多くの工夫が行われていることも明らかになっている。たとえば革新的中小企業の三鷹光器は，自社で開発した外科手術用顕微鏡のグローバル特許を取得するとともに，欧州の医療機械大手ライカ社のブランドと販売チャネルを活かして，50％近い世界シェアを獲得している。また革新的中小企業であるが，JASDAQに上場し成長を狙うプレシジョン・システム・サイエンスは，自社で開発したDNA抽出装置を世界に販売するに当たり，地域別に有力な連携相手を選び「オープンOEM」のビジネスをグローバルに展開している。とりわけ欧州市場では，スイスの世界的製薬会社ロシュと組んで高いシェアを獲得するも，日本では開発から販売までの垂直統合型を指向している[8]。知財の開発だけでなく収益化の面でも，他社と差別化した連携関係や販売方法を見つけることが持続

的成長の条件である。

（3）持続的成長の構想—成長戦略の4つの方向

本書の事例分析を危機突破以降の新たな競争優位の開発，収益化（ビジネス・モデル）からみれば，以下の4つの方向に分けられる（**図表Ⅲ-1-4**）。

図表Ⅲ-1-4　GNTのDC戦略—資源・能力の再編成，新結合

中堅GNT	危機突破の戦略	開発	収益化	資源・能力の再編成，新結合（ビジネス・モデル）
①フロイント産業	機械・化成品の開発の相乗効果（10年おきの開発）	顧客共同開発	化成品による安定収益の獲得	ファブレス経営，化成品（ストック・ビジネス）の拡大
②根本特殊化学	高性能のN夜光の開発，多角化・グローバル化	開発のスピードアップ	特許戦略，グローバル化	グローバル新用途開発，米・欧の世界標準の獲得（垂直統合）
③マスダック	持続的先行開発，機器展示のショーウィンドー効果	安全工場への先行投資	川下展開，食品OEM事業の開発	ファブレス経営，食品OEMの安定収益化
④アリアケジャパン	売上高を超える先行投資（最新鋭工場）	顧客との共同開発，味のデータベース化	顧客多様化・カスタマイズ化	垂直統合型，提案型の顧客多様化戦略
⑤ポーライト	グローバル化の先行（日台国際分業）	材料・オイル・金型・機械の垂直統合	グローバル化・緩い連携	垂直統合型，海外は緩い連携，柔軟なグループ経営
⑥IDEC	イネーブルスイッチの三位一体戦略	コア技術の先行開発	グローバル化と標準化	三位一体戦略によるグローバル競争優位の獲得（垂直統合）
⑦フジキン	半導体製造用バルブ開発	顧客との共同開発	グローバル化による拡大	垂直統合型，M&Aを活用した日米欧アジアの4極体制
⑧アイダエンジニアリング	サーボ・プレス機の開発	顧客との共同開発（自動車）	グローバル化，カスタマイズ化	垂直統合型，日系顧客を超えるグローバル化
⑨堀場製作所	自動車排ガス測定装置開発	集中特化，先行開発	グローバル化，標準化	デファクト標準から米国標準・世界標準の獲得（垂直統合）

出所：企業情報，インタビューなどをもとに筆者作成。

①研究開発型の強みを活かす―ファブレス経営

　事例企業の9社はいずれも研究開発型であり，先行開発で強みをもつ企業である。それらのなかでフロイント産業とマスダックの2社は「ファブレス経営」に特徴をもつ。ファブレス経営は革新的中小企業に多く，半分近くの企業がファブレス経営を行っている[9]。

　フロイント産業は，製剤機械と化成品の2つの部門の開発を同時に担当する世界オンリー1の企業であり，両部門の開発シナジーを最大限活かして次々に製剤機械の新製品を投入してきた。　同社は，製剤機械の開発設計とテスト，および販売サービスに特化しており，製造委託先は6社の安定した取引先をもつ。また連結子会社として国内には非医薬品分野の製造販売を担当するフロイント・ターボ，米国には欧米向けの拠点であるフロイント・ベクターをもつ。同社は機械・化成品の開発シナジー効果を活用して，ほぼ10年おきに新製品を開発し，事業領域を広げてきた。今後さらなる成長を図るには，新興国のグローバル化が鍵を握るであろう。

　マスダックは，全自動どら焼機で世界一のシェアをもつ企業である。自社では開発設計は行うが，製造は協力企業に依頼している。また開発した機械を工場で展示稼働し，ショーウィンドー効果として活用しているが，それをさらに一歩進め，「東京ばな奈」のブランドで知られる有力な菓子製造企業から食品OEM事業を受託し，安定的な収益を獲得することに成功する。食品OEM事業は，現在では全売上高（125億円）の半分以上（65億円）を占め，資本財の変動を是正し，安定成長に成功している。さらなる成長を追求するには，グローバル化が課題となるであろう。

②ものづくり能力の強みを活かす―垂直統合型経営

　そのほかの事例企業は，開発・製造・販売サービスを自社内にもつ垂直統合型の企業である。日本のものづくり優良企業は，基本的には垂直統合を指向する企業が多い。とりわけ差別化戦略のかなめとなるコア部品・コア技術

を内製しており，日本国内で集中的に開発，生産する場合が多い。

　アリアケジャパンは，天然調味料の会社であり，国内需要が中心の会社であるが，創業33年目の1998年に当時の売上高に匹敵する大規模な設備投資を行い，他社が模倣困難な完全自動化の生産工場を先行建設した。それを起爆剤に加工食品，外食産業，中食など新たな用途開発を進めて持続的成長を実現する。まさに巨大な先行投資が新たな分野の需要を創造し，持続的な成長経営を自ら呼び込んだことになる。

　一方で根本特殊化学，ポーライトは，顧客側の時計や家電・自動車などの業界のグローバル化に対応し，海外進出を進めてきた。それらの業界では，1970年代，80年代の高度成長期の終焉とともに国内需要は成熟化傾向を強め，海外市場に移行する傾向が出ていた。

　グローバル化に際しては，最初は日本からの輸出でスタートし，海外の専門商社や代理店を活用することが一般的である。さらに現地化を進めると，販売サービス部門を現地に置く場合も出てくる。グローバル経営を強化するには，川中の組立や川下の販売サービスは現地に配置することが有効で，工程間の国際分業戦略が強化されることになる。また会社によっては高級品日本，中低級品新興国のような製品間での開発・生産の国際分業が行われる場合もある。

　根本特殊化学は，存続の危機をかけて蓄光性新材料（N夜光）の開発に成功するが，N夜光を時計生産が集中する欧州に展開するとともに，米国，欧州地域を中心に新用途開発にも挑戦している。またポーライトも家電・電機，自動車業界などを顧客にもち，比較的早い段階でアジアを中心にグローバル化を進めた。現在では海外売上が80％のグローバル経営を実現している。同社のものづくりの中核は，日本（焼結含浸軸受），台湾（機械部品）の2拠点を中核に，垂直統合型の国際分業体制が構築されている。

③グローバル戦略製品をもつ―持続的成長の実現

　次にフジキン，アイダエンジニアリングの飛躍をみてみよう。これらの事例では，持続的成長を可能にする「戦略製品」の開発の重要性を指摘する。フジキンが本格的成長を実現するきっかけとなったのは，1987年に「半導体製造用バルブ機器」の開発に成功したことである。それまでフジキンは，超精密加工による産業用バルブ機器の研究開発型の企業としては有名であった。しかし従来の用途は，多品種少量型の製品が多く，常に新たな用途開発を持続する企業ではあったが，「半導体製造用」という量のまとまった製品分野を開拓したことが，次の飛躍を生むうえで大きかったと言える。

　他方でアイダエンジニアリングは，従来から自動車用，家電・電機用の汎用プレス・メーカーとしては，開発設計，エンジニアリング力とも一流であった。しかし工作機械には資本財特有の景気変動の影響がみられ，収益の変動も大きな会社であったが，2000年にサーボ・プレス用モーターを開発した。また，02年には世界初の「サーボ・プレス機（ダイレクトサーボフォーマシリーズ）」を開発投入したことが，長期の持続的成長の要因として大きかった。その後はサーボ・プレス機を中核に，世界の自動車工場におけるプレス工程の自動化，省力化，システム化のカスタマイズ・ニーズに積極的に対応する。それとともに，自動車工場を4つのラインに類型化し，「マスカスタマイズ戦略」により世界の工場に普及浸透を図っていく。その結果，「日系」自動車業界のグローバル化対応の段階を超えて，世界の自動車業界を目指した「真のグローバル化」を実現することに成功する。

④知財を世界に広げる―デファクト標準戦略を超える

　IDEC，堀場製作所は，規模が大きくなっても研究開発型の特性をとどめている。この2社はそれぞれ大阪や京都で誕生し，独特のベンチャー魂が息づいている。IDECは，工場向けの産業用制御装置に強みをもつ企業であり，数々のオンリー1製品を世に出してきた。しかし，その割には高いシェアの

第Ⅲ部
1 状況変化への対応と危機突破の戦略

時期は長期間持続せず，類似の製品をコンペティターが投入すると，時間とともにシェアが低下し，先行投入の価値（レント）も失われてしまう。その傾向は，類似品の参入を防ぐ特許で防衛しても，さほど大きな効果は得られなかったという。

そこでIDECは，新製品の開発，知財の戦略に「国際標準」を加え，開発・知財・国際標準の三位一体の戦略を事前に準備した。それにより，同社のイネーブルスイッチは欧州と連携して国際標準品に指定され，長期間にわたり高い世界シェアの持続に成功した事例として知られる[10]。

②で紹介した根本特殊化学でも，N夜光のもつ優れた残光輝度・残光時間・耐光性が米国や欧州の「誘導標識の標準」として採用された結果，同社の製品しか参入できない状況が生まれている[11]。それらの標準化戦略は，グローバル市場で競争し，競争優位を長期間持続するための手段としても有効な方法である。

世界の自動車工場や研究所を回ると，堀場製作所の「自動車排ガス測定装置」が使われていて驚いたことがある。同社の装置は，自動車メーカーやサプライヤーが燃費効率のよい車を開発するために，なくてはならない検査装置として有名である。同社は，歴史的には分析領域としてニッチな赤外線ガス分析計からスタートした。その後1964年に自動車排ガス測定装置を参考出品し，それが世界ブランド「MEXA」(1995年) の誕生の引き金となった歴史をもつ。しかし最初は，医療用の呼気ガス分析への使用を考えていたという[12]。1970年代の米国マスキー法を受けて自動車の排ガス規制が問題になったが，同社の自動車排ガス分析装置は，それらの動きとも関連している。同社の装置は1975年に米国環境保護庁（EPA）に採用され，その後日本でも公的機関に採用され，事実上の世界標準となる。現在では世界の80%のシェアを獲得するまでに成長している。このような事例をみると，デファクト標準を米国や欧州で広げることも持続的成長にとって有効な方法であることがわかる。

注

1) 市場構造や財特性の違いによって，持続的成長の方向（グローバル化・多角化）や戦略行動に差異が出るが，その点を考慮するグループ分けである。そのフレームワークは，ハーバード学派の産業組織論のSCP図式などで整理できる（リチャード・ケイヴズ著，小西唯雄訳（1968）『産業組織論（現代経済学叢書）』東洋経済新報社）。
2) 事例分析のフレームワークは第Ⅰ部2の図表Ⅰ-2-2を参照してほしい。
3) 原田節雄（2014）『本質と現象の両輪経営戦略―ヒト，モノ，カネを活用する』日本規格協会。
4) 土屋勉男，金山権，原田節雄，高橋義郎（2015）『革新的中小企業のグローバル経営―「差別化」と「標準化」の成長戦略』同文舘出版，pp.235-238。
5) 土屋勉男，原頼利，竹村正明（2011）『現代日本のものづくり戦略―革新的企業のイノベーション』白桃書房，p.194。
6) H・I・アンゾフ著，広田寿亮訳（1985）『企業戦略論』産業能率大学出版部，p.137。
7) 土屋勉男，井上隆一郎，竹村正明（2012）『知財収益化のビジネス・システム』中央経済社，p.135.
8) 土屋勉男（2016）「革新的中小企業の事例研究に見る知財の創造と収益化（特集 負けない知財戦略）」『一橋ビジネスレビュー』第63巻第4号，pp.42-45。
9) 土屋，同上書のなかで革新的中小企業の知財の創造と収益化の事例を6社紹介しているが，そのうち半分（ベルニクス，エリオニクス，プレシジョン・システム・サイエンス）はファブレス経営の会社である。
10) 土屋，金山，原田，高橋，前掲書，p.241。
11) 土屋，金山，原田，高橋，前掲書，p.239。
12) 関西学院大学専門職大学院経営戦略研究科「ケース『現代企業家の戦略的役割』の製作 株式会社堀場製作所堀場製作所の製品開発とパートナーシップ」2008年3月。

2 中堅GNTの知財開発と収益化の戦略
—中堅GNTの事例分析のまとめ（その２）

1 中堅GNTのイノベーション戦略

　第Ⅰ部2の事例分析の仮説として用いたDC戦略のフレームワーク（**図表Ⅰ-2-2**）をもとに，本書で明らかになったDC戦略遂行上のポイントを整理してみよう。

(1) 状況変化への対応

①1990年代は経営の転機

　プラザ合意以降の日本経済は，円高・ドル安が急伸し，円の購買力が高級品や不動産の購入に回り，バブル経済の様相を見せていた。ところが1990年代はじめ，日銀の金利の引き締めが行きすぎ，一転してバブル経済は崩壊し，危機を迎える。

　その前後の日本企業の行動をみると，本業と関連の薄い多角化戦略による成長経営を追求する企業が続出している。製造業と直接関連のない「不動産分野」にも進出し，一時は不動産投資が成長のけん引役のように言われた時期もあったほどである。その結果，1990年にバブルが崩壊した後は一転して，企業は多くの過剰資産，過剰雇用を抱え込み，事業の選択と集中に基づく抜本的なリストラが不可避な状況を迎える。

　その後，日本企業は日米間の構造摩擦や円高・ドル安のさらなる進行を受

けて，グローバル化が一気に進み，日本国内は産業の空洞化が検案課題となった。それまで国内経済の成長のけん引役であった企業の設備投資は，国内から海外に向かい成長力が低下してしまう。このような背景のなかで，1990年代の日本経済は潜在成長率が急低下し，「失われた10年」の時期を迎える。

日本経済の長期低迷の原因を日本型のコーポレート・ガバナンスの問題と捉えた政府は，米国型のガバナンスを導入し，日本型と業績の良否を競い合わせる制度改革に着手する。2002年には会社法，金融証券取引法が改正され，日本企業はガバナンス改革に乗り出したのである。

しかし一方で，日本政府のガバナンス改革は米国型（委員会設置）の導入が少なく，空振りの感がある。また米国経営がトップダウン型の選択と集中経営を得意とするのに反し，日本経営は，トヨタをはじめ多くの有力企業の戦略が現場の資源・能力のなかから生まれるミドルアップ型の経営を得意としている。また有力企業の間では，部門最適に横串を入れる「全体最適経営」が展開されており，最近の統計分析からも日本型の低業績は検証できない[1]。

ティースも指摘しているように，「失われた10年」の日本企業は，コーポレート・ガバナンスが原因なのではない。むしろ90年代の状況変化，環境脅威に対応した「新たな競争優位」を再構築すべきなのを怠ってきたことに問題があるのではないか。資源再構築の「DC戦略の欠落」と捉えるべきであったのである。別言すれば90年代の状況変化のなかで抜本的なDC戦略を遂行すべき局面で，ボトムアップ型の業務効率，業績改善を中心に連続的な経営改革に終始した企業が多いことが問題であったと言えよう。

②状況の変動と危機の認識から始まる

DC戦略の出発点は，経営者が企業を取り巻く「状況の変動」を感知することから始まる。状況の変化は会社存続の危機のような重大事項の場合もあれば，主力事業を取り巻く顧客ニーズの変動から起こる漠然とした将来の不安のような場合もある。企業の業績が悪化し，リストラが必要な状況は本格

的な危機であるが，そこに至る前の事業を取り巻く環境変化やそこから派生する脅威のような「状況の変化」が起こっている場合を想定すればよかろう。

　1990年代に日本経済は，「失われた10年」の時期を迎えたといわれ，長期の経済の低迷が10年あるいはそれ以上続いていく。この原因は，直接的には1990年に日本経済のバブルが崩壊し，企業が過剰能力，過剰債務を抱え込んだことが原因であった。その後も90年代には，円高・ドル安が進み，製造業を中心にグローバル化が急速に進んだ要因も大きい。企業の設備投資が国内から海外に向かい，経済成長にブレーキがかかったのである。また2000年代に入ると人口の減少，少子高齢化の動きも加わり，内需は低迷し，企業にとってリストラが必要な時期となった。

　これらの状況の変化は，経営への影響の程度こそまちまちであるが，経営者は明示的，暗示的に状況変化を先行的に感知し，変化への対応を起こすことが重要であった。またそれ以前にも，日本経済はほぼ10年おきに景気の好不況の波を迎えており，環境の脅威や危機を意識する局面は数多くみられたはずである。それにもかかわらず，大企業の経営者は，開発・製造・販売部門の現場の強さを過信し，また現場主導のボトムアップ経営に慣れ親しんできたため，経営者主導の戦略的意思決定を回避してきたのである。これは一種の「大企業病」と呼ばれる病状であろう。

　ペンローズは，未利用な資源（能力）が存在したときに，新たな成長に向けての誘因が生まれると言う[2]。未利用の資源とは，経営者が遊休資源や能力の存在を「感知」した状況であり，そのまま長期間放置すると，経営の非効率や業績の悪化に見舞われる可能性が出てくるのである。

　また経営者においても，「未利用」な企業家能力が一時的に表れることもある。未利用な能力が生まれる局面は，いままで進めてきた成長戦略が軌道に乗り，次の計画に移行する前の小休止の状態であり，そのゆとりが新たな戦略の計画と実行に向かわせる契機を生み出す。このような局面で，状況の変化も重なり，企業の内部に未利用の資源や能力を感知すれば，資源を有効

活用する動機が生まれる。失われた10年や日本経済の景気の後退局面は、大きな遊休資源が存在し、業績を悪化させただけではなく、新たな成長機会や競争優位の構築に向けての戦略を展開するチャンスでもあった。

③未利用の資源、能力を引き金にした危機突破の試み

　中小・中堅の企業にとって、状況の変化による経営の危機は比較的頻繁に訪れる。大企業の盛衰は30年と言われるが、経営資源や能力の蓄積が大きいだけにその周期は比較的長い。一方で中小企業は「10年サイクル」と言われ、中小規模の企業にとっては危機は付きもので、倒産に至るケースもある。

　一方で、危機回避の要請が頻繁に起こるため、新たな競争優位の獲得に向けてのDC戦略の能力構築を図るうえで、チャンスをもつことにもつながる。どんなに状況変化の脅威や危機を感知しても、現場任せで連続的な改善、改良に終始している企業には、飛躍は訪れないであろう。状況変化への対応を競争優位の進化に結び付ける意志が重要であり、危機の経験と対応の積み重ねが能力を向上させる道でもある。

　たとえば根本特殊化学は、1991年取引先の時計メーカーから「今後5年以内に放射性物質全廃の材料調達」の情報が流れ、経営者主導で全社を挙げて、材料開発に挑戦していく。その後、時計メーカーの情報は公式の情報でないことがわかるが、新材料の開発を加速させ、1993年には画期的機能をもつ「N夜光」の開発に成功する。開発には原料の「調合～撹拌～焼成～冷却」の各工程があるが、開発の成果を急ぐあまり、徐冷に変えて急冷却を行ったところ、それが新材料（N夜光）の開発に結び付いたという。これは開発時間を削減する焦りが、偶然の成果を生んだことを意味している。

　アリアケジャパンは、天然調味料を世界の食品業界に供給し、調味料のインテル・モデルと呼ばれている。多くの食品業界から天然調味料の指名を受ける優良経営の会社である。1990年代の同社を取り巻く事業環境は、不透明感が漂っていた。国内需要の長期低迷、円高の進行による国内産業の空洞化、

低コストの新興国からの輸入圧力などを受けて厳しい環境におかれ，必ずしも国内で先行投資をする環境ではなかった。そのようななかでトップ・マネジメントは，大規模な「完全無人化工場」の建設を構想する。同社の目指す方向は天然調味料の生産の自動化・無人化であり，その指向のなかから当時の売上高（119億円）に近い100億円規模の大胆な投資が決断され，それがその後の圧倒的な競争優位の源泉となる。その先行投資は，結果として2000年代における持続的急成長を無理なく実現させるフラッグシップ工場となったのである。

アイダエンジニアリングのグローバル戦略製品「サーボ・プレス機」の世界初の開発（2002年）にも注目したい。同社のサーボ・プレスの開発は，1990年代における自動車業界の燃費効率や安全性などのニーズの変化を受け，材料やプレス技術の面で大きな変革が求められていた時期と重なる。ITバブルの崩壊，経営の悪化などの状況の変動や脅威が加わり，トップダウンで全社を挙げて開発が進められ，成功に結び付く。その後，サーボ・プレス機はグローバル成長を可能にし，顧客カスタマイズ化，システム化提案により世界の市場で高いシェアを獲得することに成功する。

このように，状況変化の認識は，経営者，経営幹部などの間でまちまちであるが，中小・中堅の企業では，環境脅威や危機に対する認識の感度が高く，また課題可決のスピードにも優れている点に注目したい。

（2）研究開発型のイノベーション

①中小・中堅企業のイノベーション

研究開発型の中小・中堅企業は，先行開発した製品技術や他社に差別化した財・サービスを国内や海外の市場に投入し，自ら市場を切り開いていく傾向がみられる。設立当初は特定顧客（メーカー）の特注品に対応し，メーカーとの取引で関係的技能を蓄積し，貸与図方式から承認図方式へ技術力を向上させる。これはメーカーの貸与図による下請け賃加工の領域（セル）から

スタートしていることを意味するが，多くの顧客のニーズに適応するなかで有力顧客を見つけ，関係的技能を媒介に承認図方式への能力構築が図られる（**図表Ⅲ-2-1**の α から β への移行）。開発設計能力が付けば，多様な特注品ニーズに対応するなかで，新たな顧客の要請に応じて開発請負（注文生産品）の事業を展開することもできる。

本書の事例企業では，ファブレスの開発請負型の企業もみられ，設立当初から開発設計エンジニアリング会社としてスタートする企業もある（β の領域）。事例ではフロイント産業，マスダックがこれに当たる。顧客の注文に応じて開発した製品が複数の他社に売れるかどうかは，設計図面（知財）がどちらに帰属するかということである。中堅GNTは自社で開発した製品に対して特許をとる場合が多い。また知財が顧客の側にある場合でも，多数の特注品に対応するなかで，顧客の求めるニーズをはるかに超える製品が生まれれば，自社製品への移行は可能である。

顧客との一対一取引による開発請負型のビジネスは，一定の利益が得られる「付加価値型」ビジネスではあるが，先行開発の費用（人件費，試作費など）を回収し，成長の持続を追求することも必要である。それには標準品を企画提案し，複数の顧客に自ら販売していくことも必要である[3]。特注品と標準品をバランスよくもつことが，特注品ビジネスの不安定を是正し，持続的成長を追求するための必要条件でもある。むしろ多様な特注品開発のノウハウ（知財）を活かして標準品を開発し，多くの顧客に提案できれば，持続的成長を追求する道も開けるであろう（β から γ への移行）。

本書では，このセルの境界を越えた移動を「イノベーション（飛躍）」と呼ぶ。飛躍と呼んでいるのは，ものづくり能力の構築の面で連続的な移行ではない不連続な飛躍（**図表Ⅲ-2-1**では浅沼理論のⅢ・Ⅳ間）が行われている。たとえば上方への飛躍は，メーカーの貸与図方式による下請け賃加工段階から開発設計能力を習得し，承認図方式へ移行することを意味する。承認図取引では，メーカーとの直接取引による「ティア1」への昇格でもある。そこ

では，顧客（メーカー）との共同開発による能力構築も可能である。メーカーとの共同開発をもとに，顧客ニーズの一歩，二歩先の機能をもつ製品を開発し，特許を取れば，自社製品として自ら新規顧客の開拓を行うことも可能である。

一方で顧客関係でも，特注品・標準品の領域間の移行（βからγ）は，販売方式において特注品の1対1取引から，複数顧客に対する「マスカスタマイズ」狙いの関係にシフトする。境界を越えた移行は，ものづくり能力や取引関係が不連続に変化することを示し，その際には資源の結合や取引の関係が変動することを示している。

たとえばαからβへの移行は，承認図方式によるメーカーとサプライヤーの共同開発，あるいはサプライヤーの開発提案，βからγへの移行は，顧客関係における複数取引へのシフトなどものづくり能力構築や顧客関係面で質

図表Ⅲ-2-1　4つの事業領域とイノベーション

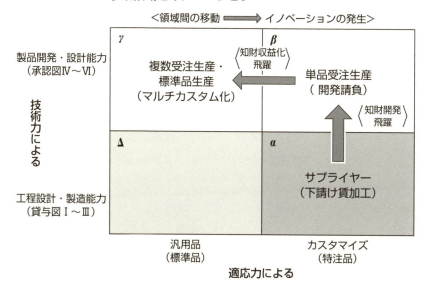

出所：土屋勉男，原頼利，竹村正明（2011）『現代日本のものづくり戦略―革新的企業のイノベーション』白桃書房，p.179をもとに加筆修正。

的変化が起こっている。とりわけ後者の移行は,「知財の収益化」に関連しており,この領域における飛躍が新たな競争優位を生み,それが収益の持続的成長の要因として重要であることが事例分析から明らかになっている。

②事例分析にみるイノベーションのプロセス

　本書の事例分析をもとに段階的能力構築と飛躍のプロセスをみてみよう。根本特殊化学は時計メーカーの文字盤用の夜光塗料を製造・納品していた。ところが時計メーカーの放射性物質ゼロのアナウンスを受け,放射性物質ゼロはもちろん,残光輝度,残光時間,耐光性などがいずれも10倍を超える画期的な新材料（N夜光）を開発し,特許をとった（αからβへの移行。そしてγへの飛躍の条件獲得）。その後,新材料の用途開発をグローバルに加速させ,時計以外の新用途を次々に開発し,売上を伸ばしていく。根本特殊化学ではまず新材料の開発という知財開発面での飛躍が起こり,次に開発した知財（新材料）の特許を取得し,収益化の飛躍における条件を整備し,グローバル用途開発に挑戦し,持続的な成長を実現しているのである（βからγ）。

　フロイント産業,マスダックの例も見ると,両社は,歴史的には下請け賃加工の時代も経験したがその時期は短く,早い段階で特定顧客向けの機械を開発して試作品として納めており,当初は開発請負型（ファブレス）の事業を展開していた（βの領域）。その後特注品開発を続けるなかで特許を取得し,自社製品として複数の顧客を開発する段階に至る。また第2,第3の新製品の開発にも成功し,製品領域を広げていく（βからγ）。

　両社は,ファブレス企業として,製品開発・設計に特化してきたが,資本財の変動を安定させるため,新製品開発,製品ラインの拡大だけでなく,「開発請負型」のビジネス・モデルを広げ,事業収益の持続的成長を模索する。たとえばマスダックは,自社の製品（機械）の顧客である食品製造会社の業務（東京ばな奈）そのものを請負,「食品OEM」事業に参入し,持続的成長を確かなものとする。セルからみれば,βからスタートし,γに向けて顧客

を多様化するとともに，特定の顧客の食品製造をOEMとして受けるという流れである。事業領域をバリュー・チェーンの川下に広げ，新たなビジネス・モデルを開発したと考えればよい。

　また，フロイント産業も同じ開発請負型であるが，比較的初期の段階から機械部門と化成品部門をもち，開発シナジーを利用した新製品開発を持続させてきた（βの領域）。それに加えて資本財の変動を安定化させるため，化成品部門のストック型ビジネス効果を重視する。化成品部門は，機械の設置台数とともに消費され，ストック型ビジネスとして安定収益を稼ぐ効果をもつからである。この両輪経営は，ビジネス・モデル[4]の高度化の事例でもある（βからγ）。

　さらにアイダエンジニアリングは，1990年代の顧客ニーズの変化やIT不況などの環境脅威のなかで，2000年代のグローバル成長の中核となる「サーボ・プレス機」を開発する。同社は顧客ごとに特注品ビジネスを展開することを基本としているが，特注品ビジネスを効率よくグローバルに複数開拓（マスカスタマイズ）する戦略を考える。多様な特注品の開発製造のノウハウをもとに，自動車工場を4つの基本システムにまとめ，サーボ・プレスを中核にしたマスカスタマイズ戦略を展開し，持続的な収益の成長につなげることに成功した（βからγへ）。

　研究開発型企業にとって，「知財の開発」と「知財の収益化」はイノベーションの両輪であり，知財の収益化が実現して初めてイノベーションは成功したと考えた方がよい。またそれらのイノベーションは，ものづくり能力のレベルや顧客の関係で質的変化が起こり，ビジネスそのものが変化する場合が一般的である。それらの変化は持続的競争優位に向けての重要なプロセスであり，資源・能力の再編成，再結合・新結合のDC戦略を生み出す原動力でもある。

2 収益化に向けての条件整備―新たな競争優位の獲得

(1) 持続的成長のための収益化戦略

①マスカスタマイズの指向

　前書で分析した革新的中小企業は，前述したとおり，一般に一時的な成長を嫌い，成長しない経営，成長より持続を重視する指向をもち，一時的な急成長は本能的に回避する傾向がみられる。

　業務用寒天の業界トップ企業である伊那食品工業は，従業員の能力の構築を優先する「年輪経営」として有名な企業である。同社は，寒天が健康によいことがテレビで報道され，注文が殺到した際，塚本寛会長が「設立以来の危機である」と宣言しており，革新的中小企業では成長より持続，安定を指向する傾向をもっていることがわかる[5]。一時的な成長は持続しない限り，資源・能力の拡張が起こり，遊休資源に結び付きやすいのも事実であろう。

　他方で中堅GNTは，革新的中小企業の「成長しない経営」とは異なり，成長と持続を両立させるポジティブな戦略思考をもつ。変動の少ない安定的な成長を長期にわたり持続させたいと考えているのである。事例によれば，状況変化や環境脅威を背景に新たな知財が開発されると，知財の収益化がポイントとなる。トップ・マネジメントは，重要顧客の開発や新用途の開発などを通じて知財の収益化に挑戦する。B to Bビジネスにおいては，研究開発型は顧客ニーズをもとに「特注品戦略」を基本に置く。一方で多くの顧客に効率よく提供したいという，複数顧客向けのマスカスタマイズ指向も併せもっている。

　アイダエンジニアリングの例でみたように，特注品戦略を基本に複数の顧客に効率よく販売できれば，安定成長の持続が可能である。つまり特注品の複数販売，多数販売を目指すマスカスタマイズ戦略はねらい目である。マス

カスタマイズには，特注品のきめ細かさを，多数の顧客に効率よく提供することができる仕組みが重要である。それらを両立させるため，中核部品を核に部品のモジュール化，トータルシステム化，IT活用などの事前の準備が必要となる[6]。

②標準化戦略の有効性

多数の特注品の開発の経験を活かして，標準品を開発する方法も有効である。高精密小型電源装置のベルニクスは，産業用の特注品の開発を得意とするファブレス企業であるが，特注品と標準品をミックスして収益の安定に成功している[7]。同社は，多くの特注品で経験した高度なニーズを最大公約数にまとめ，標準品としての「標準電源」を自ら企画し提案した。

一方で，特注品のなかで培った顧客ニーズや技術ノウハウが基盤となり，最小公倍数の機能を備えた「標準品」を開発し，多くの顧客に販売して，安定収益を持続させることも必要である。高度の特注品は付加価値も高く収益性も安定しているが，受注環境の変動に左右されやすい。また高収益とはいえ，標準品の先行開発を持続させるには多くの技術者の人件費や試作費など，一定の固定費をカバーする安定財源が必要とされる。この弱点を克服する手段が，標準電源の開発であり，多くの顧客に向けて自社製品を提案し，安定収益を持続するための方策なのである。このように，特注品・標準品，特注品・OEM品などを事業構成にもつ企業は多く，収益の成長，安定を両立させるための知恵である。

研究開発型の中小・中堅企業は，ユーザーであるメーカーはもちろんのこと，大学，公的研究機関との共同研究をもとに，一歩，二歩先の独創的な製品技術を開発することもある。それは従来の特注品の枠を品質や機能の面で大きく超えており，取引先と競合しない独自の製品であり，多くの顧客を生み出す戦略製品となる。

今回の事例では，この戦略製品の開発に加えて「知財の収益化」の飛躍に

も注目した。中堅GNTには知財開発の持続が必要であり，先行開発を持続させるためには安定した収益の獲得が必要である。そのためには特注品ビジネスの枠を超えて，複数の顧客，多数の顧客に自ら提案して，顧客指向の開発と収益化のバランスをとることが条件である。前述したマスカスタマイズ戦略や標準化戦略は，先行開発した知財の販売先を広げ，持続的な収益化を実現するための手段なのである。

(2) 持続的収益化に向けての成功要因

　本書の事例分析をもとに，戦略製品の開発以降，収益の安定を図り，持続的収益化を実現するために必要な工夫をまとめる。まずは安定収益化に向けて，事前に条件整備を行うことが必要である。この条件整備面での工夫が，持続的な競争優位を獲得するための成功要因でもある（**図表Ⅲ-2-2**）。

①資本財メーカーの場合

　フロイント産業，マスダック，アイダエンジニアリングなどの資本財メーカーは，総じて景気変動の影響を受けやすく，好不況の波に敏感である。好況期には一時的に大きな成長を経験することもあるが，一時的な急成長は危機の前兆でもあり，その急成長が持続しないと遊休資源（能力）を抱え込むことになり，経営の非効率や業績の悪化となりやすい。資本財メーカーは，機械部門では常に先行開発して成長を持続させるとともに，好不況の循環を安定化させるビジネス・モデルの構築を図る必要がある。

1）特注品・新製品の先行開発と収益安定化─フロイント産業

　フロイント産業は，製剤機械の新製品開発をほぼ10年サイクルで投入し，持続的成長を先導してきた。機械部門は現在130億円であるが，それに並行して化成品部門をもち，60億円の売上を計上している。2つの部門は，開発上シナジー効果をもつだけでなく，景気循環の変動を是正する収益の安定効

果をもつ点に注目したい。

製剤機械の顧客開発に当たっては，浜松の技術開発研究所が先兵役を担っている。技術開発研究所には，同社が開発した最先端の機械が装備され，顧客が自由に試作・アプリケーションテストを行うワークショップの場が構築され，顧客との共同開発が進められている。同社の技術開発研究所は，顧客

図表Ⅲ-2-2　GNTの収益化戦略と持続的成長の条件整備

中堅GNT	成長戦略の中核技術	収益化の条件整備	持続的成長戦略
①フロイント産業	製剤機械	・技術開発研究所でのワークショップ（化成品との連携）	・特注品開発・製品多角化 ・マスカスタマイズ化
②根本特殊化学	N夜光（夜光顔料）	・国際特許の取得 ・主要国での標準獲得	・特殊化での先行 ・多角化・グローバル化
③マスダック	全自動どら焼機	・試作工場（ショウウインド効果）による拡販	・特注品開発・製品多角化 ・マスカスタマイズ化 ・食品OEM事業の請負
④アリアケジャパン	天然調味料の完全自動化工場	・味のデータベース化，コンサル付き営業，共同開発	・特殊化 ・市場多様化（加工食品・外食・中食）
⑤ポーライト	含浸軸受，機械部品	・製品間国際分業 ・工程間国際分業	・特殊化 ・グローバル化
⑥IDEC	イネーブル・スイッチ，ファインバブル	・知財先行開発 ・特許・国際標準	・開発・知財・標準三位一体戦略 ・グローバル化
⑦フジキン	半導体製造用バルブ機器	・オープン・イノベーション ・欧米M&A	・新製品開発 ・グローバル化（アジア共有体）
⑧アイダエンジニアリング	サーボ・プレス機	・コア技術のシステム化 ・工程間国際分業	・グローバル化 ・特注品のマスカスタマイズ化
⑨堀場製作所	自動車排ガス測定装置	・デファクト標準（欧米日） ・海外M&Aの活用	・グローバル化 ・機敏なマスカスタマイズ化

出所：企業情報，インタビューなどをもとに筆者作成。

のニーズを吸い上げて新製品開発にフィードバックすることもできるが，新たな顧客を開発する拠点でもある。

　機械部門は，同社の花形であり成長のけん引役であるが，資本財特有の景気変動がみられる。同社は設立以来50年以上にわたり連続黒字を計上してきたが，それは機械部門の成長と化成品部門の安定が相乗効果を発揮したからだと思われる。

　機械部門が同社の持続的成長の先導役とすれば，化成品部門は機械の稼働とともに売上計上される「ストック型」ビジネスである。顧客は，同社の製剤機械を導入してくれた製薬会社や食品会社であり，機械の累積設置台数とともに安定的に成長していく。化成品は，全売上高の3分の1を占めており，資本財の景気変動を是正する効果は十分期待できる。仮に製剤機械が一時的に売れなくても，納入した機械が稼働する限り化成品収益は継続的に発生し，収益の変動を埋める効果をもつ。

2）バリュー・チェーンの川下展開—マスダック

　次にマスダックの事例をみると，同社は全自動どら焼機を先行開発し，和菓子製造機械の新製品を次々に開発している研究開発型企業である。本社工場内に顧客向けの試作工場が装備されており，カスタマイズ戦略を遂行するためのショーウィンドー機能をもたせている。

　同社の機械は資本財であり，景気循環にともなって資源・能力の未利用な状態を生む可能性がある。それらをいかに安定させ持続的成長に結び付けるかが課題である。マスダックは1991年に，有力な菓子メーカーの依頼を受けて「東京ばな奈」の受託製造を開始する。またその後2004年，07年に新工場を建設し，米国の安全基準をクリアする最新の工場に投資して，食品OEM事業を安定軌道に乗せている。現在の売上高は，機械部門60億円，食品部門65億円となっており，同社の安定収益に貢献している。

　食品OEM事業は，安定成長にとって有効なビジネスであるが，顧客の事

業領域に属すため,この事業を次々に拡大することは顧客との関係をむずかしくする可能性がある。したがって同社の成長のためには,中長期的にみればグローバル化が重要であり,現在売上高の10～20%程度とみられる海外売上の割合を拡大していくことが,基本戦略として有効であろう。とりわけ未開拓のアジア新興国への展開は,合弁や戦略提携などが必要であり,成功モデルを作ることが必要であろう。

②材料ビジネスの収益化
1)特殊化・多角化・グローバル化の成長戦略―根本特殊化学

根本特殊化学は,「人のやらない特殊なものをやれ」という創業者の教訓を活かし,放射性物質ゼロで旧素材の10倍以上の性能をもつ新素材(N夜光)の開発に成功する。同社の主力用途は時計の文字盤用が中心であるが,新材料は優れた機能特性をもち,多くの用途に使われる可能性を秘めた戦略製品である。経営者はその潜在成長性を認識し,グローバルな用途開拓に挑戦する。その際に欧米アジアの主要国で特許を取得し,グローバル展開の基礎固めを行ったことは有効であったと言える。

欧米の新用途の開拓としては,誘導標識において各国の事実上の標準を獲得し,N夜光がデファクト標準として世界に先行普及するきっかけを作った点も特筆すべきであろう[8]。同社は,画期的な新材料の開発で先行しただけでなく,収益拡大に向けての多角化・グローバル化の戦略を推進する。また,トップダウンで世界各国の特許を取得し,知財戦略面でグローバル成長の条件整備を行ったことが重要であった。

2)製造工場の巨大投資を強みに変える新用途開拓―アリアケジャパン

アリアケジャパンは,1990年代の終わりに売上規模に匹敵する巨大な生産投資を先行し,2000年代の新たな持続的成長を呼び込むことに成功している。同社は1998年,長崎県北松浦郡に天然調味料の世界最大級の無人化工場で

ある九州第2工場を，総工費75億円をかけ建設することを決断する[9]。当時の売上高は119億円であったため，それに匹敵する巨額の投資を決断したことになる。健康・安全に関する消費者の嗜好の変化を先取りしたものとはいえ，大きな賭けであった。

一方で同社は，新用途開拓に常に挑戦し続けてきた。最初は加工食品向けでスタートするものの，外食向け，中食向けへと次々に新たな用途開発を行い，消費者ニーズを先取りする市場多様化戦略を遂行していく。また用途開拓に当たっては，消費者の求めるニーズを科学的に分析し，天然調味料の「味のデータベース」を蓄積していく。また，コンサル付き営業，顧客との共同開発などを武器に，顧客の求めるニーズを追求し，顧客の多様化，マスカスタマイズ化により，持続的に収益の拡大を続けている。

③グローバル化による持続的競争優位の構築
1）グローバル戦略製品をもつ―アイダエンジニアリング

アイダエンジニアリングは，グローバル戦略製品「サーボ・プレス機」を開発するが，グローバル成長を軌道に乗せるために，顧客ごとに戦略製品を中核とするカスタマイズ戦略を展開する。また同社は，自動車工場のあらゆるニーズに対応するシステム・ビルダーを指向しているが，サーボ・プレス機を中核に，金型，ロボット，搬送装置を組み合わせた4つの標準ライン（ブランキングライン，トランスファーライン，タンデムライン，ロボットライン）を用意し，提案型営業を展開している。

同社は，顧客別のカスタム化戦略を基本に置き，迅速かつ効率のよいシステム・ビルダーを追求するなかで，多くの顧客に対応する「マスカスタマイズ化」に成功している。中核部品のサーボ・モーターやメインテナンスナンスサービスが全売上高の10％程度を占めるまで成長しており，資本財メーカーの景気変動にも備えができてきた。

同社の持続的成長の推進役は，サーボ・プレス機を中核とするグローバル

市場開拓の追求である。資本財特有の成長と循環変動は存在するものの，グローバルな収益拡大で突破する戦略である。

　従来のグローバル化は，日系自動車メーカー，サプライヤーのグローバル化に対応した拡販が中心であった。サーボ・プレスを開発したことから，日系以外への拡販も進み，「真のグローバル化」に近づいている。つまり同社のグローバル化は，「輸出，日系海外生産への対応」から一歩進め，世界の生産工場への拡販という新たな段階へ進んだことが，持続成長の可能性を広げているのである。

2）欧米はM&A，アジアは日本中心の共有体ビジネス―フジキン

　フジキンは，産業用の特殊精密バルブの先行開発で知られる企業であり，過去10年以上にわたりものづくり優秀賞を連続受賞してきた。同社の産業用の精密バルブは，付加価値の高い製品であるが，販売のロットはそれほど大きくなく，多品種小ロット製品が中心であった。

　1987年に国産初の半導体製造装置用バルブ機器の開発に成功するが，これが革新的中小企業から中堅GNTに飛躍するきっかけとなった。半導体は，自動車とともに世界の二大成長市場であり，成長市場に参入するためには日米欧アジアの多極的グローバル化が必要である。また半導体製造用装置は，半導体がムーアの法則により線幅が数年おきに微細化しているため，同社の精密バルブ機器もそれに合わせて，高い成長を持続する数少ない成長市場であろう。

　半導体製造の主戦場は，現在では日本とともに米国・欧州，アジア（韓国・台湾・中国）に移行しつつある。欧米は，米国の同業者CCIをM&Aにより買収し，CCIを中核に有望顧客の開拓や米欧用の機器を供給している。一方で日本，アジアは，日本を中核とするアジア共有体を組織し，製品間・工程間の国際分業戦略を展開する。連携戦略を活用して「ものづくりイノベーション」の推進役を担い，開発と市場の融合を図っている。

3）アジア・グローバル化―ポーライト

　ポーライトは，焼結含浸軸受と機械部品を軸にグローバル成長を続けてきた。同社は材料・オイルの開発から金型，機械の開発・製造までの高効率な垂直統合型の経営が強みであり，それらの生産技術，ノウハウが先導役である。海外進出の時期は，顧客を超えるほどであり，日本・台湾を核に，製品間・工程間の国際分業戦略が成長の原動力である。

　現在の海外売上高は80％と高く，国内雇用400人，グループ全体でも4000人とグローバル経営が進んでいる。同社の成長の原動力は，粉末冶金・油など材料や金型技術による「特殊化」であり，またそれらの知財を収益化するためのグローバル戦略が両輪となり成長を続けている。

　また特殊化・グローバル化を効率よく動かす戦略として，「製品間・工程間」の国際分業戦略が推進役である。製品間分業では，焼結含浸軸受・日本，機械部品・台湾の2拠点体制をとる。工程間分業では材料・金型開発などの上流は日本，加工・専用機械は海外に配置されており，持続的収益化を支えている。

④知財，標準戦略の活用―グローバル競争優位の獲得
1）開発・知財・標準の三位一体戦略―IDEC

　IDECは，中堅GNTに選定された企業ではないが，それに相当する開発力，収益力，グローバル競争力を備えている。同社は，2015年度現在の売上高434億円，従業員2222人であり，制御装置およびFAシステム製品などを主力事業にもつ，研究開発型企業である。同社はグローバル市場で競争している。新製品を投入しても，投入後間もなくはオンリー1として独占的シェアをもつが，市場が成長するとともに各国のコンペティターが類似商品を投入し，シェアが低下する状況が続いてきた。

　そこで「イネーブルスイッチ」の事業化に当って，開発段階から「開発・知財・国際標準」の三位一体の戦略を採用する。産業用スイッチは，装置の

安全機能を保持するため必要不可欠の製品であるが，日米欧の各地域で機器の安全標準が異なっていることが問題であった。そこで欧州と組んで日欧共有規格の国際標準品を世界に向けて投入した結果，時間とともにシェアは拡大し，最終的には独占的なシェアを獲得することに成功する[10]。

グローバル製品の場合には，自国の標準製品にこだわると，各国が類似の製品を投入するため，市場規模が拡大するとともにシェア争いは激化する。その結果，先行していても海外でのシェアが低下してしまうおそれがある。

革新的中小企業は，先行開発とデファクト標準を基本に，グローバル展開においても過度な競争を呼び込まない知財戦略をとる。一方で中堅GNTは，持続可能な成長を指向しており，世界市場で競争して普及拡大を目指す攻撃型の戦略をとる必要もある。その場合には，IDECの「開発・知財・国際標準」を一体化した戦略がベンチマークとなるであろう。

2）顧客の強みを活かした標準戦略—堀場製作所

日本，米国，欧州，アジアの自動車工場や研究所では，堀場製作所の自動車排ガス測定装置が導入されており，世界シェアは80％を占め，排ガス測定装置の標準機器として使われている。

同社が自動車用の排気ガス測定装置を開発したのは1965年のことであるが，1970年米国で制定された大気浄化法改正法（マスキー法）を背景に，同社の排ガス測定装置が米国のEPA（環境保護庁）に採用され，注目される。米国のEPAでの採用に続き，1995年には現在の主力装置を開発し，米国の公的機関にも採用される。その後は日本公的機関，自動車会社の研究所でも標準品として広く普及し，独占に近い地位を獲得する。欧州を除くと同社の製品は世界中で広く採用されている。

同社の排ガス測定装置が世界標準に準ずる地位を獲得した理由は，世界最大の自動車国の米国で公的機関に先行採用されたことが大きい。また日本をはじめ，主要国の公的機関での採用を働きかけた努力も見逃せない。さらに

言えば日本の自動車メーカーは海外生産で先行し，しかも世界市場で強い競争優位を獲得している要因も大きいと言える。

　一方で同社は，研究開発型企業として他社の先を行くグローバル製品を先行開発するとともに，機敏なカスタマイズ戦略により，効率よく顧客を拡大した功績も大きい。またコア技術は内製しており，特許とブラックボックスを組み合わせた知財戦略を採用している。また世界市場の開拓に当たっては，現地ニーズの獲得やソフト開発力の強化のため米国を中心にM&Aを活用している。

注

1）土屋勉男（2006）『日本ものづくり優良企業の実力—新しいコーポレート・ガバナンスの論理』東洋経済新報社，p.163。
2）E・T・ペンローズ著，末松玄六監訳（1962）『会社成長の理論』ダイヤモンド社，p.66。
3）世界最小の高機能電源装置を開発したベルニクスは，従業員92名の研究開発型ファブレス企業であるが，特注品と標準品をミックスして収益の持続的成長を実現している（土屋勉男，原頼利，竹村正明（2011）『現代日本のものづくり戦略—革新的企業のイノベーション』白桃書房，p.91）。
4）ビジネス・モデルは，ビジネス・システム（取引関係，分業の構造）と利益を稼ぐ仕組みの2つの要素がある（加護野忠男，井上達彦（2004）『事業システム戦略—事業の仕組みと競争優位』有斐閣アルマ，p.7，p.47。マーク・ジョンソン著，池村千秋訳（2011）『ホワイトスペース戦略—ビジネスモデルの<空白>をねらえ』CCCメディアハウス，p.52）。
5）土屋，原，竹村，前掲書，p.118。
6）ジョー・パイン著，江夏健一，坂野友昭監訳，IBI国際ビジネス研究センター訳（1994）『マス・カスタマイゼーション革命—リエンジニアリングが目指す革新的経営』日本能率協会マネジメントセンター，p.63。
7）土屋勉男（2016）「革新的中小企業の事例研究に見る知財の創造と収益化（特集 負けない知財戦略）」『一橋ビジネスレビュー』第63巻第4号，p.40。
8）土屋勉男，金山権，原田節雄，高橋義郎（2015）『革新的中小企業のグローバル経営—「差別化」と「標準化」の成長戦略』同文舘出版，p.23，p.9。
9）石川勝也（2005）「アリアケジャパン株式会社」『同志社ビジネスケース』8月，p.9。
10）土屋，金山，原田，高橋，前掲書，p.240。

第 IV 部

標準化と現地化の適応戦略

1 ISO・全体最適経営

1 なぜいま全体最適化経営なのか

　中小企業が徐々にその規模を拡大し成長していく過程には，さまざまな成功要因がある。本書では，それらの成功要因がどのようなものであったかをテーマとしているが，そのなかで注目したい点は，事業の飛躍期における経営の変革である。創業期から行ってきた経営のスタイル，すなわち，トップがすべてを判断し，決定して会社を動かす仕組みを続けていくには限界があり，相応の組織再構築や権限移譲などの変革の取り組みが必要になる。

　ところが，多くのベンチャー企業や中小企業に見られるように，事業規模の拡大にともなって新たに広がる組織や部署においては，企業全体の方針や利益を顧みず，いわゆる部署最適や部分最適に陥る事例が少なくない。その結果，創業期以来の強みを活かすことができず，挫折することになるのである。そこで，ここでは全体最適化経営を導くフレームワーク（経営品質，バランススコアカード（BSC），ISOマネジメントシステムなど），ならびにダイナミック・ケイパビリティ（DC）戦略の理論に触れながら，企業成長の成功要因について考えてみたい。

　経営品質，BSC，リスクマネジメント，生産管理，ISOマネジメントシステムに共通するキーワードとして「全体最適」が挙げられる。経営品質向上に結び付くISOマネジメントシステムと生産管理による仕組み作り，BSCを

活用した戦略目標展開，そして，戦略目標達成へのリスクマネジメントなどの取り組みが，ビジネスにおける経営と現場にどのように貢献していくのか，その因果関係について，経営者および実務者それぞれの視点によって，全体最適の切り口から振り返ることも必要なのではないかと思い，各領域の同胞の方々と考えるようになった。言い換えると，全体最適の考えから，グローバルスタンダードとしての経営品質やISOマネジメントシステム，そしてBSCの活用について再検証し，将来の日本産業界の競争力強化へ，さらにはグローバル企業への成長に向けた成功要因を考察することが，ここで目指すところである。

　全体最適という言葉は，日常生活のなかの一般的な会話にはあまり登場しないようだが，会社や仕事においてはしばしば使われる用語である。全体最適が与える印象はポジティブで，仕事も社会も全体最適を目指すべきとの意見が多く聞かれる。特に経営では，適度な全体最適が好ましい結果を生むことは明らかで，そのために著名な企業でも全体最適の経営を推し進めている事例を多くみることができよう。

　一方「部分最適」は，全体最適に対する用語として使われている。部分最適の定義や説明も多くの方々から発表されており，簡単に言ってしまえば，全体で達成したい目的や目標が，全体を構成する部分自身の利益や事情を優先してしまうために，全体の目指す目的や目標の達成が阻害される現象と言えるであろう。また，企業について言えば，自部門や自分が属している事業部のことだけを考えて，会社全体ではどうなのかという視点で考えないこと[1]といった定義もみられる。企業経営において，親会社，それぞれの部署，はたまた協力会社などが自分達の利益やメリットばかりを優先して考え行動することになれば，それは部分最適に陥っていることになり，経営に有益な情報や経営資源は偏在し，会社全体からみれば，非効率な経営資源の配分となってしまう。その結果として，経営のスピードは遅くなり，結局は競争力が低下していってしまうのである。

2 経営者の視点からみた全体最適化経営

　筆者は仕事柄，企業の経営コンサルティングや工場審査をする機会がある。企業内研修講師でも，さまざまな企業の経営者と面談をし，現場管理者や従業員の説明に耳を傾けているのだが，それらの活動のなかでしばしば抱く疑問として，「その仕事や管理業務は，本当に経営の目的や目標の達成につながっていくのだろうか？」「そのデータや資料を，どのように活用して経営に役立てているのだろうか？」と思うことが多くある。言い換えると，いま従業員1人ひとりが一生懸命やっている仕事や業務の結果や成果が，その会社が目指す経営の目的や目標の達成に役立っているのかどうかがわからないのではないかという問題である。それにも増して困ってしまうことは，それらの疑問を彼ら当事者に投げかけてみても，「いままでもやってきたから」，「上司の指示だから」などと，あまり明確な回答が戻ってこないこともある。

　考えてみれば，会社で働く多くの人々は，それぞれの部署や階層で個々の目標をもち，少なくとも自分達の目標が達成されれば，会社は成長し，よくなっていくはずだと思っているに違いない。しかしながら，それを具体的に理解し，説明できる人々は，そう多くないのが現状なのである。それは，一体なぜなのだろうか。

　その1つの理由として，自分達の目標が，どのような目的と方法で作られているのかをよく理解していないことにあるのではないだろうか。そして2つ目の理由としては，自分達の上位目標，すなわち，会社全体の経営方針や目標を知らないことも，原因として考えられる。これについては，「そんなバカな」，「考えられない」と憤る方々も多くいらっしゃるかと思うが，意外とこれが現実なのである。いずれにしても，従業員1人ひとりが取り組んでいる仕事の成果が，経営者の目指す会社全体の最終目標達成につながっていないとすれば，経営者はもちろんのこと，従業員にとってもまことに不幸な

ことと言わざるをえない。毎日のように声を張り上げて，会社のビジョンや最終目標を従業員に語りかける経営者の気持ちになってみれば，それを受け止める従業員の意識や理解・共有の程度が低いということに何らかの手を打たねばと思うことは当然だと考えるのは，筆者だけであろうか。

　全体最適は，トヨタ生産方式にもみられる。大量生産の世界では，時間で1ライン当たりの生産数量を重視する考えが主流だが，そのような生産方式では個別の工程の生産能力に差異があれば，生産ラインの生産性は生産能力の低い工程に合わせなければならなくなり，せっかく生産能力が高い工程があっても，その生産ラインの生産性は高まらず，いわゆる全体最適な工程設計になっていないことになる。結果として，生産ライン内外での時間の無駄を生じさせるか，仕掛在庫を増やすことになり，各工程は個別では最適であっても，全体の結果はよくならないのである。個別最適が実現できても，全体最適は実現できないというありさまになる事態が発生することになる。

　生産ラインの工程を例に挙げてみたが，全体最適を実現するためには，仕事の流れをスムーズにすることが大切なのである[2]。たとえば，小売業界を代表し，コンビニエンスストアのセブンイレブンを展開するセブン＆アイ・ホールディングスでは，全体最適経営を標榜しており，キヤノンや多くの製造会社でも，生産工程の全体最適を目指す事例が報告されていることに注目したい。

　以上，全体最適と部分最適について述べてきたが，両者を分けるキーワードは「因果関係」にありそうである。たとえば全体最適では，経営のビジョンや目標と，従業員の目標や成果が因果関係でつながっていることが必要であり，部分最適の場合は，その因果関係がスパッと切り離されている状況と考えられないだろうか。簡単に言ってしまえば，全体で達成したい目的や目標が，全体を構成する部分自身の利益や事情を優先してしまうために，全体の目指す目的や目標の達成が阻害される現象と言える。たとえば，社員の満足度が高くなければ質のよい製品やサービスを生み出す仕事はできない。そ

の結果として，提供された製品やサービスに対する顧客の評価と満足度は低く，売上も伸びないことになるため，経営の財務目標が達成できないという因果の報いを受けることになってしまう[3]。

3 全体最適化経営に導く3つのフレームワーク

（1）グローバルで認められたビジネスエクセレンスモデルが目指す全体最適

　ビジネスエクセレンスモデルについて語る場合，マルコム・ボルドリッジ米国国家品質賞（以下，MB賞）を無視することはできない。MB賞が1987年に創設されて以来，同じ考え方を原点として，ビジネスエクセレンスモデルのプログラムは全世界に普及され，現在，80以上の国と地域において展開されている。MB賞は，アメリカ企業の競争力向上を目的として制定された国家賞である。現在は異なった形態で運営されているが，アメリカの大企業や製造業の競争力の強化を目指し，経営品質の評価基準（審査基準と呼んでいる先行研究もあるが，本稿では評価基準を用いる）と，その基準で評価した優秀企業の活動内容を広く公開し，ほかの米国企業が参考にすることを目的としている。80年代にアメリカ企業競争力が低下していた苦境から復活させるため，政府によるさまざまな優遇を与えられ，企業に対して最もよいビジネス環境が整備されていた。また，当時の日本やドイツを徹底的に研究している企業経営者向けに，競争力向上に積極的な支援活動が行われた。

　その理由は，アメリカ企業経営上に解決しなければならない問題があったからである。当時のアメリカ企業が直面していた問題は，主に3つだと言われている。第1の問題は，経営革新プロジェクトの趣旨が組織に浸透し，現場から理解を得られるのがむずかしいこと，第2の問題は，活動成果を測定し活動を継続させる評価基準が制定されていないこと，第3の問題は，活動成果に対しての達成レベルを客観的に評価することであった。また，ベンチ

マークとする企業や競合他社との比較をどのように行うかにも，課題があったと言われている。

　以上の問題を解決するため，Baldrige National Quality Program（BNQP）およびMB賞の公開資料を参考することができる体制と仕組みを構築したのである。その結果，MB賞の評価基準も企業の経営上のマニュアルとなっていった。MB賞の評価基準は，大きく8つの項目から構成され，そのうち組織のプロフィールを除いた7つの項目が評価基準カテゴリーである。現在では部分的に改訂されているが，その項目はリーダーシップ，戦略立案，顧客・市場重視，測定・分析・ナレッジマネジメント，人的資源重視，オペレーション重視，事業成果であり，それらをスコアで評価し，評価結果と得点を分析・改善して組織の有効性と競争力を高める継続的な活動を行うことが求められている。そしてこれは，グローバルなビジネスエクセレンスモデルの基本的フレームワークとして，各国でも用いられてきた。なお，現在までのMB賞受賞企業は，ゼロックス，キャデラック，IBM，フェデラルエクスプレス，リッツカールトンホテル，3M，ボーイング，STマイクロエレクトロニクス，ロッキード，ハネウェルなどのグループ組織や，ヘルスケアや教育関連組織が挙げられる。その後，1980年代末頃に欧州における欧州品質賞（European Foundation of Quality Management：EFQMとも呼ばれる）が設立された。欧州品質賞はMB賞の概念を踏襲し，欧州品質賞と経営管理システムを導入することにより，企業経営の継続的なエクセレンス創造を成し遂げ，事業の継続的発展を実現しようとしたものである。

　欧州品質賞は，MB賞と比較するとチェックリスト形式で評価基準が作成されている。そのフレームワークは有効な経営管理モデルとして欧州の企業に認められ，企業の品質保証体系と整合させながらステークホルダーの満足度を高めている。経済的効果と社会的効果を達成するサスティナビリティ重視の先駆けとしての経営品質賞だと思われる。そのフレームワークを**図表Ⅳ-1-1に示す**[4]。なお，欧州品質賞受賞組織には，シーメンス，ボッシュ，

第Ⅳ部
1 ISO・全体最適経営

リコーEUなどのEUを代表する企業や,卓越した多くの中小企業がある。

そして,1990年代に入り日本経営品質賞が登場する。日本の企業が国際的に競争力のある経営構造への質的転換を図るため,顧客視点から経営全体を運営し,自己革新を通じて新しい価値を創出し続けることのできる「卓越した経営の仕組み」を有する企業の表彰を目的として創設されたビジネスエクセレンスモデルである。

この賞は,公益財団法人日本生産性本部(旧社会経済生産性本部)が1995年12月に創設した表彰制度である。日本経営品質賞の創設は,1993年4月に立ち上げられた1つの研究会にさかのぼる。顧客満足経営(CS)に先進的な大手企業20社の幹部が集い,これからの顧客満足(CS)経営のあり方を検討する「研究会」が発足した。この研究会では,当時のMB賞のあり方に基づき,顧客価値を中心とする経営のあり方を国内に普及・導入することが

図表Ⅳ-1-1　全体最適に導く3つのフレームワーク
―Ⅰ.ビジネス・エクセレンス・モデル(経営品質:EFQM)

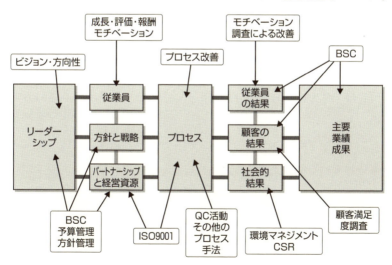

出所:土屋勉男,金山権,原田節雄,高橋義郎(2015)『革新的中小企業のグローバル経営―「差別化」と「標準化」の成長戦略』同文舘出版,p.148より引用。

重要だという結論を出した。その後，財団法人社会経済生産性本部が「CSフォーラム21」を設置して引き継ぎ，産業界に広く呼びかけ「新たな価値に根ざした経営革新」を目指した運動が始まった。この「CSフォーラム21」には，CS経営を目指した経営革新に取り組む企業・組織の約100社の幹部が集まり，2年間にわたって顧客価値の経営を実践するための評価基準，そのための表彰制度について研究を重ね，その提案を受けて「日本経営品質賞」を創設し，表彰制度が始まった。

　経営アセスメントでは卓越した経営モデルを目指し，組織のイノベーションを求めるため，4つのポイントを中心として評価を行っている。

　1つ目は，事業環境の変化に対応できる独自の戦略性に対しての評価である。価値前提に立って事業環境の変化に対応し，自組織の能力を明らかにし，他組織には真似のできない独自のやり方で顧客価値を創造し競争力を確保し続けているかどうかを評価する。

　2つ目は，一貫性と全体最適に対しての評価である。組織の価値実現に向かって，すべての仕組み，プロセス，活動が相互に関連して補完し合うとともに，活動1つひとつに矛盾がないことが望ましい姿である。さまざまな仕組み，プロセス，活動が，経営理念や目標と一貫性をもち，全体の最適化が図られているかどうかを評価する。

　3つ目は，学習に対しての評価である。組織は，改善を積み重ねることで多くのことを学ぶ。組織が学習するには，現在行っているさまざまな活動とその展開の状態を直視し，その課題を明らかにし，将来に向けて優れたやり方を創造していくことが求められる。こうした学習には，個人の主体的学習態度が重要である。そのため，個人の主体的学習態度が高まる仕組みが確立されているかどうか，さらには学習が経営革新にとって重要なツールとなっているかどうかを評価するのである。

　4つ目は，効果が生み出されているかどうかに対しての評価である。短期的な効率を追求するばかりでは，組織は高い価値を創造することはできない。

一時的な財務の結果ではなく,さまざまな仕組みが生み出す効果に着目しているのである。目的が明確になっていなければ,効果を明らかにすることができないため,組織の価値観,それに基づく戦略や実行計画,活動の結果から効果が生み出されているかどうかを評価する。

これら4つのアセスメント基準に基づき,日本経営品質賞では企業の組織成熟度のレベルを表しており,評価結果を受けた組織が継続的にレベルアップを図る重要な評価情報になっている[5]。

(2) ISOマネジメントシステムで運用する全体最適

筆者は,ISOマネジメントシステムの認証取得をしている企業経営者とお会いする機会が多い。企業の創業者や中小企業の経営者の方々が必ず話されることは「経営への熱い想い」である。それはまさに,ご自身の企業経営への「夢」や「信念」を語っておられることが多く,大変に感銘を受ける。同時に,ISOマネジメントシステムへの期待も大きく,いかにして品質や環境のマネジメントシステムの運用を,経営の成果に直結できるかに心を砕いている。企業経営者の方々のお話を通じて感じることは,ISOマネジメントシ

図表Ⅳ-1-2 全体最適に導く3つのフレームワーク
**　　　　　　―Ⅱ．ＩＳＯマネジメントシステム（2015年版共通テキスト）**

4．組織の状況：組織及びその状況の理解,利害関係者のニーズ及び期待の理解,等
5．リーダーシップ：リーダーシップ及びコミットメント,方針,組織の役割・責任・権限,等
6．計画：リスク及び機械への取り組み,目的・目標,そしてそれらの達成への計画策定,等
7．支援：資源,力量,認識,コミュニケーション,文書化した情報
8．運用：運用の計画及び管理,等
9．パフォーマンス評価：監視・測定・分析・評価,内部監査,マネジメントレビュー,等
10．改善：不適合及び是正処置,継続的改善,等

出所：日本工業標準調査会,日本規格協会（2015）「ISO9001：2015」9月より引用。

ステムを導入し，認証を取得して継続する中堅企業経営者の方々には，大きく分けて4つの目的をもつ傾向があるのではないかということである。

　1つ目は，経営や管理の仕組みをしっかりさせて事業継続（あるいは事業継承）を実現すること。2つ目は，管理の「見える化」をして効率や生産性の改善を図り，事業競争力を高めること。3つ目は，海外取引拡大には国際標準規格認証取得が不可欠という認識があること。そして4つ目は，顧客からISO認証取得を取引条件として要望されていることである。これは，経営者はISOマネジメントシステムに対して全体最適の役割を期待していることにほかならない。

　経営においてISO9001を使うには，「経営」「品質」「ISO9001」という3つの段階を認識する必要がある。まず「経営」において「品質」がどう位置付けられるか認識する必要がある。品質は広義に解釈すると，経営のほぼすべてをカバーしている。組織が存在するのは，お客様に製品・サービスを提供し，受け入れてもらうためである。そのためのマネジメントシステムにおいて，品質が中心に位置していることは疑う余地がない。「安く，早く，たくさん作ろう」という考えに比べると，「お客様に喜んでいただけるよいものを提供しよう」という「質」の根元性からいっても，非常に広範囲をカバーしていることがわかる。BSC（財務偏重を改めた新たな業績評価システム）でも，最終的には財務的な指標が重要かもしれないが，そのためにはお客様に提供する製品・サービスが受け入れられなければならず，促進要因としてシステムやプロセス，組織の学習能力，リソースを整備することが必要であるとモデル化している。その意味で，顧客志向を中心思想として，品質に焦点を当てることこそが経営の要諦であるので，それが品質にかかわるマネジメントシステムモデルということだけで，ISO9001は経営に活用できると言える。

　次に「品質」において「ISO9001モデル」がどう位置付けられるかを認識する必要がある。ISO9001モデルだけで，品質経営に必要なすべての要素が

カバーされているわけではないが、それでも、国際標準化されたモデルであるため、販売にも調達にも重要な役割を果たす。ISO9001の要求事項が限定されていることを承知し、これを経営の基盤にし、その上に適用組織にふさわしい独自のマネジメントシステムを構築することが、経営においてISO9001を活用する際にもつべき重要な視点だと言える。顧客に受け入れられる良質の製品・サービスを提供する総合的能力を「競争力」と理解し、その競争力のためにISO9001をどう活用すればよいかを考えたい。

　競争力というと、技術の先端性、圧倒的な規模や速度などを想起するかもしれないが、広い視野をもって考える必要がある。競争力とは、あるビジネスドメイン（事業領域）において、どの能力が強ければ優位に立てるかという視点での能力である。したがって、ある業界、ある分野、ある時代において、基盤がしっかりしていること自体が強みの源泉であることはいくらでもあり得る。ほかには、たとえば顧客志向、製品・サービスの実現能力である技術力、価格競争力のような総合技術力・マネジメント力、人材、あるいは組織風土・文化や精神構造など、こうしたものが強さの要因であるような分野もある[6]。

　このような状況を背景にして、2015年9月にISO9001やISO14001の改訂版が発行された。今回の大幅な改訂は、世の中に複数ある規格の統合マネジメントシステムを構築・運用する組織が急激に増えていることも背景にある。そのため、審査をする側でもその対応に迫られており、その組織に見合った視点で適切に審査できる審査員を育成する必要がある。それでは今回の改訂に当たり、ISO9001の品質マネジメントシステムには、どのような考えで臨めばよいのであろうか。その鍵を握るのが「全体最適」である。ISO9001の2015年版のおおまかな流れはすでに述べたとおりだが、改めてその構成要素のキーワードを見てみると、経営の推進ガイドそのものとして使えるような印象がもてる。

・経営のPDCAとリスクベースの運用

- 事業を取り巻く状況と利害関係者のニーズ把握
- ビジョン，ミッション，方針などで経営の方向明示
- リーダーシップ発揮，コミットメント，責任・権限・役割・組織
- リスク・戦略シナリオ・目標および実施計画
- 戦略目標達成への経営資源と支援プロセス整備
- 価値創造と外部コミュニケーション
- 経営と業務のパフォーマンス評価，継続的改善

　ISOマネジメントシステムではプロセスアプローチが重要であり，基本的にはそれが求められる考え方である。したがって，その理解と浸透ができていない状況は，自部門が他部門とどのようにかかわっているのかがしっかりと理解されていない証拠である。よく聞かれる話で，ISO9001を導入して初めてほかの部門がどのような仕事をしているかを理解できたという組織が多い。日本の組織はもともと縦割りが基本で，ほかの部門との横の連携が不足しているところが少なくなかった。ところが，ISOの導入をきっかけに，一気に他部門との連携が進み，製品やサービスのための全体最適の考え方に変わってきているのである。

　顧客が求める製品やサービスを効果的に提供するためには，すべての関係する部門の協力が不可欠であり，ISOを導入してもまだ部門間の壁があるようなら，まだここではプロセスアプローチの考え方が理解浸透していないということになる。ISOのマネジメントシステムでは，全体最適の前に個別最適のプロセスも重要だと言える。つまり，個別プロセスがどのように運営管理されているのかを知る必要がある。たとえば，設計・開発のプロセスが顧客が求める内容と合致した結果を出しているのか，これらの個別のプロセスが適切に管理され，それらすべてが全体として効果的に運営管理されてこそ，真のプロセスアプローチが実行されていることになる。その実行状況を内部監査やマネジメントレビューでチェックし，ISO9001の最終目的である顧客満足を達成するために，部門間の協力と組織全体としての顧客が求める製品

やサービスを提供するという真摯な姿勢が必要なのである。

　世の中は，顧客に提供する１つの製品やサービスが評価される時代から，組織全体が評価される時代に変わりつつある。そういった意味では，ここでのプロセスアプローチという考え方をしっかりと理解することが，顧客満足の目標の達成と実現には不可欠であると言えよう。「ISO9001が役に立たない」，「維持コストがかかる」，「社員の士気が低下する」など，いろいろな理由を付けてISO9001の認証を返上する組織がみられるが，ISO9001をベースにして，顧客の立場に立った顧客重視，顧客志向，顧客満足を実現する顧客との良好なコミュニケーション，力量に見合った教育と人材育成，クレームの大幅な削減，使い勝手のよい文書管理などを通じて，組織全体の目的や目標に結び付く活動の推進と仕組み作りが大切であるとの意識を高めることが必要である[7]。

（３）バランススコアカード（BSC）が導く全体最適

　BSCは，近年日本でも関心と注目を集め，経営の改革に取り入れている企業ばかりか，自治体，病院などといった分野でも，導入の検討や実行が広がりつつある。最近では，業績管理から発展して，戦略マネジメントやリスクマネジメントにも活用の範囲が及ぶようになり，BSCを単なる業績管理ツールとして用いるだけでなく，企業や組織の経営の戦略的フレームワークとして位置付けられるようになっている（**図表Ⅳ-1-3**）。

　経営トップにしてみれば，企業や組織の戦略を「見える化」し，経営トップから現場まで「浸透・展開」させ，自社の内部の動きや成果がどうなっているのかを，重要な側面について迅速に，現実的に，そして具体的に把握することを渇望していることは，間違いのない欲求である。彼らが本当に知りたい戦略的な行動や重要な成果が，定量的にKPIで表されるBSCは，まさに「全体最適」の要望に叶うものである。

　BSCの特徴の１つは，経営全体の現状を１枚の表で見られることである。

図表Ⅳ-1-3　全体最適に導く3つのフレームワーク
—Ⅲ．バランス・スコアカード

コーポレート ミッション	経営理念による			
コーポレート ビジョン	9項目の「ありたい企業像」（長期経営ビジョン）			
事業の 「あるべき姿」	「オン・デマンド・プリンティング社会の実現」			
事業の 経営目標	・「Centurion is No.1 in Printing World」の実現 ・事業領域を拡大し，グローバル超一流企業に相応しい高収益力を確保			
事業の 価値の視点	財務	顧客・市場	プロセス・革新	従業員
事業の 戦略目標	・収益目標 ・海外生産比率 ・為替影響額 ・工程合理化成果 ・財務関連指標管理	・市場シェア ・ブランド認知度 ・顧客満足度 ・修理速さの評価 ・商品リサイクル率 ・顧客関連指標管理	・IJP主力商品市場不良率 ・出荷検査不良率 ・生産性向上 ・LEP国内生産台数 ・部品集約実行率 ・1日修理実施率 ・顧客応対ヒット率 ・プロセス指標管理	・社員能力向上 ・特許公開件数 ・社員満足度 ・顧客応対支援ITシステム構築向上 ・組織人材指標管理

出所：日本経営品質協議会（2002）「2001年度 経営品質賞報告書 要約版（セイコーエプソン情報画像事業本部）」より筆者作成。

　経営管理者は，まずは目指すべき全体の姿（ありたい姿）にスポットを当て，重要な目標の達成具合がうまくいっているのかいないのかを知る必要がある。BSCは，組織全体の戦略目標の展開という仕組みで作られているため，指標で結果を表示することにより，それを可能にしてくれるものである。これには，経営管理の業績評価というものを，財務的な目標だけではなく，ほかの側面（視点）からも構成されるバランスのとれた全体像で捉える，という狙いがある。経営者は全体の状況をいち早く把握し，関係する個別の問題や課題をたどっていくプロセスが可能となる。

　また，経営指標と事業戦略が整合されている1枚の表である，という特徴もある。BSCは，財務，顧客，業務プロセス，学習と成長，という4つの視点に分けて戦略目標を作っていくが，それはBSCを作って達成したい事業戦

略目標の達成につながっていくようにするためである。

　さらに，先行指標と結果（事後的）指標とが，明確に関係付けられて記載されていることも重要なポイントである。結果指標は，経営全体の結果や評価を示すものであり，たとえば売上や利益がこれに当たる。結果指標は従来から使われている経営指標と同じであることが多く，これに対して先行指標は，結果指標を実現するためのドライバーなのである。結果は何度みても結果であるが，「何をすべきか」という先行指標が担う役割があるところに，BSCが単なる目標管理シートではない理由がある。

　BSCを全体最適に導くフレームワークとして活用するためには，4つの視点（あるいは戦略目標）の因果関係が正しくできているかどうかが重要なポイントである。重要成功要因が，最終的にこのBSCを使って達成したい組織や部門の戦略目標につながっていくか，あるいは，つながっていかないか，で判断していくのである。

　当然のようだが，4つの視点の重要成功要因において，きちんとした目標設定をし，それを実現すれば必ず戦略目的や事業目標を達成できるということをシステマティックに明確にするという意味で，BSCは担当者の目標をコミットするツールにもなる。そして，顧客満足や業務プロセスを実現するために，従業員の満足度やスキルアップをどうするかという課題に行き着く。重要成功要因が正しく選択されず，相互の因果関係がきちんと作られていないと，顧客の視点やプロセスの視点の目標を達成したにもかかわらず，財務の視点の目標，たとえば売上が増えないというケースが出てきてしまう。お客様に直接接触している人達が，顧客ニーズや市場の環境をしっかり把握しておかないと，正しい重要成功要因の見きわめができず，ひいては正しい因果関係を作れないということになる。誤った目標を顧客の視点のなかに入れてしまうと，それが達成できても財務の目標が達成できないという事態に陥ってしまうことに留意する必要がある。

　4つの視点の因果関係を，現場の経験からいくつかの違った切り口で考え

ることもできる。その1つの方法が，4つの視点を「PDCA」(Plan-Do-Check-Action)，すなわち「計画―実行―評価―改善」に置き換えて考える簡易便法である。PDCAを回すことを「マネジメント」と呼ぶ。計画や目標を決め（Plan），実際に実行し（Do），実行してみた結果を事前に決めた計画や目標と照らし合わせ（Check），その差がわかると，計画や目標を達成するために，あるいはより高い成果を出すために次はどうするか（Action）を考え行うことが，PDCAである。PDCAサイクル，マネジメントサイクル，あるいはデミングサイクルなどとも言われている。

BSCを全体最適に導くフレームワークとするために必要な4つの視点をPDCAの考え方で置き換えてみると，

・財務：評価から生まれる結果の検討と次のアクション決定（Action）
・顧客：市場や顧客からの評価チェック（Check）
・業務プロセス：計画の実行（Do）
・学習と成長：調査，企画，計画（Plan）

となる。もう少し具体的に製品戦略のケースにすると，以下のようになるのではないだろうか。

・財務：販売増大による財務目標達成という結果の創出
・顧客：戦略製品への顧客の好評価による販売増大
・業務プロセス：企画した戦略製品の製造実行
・学習と成長：市場や顧客のニーズの調査，分析，製品企画

4 DC戦略と全体最適化経営との関係性

本書の冒頭にあるように，ティースは，2000年代初めの低成長を企業統治の問題ではなく，環境の激変期に対応した経営変革の能力の欠如の問題と捉え，環境脅威や状況の変化を先取りしたDC戦略の遂行こそが，低成長突破の鍵であると指摘した。われわれ日本の経済が陥った「失われた10年」の突

破策は,まさにそのなかにヒントがあると考えられよう。そのような意味で,長期の持続的成長を目指し,新たな挑戦と競争優位の獲得に向けて努力を続けている企業にスポットを当て,革新的中小企業が抱えている「成長の壁」を乗り越えてきた軌跡を振り返ってみることも有益なことであろう。それら企業の大きな成功要因の1つに,全体最適化経営があるはずである。ここでは,全体最適化経営を標榜するビジネスエクセレンスモデル,ISOマネジメントシステム,BSCの3つのフレームワークとDC理論を比較しながら,仮説を検証してみたい。すなわち,それらのフレームワークを積極的に活用することによって,経営の効率を高めていく全体最適化経営が実現しているのかどうかということである。この考え方は,何も企業内部だけの話ではなく,日本企業が海外に進出した場合の現地化にも適用すべき重要な経営課題とも言える。

　DC戦略では,環境脅威や経営危機など,「状況変動」のなかで行われる経営者の戦略(経営判断)や革新活動に注目している。経営資源の新結合や能力の再編成などが重要な戦略の成功要因の1つとすれば,経営者は,資源,能力の再強化をさらなる飛躍のプロセスに結び付けなければならない。そして,競争力を強化していく過程の結果として,市場や顧客の高い評価を得て,最終的な経営目標を達成していく流れこそが,全体最適化経営の実践と言えるであろう。これまで事例として紹介してきた企業の多くが,結果としてそのような全体最適化経営を実現しているのである。

　たとえば,DC戦略は,経営環境の大きな変動時の経営資源・経営能力・不適合問題の現状認識から始まり,経営資源・能力の有効利用への経営変革を開始する。経営資源・能力の再配分や新結合を通じて,プロセスの変革や改善を推進し,それらの強化による卓越した競争優位が実現する。その結果として,市場や顧客の高い評価と購買を創出し,最終的な経営目標(財務目標)を達成するという流れをPDCAとすれば,それはビジネスエクセレンスモデル,ISOマネジメントシステム,そしてBSCのフレームワークとほぼ一

致するのである。

　さらに検証を続ければ，筆者らが前書で分析した革新的中小企業でも，組織能力の強化（有力取引先・先導顧客とのコラボによる開発力強化）→プロセス変革（オープン・イノベーションによる新製品技術・ビジネス・モデルの創出）→市場・顧客の成果（国内外の有力顧客からの高い評価獲得）→経営・財務目標達成（持続可能な経営と革新の実現）という経営プロセスを実践して成長してきた企業が多く見られ，まさに全体最適化経営のフレームワークと整合した企業活動を継続してきたと言える。

　むろん，その経営の流れをリードしていくのは，ティース理論の骨格でもある状況変動に直面したときの経営危機や環境脅威を認識し，危機突破に向けた自己変革を先導する経営者のリーダーシップであることは言うまでもない。したがって，ビジネスエクセレンスモデルもISOマネジメントシステムも，それらのフレームワークは「リーダーシップ」から始まる全体最適化経営の構成になっていることにも注目したい。参考までに，ビジネスエクセレンスモデル，ISOマネジメントシステム，BSC，DC理論の相互関連を図表Ⅳ-1-4に示す。

　図表Ⅳ-1-4では，前述した全体最適化経営に導く3つのフレームワークの相互関連について示してあるが，DC戦略のフレームワークに出てくる主要な概念のキーワードとの比較も，今後の分析課題としたい。

　DC戦略の主要概念については，第Ⅲ部1に詳しいが，最初の主要なキーワードは「経営者：変革のリーダーシップ」である。状況変動に対するその感知能力が，補足や変革へとつながっていくのである。次のキーワードは「状況変化と未利用資源・能力・経営の非効率化と変革への引き金」である。資源や能力が利用されないと，経営の非効率や赤字が生まれる状態につながりやすくなる。よって，経営者は，その感知力や補足力で未利用資源や能力を利活用し，新たな事業計画や変革を引き起こすトリガーにすることができる。言い換えると，未利用な資源があるからこそ，経営者が企業のダイナミック

な変革を引き起こす源泉となるのである。

そして,「資源・能力の再編成,新結合:知財の開発・収益化の探索と実現(イノベーション)」,「新たな競争優位の獲得:成長の壁の突破と持続的成長」へと導かれていく。それらの主要概念を,3つの全体最適化経営のフレームワークで言えば,リーダーシップ,方針と戦略(財務の視点),人財(学習と成長の視点),経営資源・パートナー・支援プロセス・変革プロセス(変革プロセスの視点),顧客・市場・社会の成果(顧客の視点),従業員の成果(学習と成長の視点),そして事業の成果(財務の視点)などのキーワードと整合することに注目したい。

図表Ⅳ-1-4　経営品質,ISO,BSCの関連

欧州品質賞 (ビジネスエクセレンスモデル)	ISO・MS:2015(関連する キーワード)	バランススコアカードの視点
1. リーダーシップ	4. 組織の状況(内外) 5. リーダーシップ	・ビジョン,ミッション ・経営目標,財務ほか
2. 方針と戦略	4. 組織の状況(戦略) 6. 計画・目標	・経営戦略 ・戦略マップ
3. 人財	7. 支援(人的)	・学習と成長(人的)
4. 経営資源とパートナー	7. 支援(サポート)	・業務プロセス ・学習と成長(組織)
5. プロセス	8. 運用(変革・改善) 10. 改善	・業務プロセス
6. 顧客関連結果	9. パフォーマンス評価	・顧客(社会)
7. 人財関連結果	7. 支援(人的) 9. パフォーマンス評価	・学習と成長(人的)
8. 社会関連結果	7. 支援(CSR・CSV) 9. パフォーマンス評価	・顧客(社会)
9. 事業関連成果	9. パフォーマンス評価 10. 改善(経営PDCA)	・財務ほか ・経営目標

出所:筆者作成。

注

1 ）藤井智比佐（2015）『図解入門ビジネスバランス・スコアカードがよ～くわかる本［第2版］』秀和システム。
2 ）川嶋信雄（2014）「全体最適が一番」ノボ村長の開拓日誌（http://d.hatena.ne.jp/kawasimanobuo/20140529/p1），5月29日。
3 ）宮田秀明（2010）「宮田秀明の「経営の設計学」全体最適と局部最適，どちらが大切か―経営が方向を見失い，衰退や破綻へと向かわないためには」日経ビジネスオンライン（http://business.nikkeibp.co.jp/article/tech/20100519/214515/?rt=nocnt），5月21日。
4 ）土屋勉男，金山権，原田節雄，高橋義郎（2015）『革新的中小企業のグローバル経営―「差別化」と「標準化」の成長戦略』同文舘出版，p.148。
5 ）社会経済生産性本部編（2007）『決定版 日本経営品質賞とは何か』生産性出版，pp.47-53。
6 ）飯塚悦功（2006）「マネジメントシステム規格の現状・課題・展望―社会・適用組織にとっての意義、そして有効活用」『予防時報』227号。
7 ）『月刊アイソス』2016年1月号（第218号），pp.16-17。

2 グローバル化と現地化戦略

1 企業のグローバリゼーション

　企業のグローバリゼーションのプロセスは，まずは国内で生産した製品を輸出する最初の段階，次は海外で生産と営業拠点を設置して活動する中間段階，さらに本社やR&Dを含む企業全体を海外の最適な場所に設置し，活動できる最終段階の3つに分けられる。最終段階に至って初めてグローバル化された企業と称することができる[1]。これまで国内市場を主戦場としてきた中小企業にとっては，長期低迷，人口減少社会を迎え縮小が予測される国内市場に固執するだけでは生き残ることがむずかしくなってきた。こうした背景から，日本の中小企業政策においても，海外需要獲得に向けた国際化への取り組みを支援する政策メニューを拡大・充実化させている。

　グローバル化のもとで中小企業はこれからの競争をいかに進めていくかを考えると，自社発展の目標に向かってどのようなビジョンで経営行動と戦略を構想するかは重要な課題の1つである。もちろん，国内市場を経営行動の主要目標として戦略を講じることは前提であるが，グローバル化の急速な進展により国境を越え行き交う現状では，国内のみならず，国際競争に巻き込まれることも現実になりつつある。したがって，グローバルなビジネスの現状と動向を踏まえておきながら，新しい戦略を構想することが求められている。

グローバルニッチトップ（GNT）企業は，その優れた技術力で国際的にも競争力のある製品を生み出し，国内外において高い市場シェアを維持している。国内における雇用や製品供給先企業の品質向上にも貢献するとともに，海外市場の拡大や外貨獲得にも貢献しており，日本経済の稼ぎ手として重要な存在といえる。中堅GNTのうち，国内生産のみ（製品は国内から輸出）の企業が43.8%であり，海外の生産拠点として，中国に製造拠点を置く割合は49%で最大となっている[2]。

2 日系企業の海外進出―中国進出を中心に

日本企業の海外進出は，企業にとって重要な決断である。日系企業は進出相手国の市場・投資環境など外部環境を調査・分析するうえで，自社の強みである競争優位および資本，技術，経験・ノウハウ，人材，他社との取引関係などを含む経営資源の事情と，経営理念・目標・戦略などを検討して意思決定を行ってきた。

グローバル化のもとで日本企業は，国内事業を維持しつつ，海外事業を拡大させることで企業のより高い収益性を得ることができる。海外進出にともなう収益力，企業価値の向上に寄与している背景には，海外での経験蓄積，現地需要の取り込み，生産コストの抑制などがともに働いていることが要因であると考えられる。

近年，日系企業の海外進出に関する先行研究は少なくない。浦田の研究では，経営現地化における課題の1つは，優秀な現地人の雇用・登用であるが，現地従業員の幹部登用に関して，欧米では現地人が多いが日系企業では本社社員が幹部になるケースが多いと述べている[3]。また，深尾は，中国において，欧米企業は現地採用の中国人スタッフに重要な任務を任せ，相対的に高い報酬を支払っているが，日本企業ではそうした現地化が進んでいない。そのため，迅速で効果的な対応が取れていないケースがあると述べている[4]。

なお，Hijzenは，「海外進出は生産性に正の効果を与えているか，少なくとも負の影響を与えていない」と指摘している[5]。加藤・永沼は，グローバル化と日本経済の対応力に関する主要な論点をまとめ，日本企業の国際競争力の変化や，国内の労働市場の質的変容について議論している[6]。

1978年から始まった中国の改革・開放の推進にともない，日本企業の対中進出も80年代はじめから始まり，本格化しつつあった。国境や地域を超えたビジネスの展開により，経営のグローバル化が進展し，日本企業の対中進出形態も多様化し，中小企業から大規模多国籍企業にまで及ぶさまざまな経営行動が展開されている。90年代半ば以降は，中小製造業の多くが中国を中心に量産工場を設立し，労働集約型のモノづくりの移転が積極的に展開された。

日本企業を取り巻く経営環境は，競争相手としての中国企業の成長などを受けて，経営モデルの構築が迫られているが，21世紀の企業が解決を迫られている問題群のなかには，伝統的な経営の指導原理や経営慣行の変化を求めるような性質の問題が少なくない。リーマンショック以降，とりわけグローバリゼーションの波で中国進出日系企業の制度，理念，戦略，財務，組織などの経営行動はさまざまな局面に多様な問題を一層提起している。グローバリゼーションのなかでそれらの問題に対していかに対応していくのか，その対応が求められている。

中堅GNTは，比較的ニッチな分野に特化することにより，国際市場で競争優位を確保している優良企業である。一般中小企業とは明らかに異なる企業であり，ものづくり中小企業全体の平均に比べて規模が大きく，生産性，利益率などのパフォーマンスもよく，「優れた中小企業」とも言える。複数のニッチトップ製品を有し，そのうち少なくとも１つは海外市場でもシェアを確保している企業でありながら，競争の激しい市場で安定した経営を持続できる企業はそこまで多くない。そのような状況でも市場をグローバルに捉え，ニッチな商品で圧倒的なシェアを確保することで安定した経営を実現している企業が，まさに中堅GNTである。

グローバル化の進展にともない，日本企業の海外進出は活発に行われている。進出国別の日本企業現地法人，進出日本企業数および日本企業の海外進出現地法人数の推移（地域別）をみると，アジアが中心で，なかでも中国への進出が圧倒的に多く，企業が中国市場を重視していることがわかる（**図表Ⅳ-2-1，図表Ⅳ-2-2**）。

中国進出の日系企業は1万〜3万社と言われており，海外進出の日系企業総数のうち中国が全体の48％を占めている。進出企業数は調査元により異な

図表Ⅳ-2-1 海外進出日系企業現地法人および企業の数

国名	現地法人数	進出企業数
アジア計	15,411	49,983
うち，中国	1,558	33,390
韓国	604	669
ベトナム	1,285	1,578
タイ	1,636	1,725
中東計	371	756
ヨーロッパ計※	5,915	7,231
北米計	7,595	8,649
うち，米国	6,878	7,849

※ヨーロッパは，西欧と東欧・旧ソ連の合計。
出所：外務省領事局政策課（2016）「海外在留邦人数調査統計（平成28年要約版）」10月1日をもとに筆者作成。

図表Ⅳ-2-2 日本企業の海外進出現地法人数の推移（地域別）

地域	2001年	2011年	2015年
世界計	18,800	23,858	33,277
うち，アジア	9,989	14,577	15,411
北米	3,870	3,592	7,595
欧州	3,287	3,750	5,915

出所：2001年，2011年は，東洋経済新報社（2011）『海外進出企業総覧（国別編）』，2015年は，外務省領事局政策課（2016）「海外在留邦人数調査統計（平成28年要約版）」10月1日をもとに筆者作成。

るが，帝国データバンク（2015年6月）調べ[7]では1万3256社，外務省領事局政策課による「海外在留邦人数調査統計」（2014年10月）では3万1279社となっている。前者は日本法人数を指すが，後者は中国現地法人数や日本人が中国で設立した法人も含まれている。

　中国に進出している日本企業は，帝国データバンク（2016年10月）の調査によると[8]，2016年8月末時点で1万3934社あり，2015年6月の1万3256社に比べて678社増加した[7]。業種別にみると，最も多かったのは「製造業」の5853社（構成比42.0％）である。以下，「卸売業」の4633社（同33.2％），「サービス業」の1705社（同12.2％）と続き，上位3業種で1万2191社となり，全体の87.5％を占めている。

　一方，2015年6月の調査と比較すると，「製造業」と「卸売業」の構成比は減少し，代わって「小売業」（503社，構成比3.6％）や「サービス業」（1705社，同12.2％）などが上昇したことがわかった。

　製造業・卸売業・サービス業・小売業の上位4業種を細分類別にみると，「製造業」では「工業用プラスチック製品製造業」（197社，構成比3.4％）がトップで，「卸売業」では「電気機械器具卸売業」（586社，同12.6％）が最も多かった。また，両業種とも自動車関連業種が上位を占めたほか，「卸売業」では「婦人・子供服卸売業」（221社，同4.8％）や「男子服卸売業」（109社，同2.4％）などのアパレル関連業種も目立っている。なお，「サービス業」では「受託開発ソフトウェア業」（417社，同24.5％）がトップである。3位となる「パッケージソフトウェア業」（105社，同6.2％）と合わせると，IT関連産業がサービス業体の約3割を占めていることになる。7業種中最も構成比が高まった「小売業」では「婦人・子供服小売業」（52社，同10.3％）が最も多く，以下「各種商品通信販売業」（33社，同6.6％），「中華料理店，その他東洋料理店」（28社，同5.6％）が続いている。成長する中国国内の外食市場を取り込むため，飲食店経営者が多数進出しているほか，「越境EC」などの消費市場を背景に通信販売業者などが上位を占めている。

JETROの調査によると，中国進出日系企業の2015年営業利益などの状況は，黒字企業が60.4%で前年比3.7%減少，均衡が15.9%で前年比1.3%増，赤字企業が23.8%で前年比2.5%増となっている[9]。黒字企業の割合が高い業種は，輸送機械器具，運輸業，化学・医薬，ゴム・皮革でいずれも70%を超過しており，一方で黒字企業の割合が低いのは，繊維（34.6%），食料品（45.2%），鉄・非鉄・金属（49.2%）である。「現地市場での売上減少」，「人件費の上昇」などの影響が挙げられるが，2015年中国進出日系企業の今後１～２年間の事業発展方向性について，「拡大する」と答えた企業が38.1%で前年比8.4%減少，「現状維持」が51.3%で前年比5.3%増，「中国から撤退する」および「第３国に移転する」とした企業は1.7%で前年比0.7%増と，依然として拡大意欲のある企業の方が多いことがわかる。

　また，国連貿易開発会議（UNCTAD）は，2016～2017年の中国は引き続き世界で最も可能性がある投資目的国として首位に立つと予想している[10]。持続的な成長を目指す日本企業にとって，13億人の巨大市場を有する中国は無視できない存在となっており，中国市場を重んじる日本企業の中国進出戦略がうかがえる。

　海外進出している日系企業は，自らの意志というよりも，市場拡大を目的とする納入先企業のアジア進出に追随して進出する場合が多い。こうした企業では，ビジネスの拡大を図ることが中心となり，マネジメントの国際化は後追いになりがちである。海外に設けた事業拠点で，幹部に現地人を登用するなどして，本国から派遣した駐在員ではなく現地で採用した人材（現地社員）を中心とした構成にし，現地に根差した企業文化を育むことで尽力を挙げながら販売・生産機能の現地化を図っている。

　販売・生産機能の現地化は，現地でのコミュニケーションの円滑化やモチベーション向上につながると言われている。日本企業は経済社会環境のグローバル化が進展するなかで，人材の国際化に関する課題を認識しつつも暗中模索し，現地社会に飛び込み，同じ共同体の一員として汗をかきながら活躍

しているのである。

グローバル化進展のなかで，とりわけ中堅GNTを取り上げてみると，地方の中堅・中小企業の割合が多く，比較的ニッチな分野に特化することにより，国際市場で競争優位を確保することに成功している。高い技術力を誇る一方，全国的な知名度が低いため，人材確保に苦労しているなどの共通点があるが，その優れた技術力で国際的にも競争力のある製品を生み出し，国内外において高い市場シェアを維持している。国内における雇用や製品供給先企業の品質向上にも貢献するとともに，海外市場の拡大や外貨獲得にも貢献しており，日本経済の稼ぎ手として重要な存在になっている。

3 グローバル化の経営行動と現地化戦略

中堅GNTは，まだ一般的な概念にはなっていないが，ドイツの経営学者ハーマン・サイモン［Hermann Simon］の定義がしばしば引用される。戦略・マーケティングのコンサルティング会社のサイモン・クチャー＆パートナーズの会長で，中国北京の対外経済貿易大学の名誉教授でもある彼は，2009年の著書 "Hidden Champions of the 21st Century" のなかで，「世界各地で大成功を遂げているのに，目立たない存在としてカーテンの陰に隠れ，時には意図的に秘密のままでいようとする企業が多数，存在する」と記している[11]。サイモンは，「隠れたチャンピオン企業」の海外進出の特徴を以下のように取り上げている。

①研究開発においては，隠れたチャンピオンは自律性，深さ，秘密に非常に敏感である。

②隠れたチャンピオンは，コア能力以外の部分ではアウトソーシングを積極的に展開している。

③グローバル化は狭い市場でさえも拡大させ，十分な規模の経済の実現に寄与する。

④この戦略の成功基盤は，同じ業界の顧客が似たようなニーズをもつ傾向があることである。

革新的中小企業とりわけ中堅GNTは，上記のサイモンが示唆している特徴と合致している。急速に変化する市場環境のなかで，競争優位な状況を自ら作り出すことにその論点を置いており，この競争優位を作り出す主体となるものがケイパビリティである。GNTはこのケイパビリティをベースに何かしらフレームワークをもたなければならない。

中堅GNTとは，特定の製品や技術において，世界市場で継続的にトップグループのポジションを占める企業を指しており，良質な雇用機会の提供や国内における既存技術・基盤的技術の継承・発展の担い手でもある。顧客との間に非常に固い絆を作り，競合他社が及ばないニーズ収集の仕組みを作り上げることにより，競争優位が一層強まるという良性循環が維持され，GNTとしての地位が強化されるのである。技術力と売上に着目してみると，技術力が向上し，中堅GNTレベルに達しているにもかかわらず国内にとどまっている段階では売上は頭打ちとなっていたが，海外展開することによって，売上が2～3倍になった企業もあった。

事例分析③と⑤で取り上げたマスダック，ポーライトの経営特性からも，また前書で取り上げたコジマ技研，コスモテックのケーススタディーからも，中堅GNTにおける経営行動力が十分うかがえる。

マスダックにおけるグローバル化の進展にともなう取り組みをみてみると，2009年から2011年までの機械事業部全体の売上高は30億円から55億円に上昇し，輸出による売上は10億円まで上っており，2003年からの10年間で，対欧州地域の輸出比率も10～20％に達した。少子化で日本のお菓子の生産量，消費量が減少する将来のことを予測して，欧州市場の開拓から中国をはじめとするアジア向けのダイナミック・ケイパビリティ（DC）戦略を講じたのである。

中国経済と同様，中国の菓子業も大きな変革期を迎えており，拡大する市

場に対して豊富な資金を投入し，菓子販売を始める企業も多数台頭している中国の現状下で，マスダックは，1日も早く安定した菓子生産ラインを稼働し，美味しいお菓子を広めるために，原材料の知識，製造技術，そして品質管理などのノウハウを中国に提供してきた。2003年から上海，シンガポールなどの展示会に続々出展しており，ほかのアジア諸国，韓国，ベトナム，フィリピン，インドネシア，タイなどでも，原材料の使い方や製造技術指導，細やかな情報提供などにより大きな信頼を得ている。ハード面の機械だけでなく，顧客に必要とされるソフト面においても，お菓子に携わる人々と一緒になってアジアのお菓子作りに励んでいる。今後，アジアを中心に，マスダック固有のケイパビリティを最大限に活用して世界各国に目を向け，輸出比率をさらに高めていく戦略を講じていく。

前書で取り上げたコジマ技研は，売上の内訳は国内が80％，海外が20％であり，海外市場の拡大にともない海外のウエートがさらに伸びていく計画を打ち出している。コジマ技研の評判は海の向こうにも広がり，東アジアをはじめ日本食ブームのアメリカ，食品工場の多い東南アジア，アルゼンチン，オランダなどからも注文が舞い込んでいる。単独で米国で展示会，欧州ではオランダの商社と共催，シンガポールなどでも展示会が行われ，グローバル経営がより鮮明になっている。同社の小嶋社長は，「米国と南米，それにアジア，中東，欧州…。串刺機のニーズは世界中にある。これからは，世界にもっと売っていく」と未来を見据えている。コジマ技研は，人件費ベースでも採算がとれ，どのような食材にも対応できるアジア向けの連続万能型自動串刺し機を1台435万円程度に価格を抑え，進めていく計画を打ち出している。

グローバル化のもとで，企業が海外に拠点を置き，製品開発，生産，販売活動を行うことは現地化と言われているが，単に進出国に雇用をもたらすだけでなく，地域に溶け込み，地域に貢献することが求められるようになった。

ポーライトは，グループ全体4200人のスタッフのうち，国内の従業員は400人，海外がその9倍の3800人となっている。「緩い連携，独立採算，経営

の現地化」というグローバル経営を重視している。グループ全体の2016年の売上高510億3000万円のうち日本国内は90億円のみで，圧倒的に海外が主力となっていることがわかる。同社が打ち出しているDC戦略は，中国を主力とするグローバル展開である。グローバル化の推進にともない，世界工場の位置付けとして，台湾工場，台湾頭份工場，シンガポール工場，マレーシア工場，中国揚州工場，中国郴州工場，アメリカジェファーソン工場，インド工場と，前述した米国，欧州，香港に設置されている営業所を展開している。海外工場での従業員は，台湾の工場と中国揚州工場がそれぞれ1600人と1800人，シンガポール80人，マレーシア150人，中国郴州工場が50人，米国ジェファーソン工場が30人などとなっており，現地人による経営と少ない日本駐在員で，経営の現地化がかなり進んでいる。2020年に7.5億ドルの売上倍増，10％の利益率との経営目標を掲げ，会社間・業務間連携により資金の回転率を高め，これまで以上のキャッシュの創出を図っている。

　前書で取り上げたコスモテックの蘇州工場（独資企業）の経営現地化は見事に進んでいる。その大きなポイントは，現地社長に当たる総経理である翁武和氏が，中国の現地人であることにある。翁氏はコスモテック社の高見澤友伸代表取締役と同期入社し，本社で貴重な経験を積み，2002年，本社から蘇州工場の総経理に命じられ，現地の最高任者として経営に携わっている。グローバル化が進んでいるなか，日本本社と中国子会社の双方に精通し，両者の調整ができることが経営者の能力を測る重要な基準の1つとなっている。中国進出の生産，加工のメーカーにとって，このコスモテックは実はまれなケースでもある。創業者（現会長の）のすばらしい先見性と高見澤代表取締役の翁氏への厚い信頼性により，現地組織能力を高めるということにより持続的な競争上の優位を確立するなかで大きな意味をもっている。

　市場が世界に開かれることなくして，一国の成長はありえない。また，中国をはじめとするアジア諸国の産業競争力が向上するなかで，日本の企業は同一水準の製品を作っていては生き残れない。グローバル化のなかで，技術

や経営の革新を進め，国際競争力を強化することが重要なのである。

日系企業は，進出国における産業競争力が向上するなかでこれまでの製造業の強みを活かしながら，スリムな経営体質に変え，競争力のある分野を選択し，資源を集中してきた。通常のグローバル化は，現地社会に溶け込み，信頼される企業を目指して経営の現地化を積極的に進めていくが，多くの日本企業はこれまで，系列を中心とする日本人中心の垂直統合型事業モデルを組織制度や製品，経験などを含めてそのまま海外へ移植する手法を採用してきた。

海外に設けた事業拠点で幹部に現地人を登用するなどして，本国から派遣した駐在員ではなく，現地で採用した人材を中心とした構成にし，現地に根差した企業文化を育むことこそが時代の要請であり，経営現地化およびその戦略構築の道筋でもある。したがって，グローバルな事業環境の劇的な変化のなかで，日本企業がもつ本来の強みを活かして勝ち残るためには，変化を先取りするような精緻で絞り込まれた戦略を策定すべきである。

企業が置かれた状況と企業の特徴により，企業における経営の現地化はさまざまである。マスダック，ポーライトは，現地でのコミュニケーションの円滑化やモチベーション向上を図っている。前述のとおり，単に進出国に雇用をもたらすだけでなく，当該国に溶け込み貢献することを要請されるようになってきていることが背景にある。

4 グローバル化での経営行動の再検討

グローバル展開の方法は一様ではなく各社各様であり，それにともなって各社のグローバル展開に応じた組織・人材マネジメントがある。ここで何よりも大切なのは，各社が経営理念・価値観を踏まえ，経営・事業と組織・人材マネジメントをいかにリンクさせ，戦略的な展開を行うかである。

(1) 現地化経営

　日本企業のグローバル経営の状況をみると，一部に着実な成果を上げている企業もあるが，一般的には，グローバルな知識経済化時代における事業環境変化とビジネスチャンスを十分に活かし切れているとは思われない。近年のさまざまな日本企業のグローバル経営における先行研究は，日本企業の経営の現地化，特にトップ経営者の現地化は欧米企業に比べ遅れており，それに起因して現地子会社において賃金システムなどのさまざまな問題が存在していると指摘している[12]。

　海外進出中堅GNTは，リスクマネジメントの「経営現地化」を推し進めることにより，リスクへの効果的な対応を行いながら，海外子会社の事業運営を円滑に行うことは可能であると考え，それは最終的には企業価値の向上につながると認識している。たとえば，中国市場を十分に理解している中国人の優秀な人材にマーケティングを任せ，それに基づいて現地経営トップが総合的な経営戦略を構築する。その判断を本社経営陣が尊重し，的確な製品開発戦略，販売戦略，広報宣伝戦略，人事配置などを行うといった流れである。

　グローバル経営におけるダイナミックな競争力の源泉は，新製品開発を含むグローバルなイノベーションのあり方であり，これがグローバル経営の構造変化のドライバーでもある。知識経済化時代においては，先進的なグローバル企業は，イノベーションを企業成長のエンジンとして位置付けている。これにより製品・サービスのダイナミックな差別化，多様化を図り，市場での競争力の確保に努めているのである。

　中国市場のニーズを的確に把握できるのは中国人スタッフである。それに合わせた製品開発，新市場開拓，販売戦略，広報宣伝，人事配置などを判断できるのも，中国人スタッフである。同じ華人で中国大陸のことを十分理解している台湾人や香港人であれば，ある程度代替可能であるが，日本人がこ

れに代わることは容易ではない。中国人リーダーが主導する経営戦略を的確にサポートしつつ，現地と本社との緊密な連携を確保する機能を担うことがきわめて重要な責務である。それは，前書のコスモテックの事例からも立証できる。

　これまで日本企業が進出してきた各国の市場に比べると，現在の中国市場は，市場規模の大きさ，変化の速さ，市場ニーズの多様性，特別な人間関係などすべてが規格外である。したがって，中国経験のない，または浅い経営企画・人事・財務・法務などの優秀な幹部層の判断力が役に立たないことも少なくない。そのため今後中国市場での販路拡大を目指す日本企業に求められるのは，やはり現地化の推進と経営の現地化であると言えよう。これは本社経営組織のグローバル化と表裏一体である。激変する中国市場は，日本企業に対してグローバル化企業への転換を迫っているのである。

　海外からの売上が半分以上で，従業員数においても海外子会社における人数が圧倒的に大きいという企業は少なくない。しかし，海外も含めた企業グループの組織，ガバナンスは日本の本社が中心で，海外の多様性を活かした真のグローバル経営ができている企業は少ない。新興国においては，政治，経済，社会の各側面においてビジネス環境が先進国と大きく異なる。たとえば中国では，ビジネスのあらゆる側面に有形，無形に公的機関が絡んでおり，地方政府などのキーパーソンを取り込むことが重要となる。経営の現地化を推進し，中国市場で成功を収める中堅GNTは，中国以外の市場においてもグローバル化を実現し，さらに競争力を高める可能性が高いことは，第Ⅱ部の事例分析ですでに明らかになっている。

　多くの日本企業は世界トップクラスの技術開発力，生産管理能力を有する。しかし，経営の現地化，マーケティング能力などについては，欧米の一流企業に比べて見劣りする企業も少なくない。中国市場へのチャレンジは，中堅GNTが経営の国際競争力を強化し，グローバル市場での存在感を高めることができる大きなチャンスでもある。

（2）グローバル化の変化への組織の適応

　組織がグローバル化の変化にいかに適応するのかは重要な課題である。組織が環境適応を継続できれば存続は可能だが，急激な環境変化の場合，従来と同じ行動様式では適応不可能になる可能性もある。環境変化に適応するため，組織は，安定性・効率性を確保しながら，他方で柔軟性・創造性を追求しなければならない，というような同時に相反する要求や多様な要求に応えることが求められている[13]。

　経営におけるグローバル化，組織の国際化，生産・サービス・経営管理などの経営環境の複雑化など，多種多様な変化の波は年々高まり，複合の度を強めつつある。多様な環境変化に対応していくため，現在，多くの経営体は古い枠組みから脱皮して新しい行動様式を獲得すべく，経営の建て直しや組織の再構造化をはじめとした厳しい試行錯誤を続けている。それに適応するために，組織もまた複雑な構造をもたなければならなくなっているが，それはグローバル展開を行い，世界各地に拠点をもつ企業であればなおさらである。

　企業が競争力を維持するためには，グローバルな規模の効率性を実現しなければならないが，グローバル化は組織に対して，新たな国際環境という場での適応を余儀なくさせる。企業を取り巻く特殊な外的要因や偶発的要因を除けば，誰が何を意思決定し，どのように取り組んだのか，すなわち組織と人の行動が業績結果を左右する企業は，現地に対する個別の対応と，グローバルな視野に立った対応との均衡を迫られているのである。このような環境において，多元性，グローバルとローカル，効率性と適応性，分権と集権，環境の量的変化と質的変化などといった相対立する要因が組織に求められることになる。しかし，グローバル化と情報化が飛躍的に発展している今日においては，環境は複雑かつ動態的な方向へと変化しつつある。

　現在の日本企業の多くは，過去の成功をもたらしたケイパビリティが柔軟

性を失った状況にあり，環境変化に適応できていないと考えられる。そのため，ケイパビリティを絶えず創造・拡大・修正する能力，つまりDC戦略が必要になるが，それが十分に機能するためには，組織としての学習能力が高められていることが前提にある。

もし，企業組織が経営環境の変化に対応できないと，活性化しなくなり，製品の寿命や組織の寿命が短くなってくる。したがって，組織を活性化していくためには，そこで働く従業員が能力を高めて，持続的にイノベーションを起こし，顧客がほしい製品，商品を市場に提供し，マーケティング力を高めて多くの人に買ってもらうことが重要なポイントとなるのである。経営のグローバル化で経営環境が激しく変化し，意思決定や実行のスピードが求められている状況下で，それらが実行できる組織と人材をマッチングさせた組織運営が大事であると言えよう。

グローバル競争のルールも，従来のようなプロダクトやプロセスなどの改善志向型からビジネス・モデル自体の変革という革新志向型へと変化している。こうした不確実性が高いグローバルマーケットに対して，日本企業ではビジネス戦略が不明確，また組織内への浸透が不徹底といった問題が出ている。急速な環境変化のなかで，組織が生き残り，持続的に発展していこうとするならば，組織は単にそうした変化に適応するだけでなく，その組織しか創れない未来を自ら創り出していかなければならない。それができなければ，組織は存在意義を失い，よりよい未来を創り出せるほかの組織に取って代わられてしまう[14]。

組織構造における現地適応については，組織は機能部門ごとにそれぞれの下位環境に対処できるように，機能を分化させ，そして分化した諸職能をその業界で競争上最も重要な問題に対処するために必要な相互依存性に応じて統合すべきであるが[15]，グローバル化の変化に組織は主動的な立場からそれに対応し，適応させていかなければならない。

中国の市場は本質的にグローバルであると同時に，伝統的な習慣と嗜好に

根差した地方色がきわめて豊かで，地域ごとにまったく違う様相を呈する[16]。中国市場に限らず，新興国の市場では先進国のグローバル企業をはじめ，韓国や台湾のアジア系企業，地場企業が競争を繰り広げており，市場成長率や市場規模，競争構造などは日本国市場と大きく異なっている。特に新興国市場は，量的成長だけでなく質的変化のスピードも速く，変則的である。したがって，グローバル化の変化に適応する組織として，従来の先進国市場で培ってきた成功経験が必ずしも役に立つとは限らないため，常に変化する市場を冷静に分析し，ビジョンの実現に向けた迅速で柔軟な戦略対応が求められるのである。

(3) 経営者の役割

中堅GNTは，中国に製造拠点を置く割合が49%と最多となっている。さらに，世界市場での成功のために重視すべき事項のなかで，世界市場での成功のため「経営者のリーダーシップ」の重視が54%と最高位を占めている[17]。経営者の役割は戦略的，長期的な課題に優先的に取り組むことである。企業の存続・成長の成否は，すべて経営者のマネジメント能力にかかっている。グローバル組織・人材マネジメントに関する課題は，グローバル経営を進めるための重要な課題の1つである。旧来の考え方や仕組みを，世界に通用する組織・人材マネジメントに変革していくには，経営者自身がどのように変わり，何をなすべきかをまず検討する必要がある。

海外に拠点を設け，専ら国内で生産した製品を輸出する企業もあれば，海外で生産と営業拠点を設置して現地に適したビジネスを行う企業，さらにR&Dと経営の意思決定機能を最適な場所に設置し，製品の企画・開発・生産・販売まで行う企業も現れている。日本企業に求められているのは，事業と地域に対するガバナンスをグローバル規模で強力に推進していくことができる経営者である。

グローバル経営を加速させさまざまな変化に適応した組織を実現すること

は，経営トップのリーダーシップにとって不可欠な要素である。既存の枠組み・仕組みを変革し，新たな組織・人材マネジメントの仕組みを構築することは，経営者から従業員に対して企業の方針を示す重要なメッセージでもある。マスダックの増田文治社長は，技術，経営の継承者のみならず，自らイノベーション・サイクルを完遂できる「イノベーター企業」のリーダーとしても活躍されている。

　経営者自身がグローバル化をチャンスと捉え，自らもグローバル経営人材の育成に携わり，多様性を活用し，そのなかから新たなイノベーションを喚起していくことが経営者の役割の1つである。グローバル組織・人材マネジメントの実現に向けては，日本企業においてもさまざまなベストプラクティスが出てきており，今後も各社が試行錯誤を繰り返しながら，実現に向けた取り組みを進めていくことが十分考えられる。世界中で優秀な人材が集まり，各人が自らの力を存分に発揮し活躍できる企業を目指して，短期・中期・長期に分けて実現すべき点を意識し，自社のグローバル戦略に適した組織を構築していくことが，競争力を支える基盤となるはずである。

　有能なリーダーは，ほかの人が計画的変革のもたらす慣性力の問題と計画的変革を実施する言いわけに汲々としている場合に創発的変革の方が有効であることを認識する[18]。経営環境が比較的安定していた時代は問題なかったのかもしれないが，そもそもそのような期間はまれなケースであり，非連続な変化が発生し得る現在のグローバル化環境こそが現実に即した世界である。このような状況下においては，"Back to Basic"，つまり企業経営の原点に立ち戻り，創業経営者達が行ったような，真に長期的なビジョンに基づく戦略を描き，リスクを厭わずに実行するリーダーシップが求められており，これは時代の要請でもある[19]。

　日本の中小企業がほかに代替の利かない技術などの経営資源をもつことによって，継続と発展を遂げている事実がみられるのもまた明らかであり，特に中国をはじめとした東アジア諸国に進出する中小企業は，現地で大きく飛

躍しているのみならず，日本国内の本社もまた成長するという好循環を遂げている[20]。事例で取り上げたポーライトとマスダックがそのよい一例となるであろう。

　海外進出日系企業にとって，日本親会社の関与の仕方や程度は各社ごとに異なる。たとえば，中国では多くの企業において，親会社が中国現地法人の経営の裁量権を十分尊重しつつある。海外売上比率が80％以上を占めているポーライトは，高い製品競争力や製造技術などにより，周辺の多変の環境下にあっても，海外市場の市場開拓に浸透，拡大し，日本の技術・ノウハウを海外現地各社に移入しつつある。また，中国進出したポーライト揚州工場の現地責任者は，日本親会社と同等レベル以上の製品の製造目標を打ち出している。

　グローバル経営が多くの日本企業の成長戦略であるいま，グローバル組織は，まさに重要な経営課題なのである。グローバル組織をけん引することは経営者の役割であり，経営者がグローバル化をチャンスと捉え，多様性を活かし，そのなかから新たなイノベーションを喚起していくことが重要である。経営トップ自らが先頭に立ち，組織・人材のグローバル化を急速に進める必要があるのは言うまでもない。なぜなら，企業の浮沈は経営者の能力次第で決まるからである。

5 企業のグローバル化と現地化

　企業のグローバル化と現地化は表裏一体である。グローバル化と現地化戦略を中心に，日本企業が経営力を向上させるうえでダイバーシティを進めていく急務のなか，中堅GNTに代表されている企業はその規模があまり大きくないにもかかわらず独自の高度な技術やアイデアをもち，活力にあふれ，発展している特徴をもっている。成長の壁を突破しながら競争優位の構築に力を注いでいる中堅GNTのDC戦略として，企業が置かれている状況の感知，

脅威・機会の捕捉とイノベーションが挙げられる。

　持続的な成長を目指す日本企業にとって，13億人の巨大市場を有する中国は無視できない存在となっている。中国の景気減速や人件費高騰などの「チャイナリスク」がささやかれるなか，中国に進出している日本企業は，2016年8月末時点で前年6月に比べて678社多い1万3934社となっている[21]。これは中国を中心とする日系企業の海外進出の趨勢を示している。日本においては海外からの売上が本国の売上を超え，従業員についても海外子会社における数が圧倒的に多いという企業は少なくない。今日のグローバル経営は，新興国市場の急成長，海外企業の買収，事業本社の海外移転などによって，複雑さ，むずかしさを増している。

　いままでのようなグローバル化が進展する一方で，日系企業の経営現地化の遅れが指摘されてきた。これは，国内外におけるこの分野の学者などからも等しく指摘されてきた重要な論点であった。日本企業は経営のグローバル展開を進めてきたにもかかわらず，人材のグローバル化は遅れているのである。従来はそれでも通用したものの，近年では新興国市場の重要性の高まり，日本企業の国際競争力の低下，地場企業との取引の拡大などにともない，グローバル化経営行動が再検討課題となっている。

　企業活動のグローバル化には，競争力の維持と強化という面もある。競争力をもつために日本企業が取り組むべき課題についての質問に対し，「グローバル化への対応」という回答の割合は，2008年の34.0％から2009年には60.8％，2012年には68.9％まで上がってきた[22]。年々上向きの傾向となっているが，日本企業を対象とした実証分析においても，企業が海外進出の程度を高めることは連結ベースの収益力や企業価値にプラスの効果を与えており，さらにこの効果は近年高まっていることが確認された。海外進出日系企業の対中国など，諸国における現地化戦略は企業のグローバリゼーション経営行動のなかで重要な位置付けがされている。

　地域活性化の観点から，地域経済のけん引役としてのニッチトップ企業へ

の期待が高まっているなか，中堅GNTは，徹底的な顧客対応を通じて製品の高付加価値化を実現している。企業戦略として市場のセグメンテーションを通じ生みだされる「ニッチ市場」は，高いシェアを有しており，競争力の高い独自製品やオンリー1と称する高度な加工サービスを提供している。日本の地域や社会との関係を考慮すると，中堅GNTは競争力や製品技術により，相対的な高賃金，円高の環境下にあっても，国内に一定の拠点を残しつつ海外市場を開拓し，浸透させている。さらに，国内における技術の継承者，自らイノベーション・サイクルを完遂できるイノベーター企業としても日本経済に貢献している。

　ここまで，日系企業の中国を中心とする海外進出，グローバル化における経営行動と現地化戦略ならびに現地化経営，グローバル化変化への組織の対応，経営者の役割の3つに分けて経営行動の再検討を探った。現地社会に溶け込み，信頼される企業となるため，経営の現地化を積極的に進めることへの期待が大きくなりつつあるが，それについては今後の行方を興味深く見守る次第である。

注

1）金山権（2011）「日系企業の経営行動に対する中国からの評価―グローバル化に向けた今後の方向と課題」『桜美林経営研究』創刊号。
2）経済産業省製造産業局（2004）「参考資料2　グローバルニッチトップ企業100選 表彰企業の分析」8月22日。
3）浦田秀次郎（2006）「国際比較：日本企業のタイでの経営」日本経済研究センター。
4）深尾京司（2006）「「東アジア戦略」研究報告「現地化」遅れる日本企業」『日本経済新聞』（7月5日）経済教室欄。
5）Alexander Hijzen, Tomohiko Inui and Yasuyuki Todo（2007）The Effects of Multinational Production on Domestic Performance: Evidence from Japanese Firms, RIETI discussion paper series, 07-E-006.
6）加藤涼，永沼早央梨（2013）「グローバル化と日本経済の対応力」『日本銀行ワーキングペーパーシリーズ』No.13-J-13，12月。
7）帝国データバンク（2015）「第3回 中国進出企業の実態調査」6月8日。
8）帝国データバンク（2016）「特別企画 第4回中国進出企業実態調査」10月14日。

9) 日本貿易振興機構［JETRO］(2015)「アジア・オセアニア進出日系企業実態調査―中国編―」12月．
10)「「一帯一路」は幸運のカギ」『中国網日本語版（チャイナネット）』2017年2月3日．
11) ハーマン・サイモン著，上田隆穂監訳，渡部典子訳（2012）『グローバルビジネスの隠れたチャンピオン企業―あの中堅企業はなぜ成功しているのか』中央経済社．
12) 野中利明（2004）「中国市場進出で重要な日本企業の現地化」『ITソリューションフロンティア』（野村総合研究所）7月号．
蒲田秀次郎（2006）「国際比較：日本企業のタイでの経営」日本経済研究センター．
深尾，前掲書．
白木三秀（2006）『国際人的資源管理の比較分析―「多国籍内部労働市場」の視点から』有斐閣．
徐雄斌（2009）「中国における日系製造業企業の人材現地化に関する研究―経営管理者の現地化を中心として」桜美林大学大学院国際学研究科2009年度博士論文．
13) 大月博司（2005）「組織の適応，進化，変革」『早稲田商学』第404号，6月．
14) 野中郁次郎，遠山亮子，平田透（2010）『流れを経営する―持続的イノベーション企業の動態理論』東洋経済新報社．
15) 茂垣広志編著（2006）『国際経営（グローバル・マネジメント）―国際ビジネス戦略とマネジメント（マネジメント基本全集）』学文社，p.107．
16) Edward Tse (2010) *The Chaina Strategy: Harnessing the Power of the World's Fastest-Growing Economy*, Booz & Company.（ブーズ・アンド・カンパニー訳『中国市場戦略―グローバル企業に学ぶ成功の鍵』日本経済新聞出版社，2011年）p.69．
17) 経済産業省製造産業局，前掲書．
18) 日置圭介（1017）「Introduction―イントロダクション― 日本企業にとっての「グローバル化」を問い直す」『東洋経済』1月27日．
19) 中沢孝夫（2012）『グローバル化と中小企業』筑摩選書，p.10．
20) 野中，蒲田，深尾，白木，徐，各前掲書．
21) 経済同友会（2013）「第17回企業白書 資料編Ⅰ．2012年度「企業経営に関するアンケート」調査結果」4月24日．
22) 近藤崇史，中浜萌，一瀬善孝（2014）「企業の海外進出と収益力」『日本銀行ワーキングペーパーシリーズ』No.14-J-8，9月．

第V部

ダイナミック・ケイパビリティ（DC）戦略の活用と新たな競争優位の構築

1 企業の成長とDC戦略の活用策

(1) 企業の成長と飛躍に向けての準備—本書のまとめ

　企業の発展段階をみると，「研究開発型」は革新的中小企業・中堅GNT・大企業の3つの段階で発展していくが，成長の各段階において，経営指向，経営戦略などが異なっている（**図表V-1-1**）。たとえば，革新的中小企業の「成長しない経営」はオンリー1製品を先行開発し，差別化した領域でデファクト標準を握るとともに，他社の参入がむずかしい領域を設定し，安定収益を図る。成長よりは開発の持続を重視し，一時的な成長を避ける安定経営に特徴をもつ。その経営指向は，強みや過去の成功体験と一体になって形成されており，短期間のうちにフレキシブルに変えることがむずかしいため，

図表V-1-1　企業の発展とDC戦略（主要な理論とコンセプト）

	革新的中小企業	中堅GNT	大企業
経営特性	・オンリー1 ・開発の持続 ・成長しない経営 ・自社製品・ブランド	・成長の壁の飛躍 ・先行開発・持続開発 ・部門横断的な収益化 ・DC戦略と新たな競争優位の獲得	・先行開発・持続開発 ・グローバル化・多角化 ・DC戦略（M&A，資源再編成） ・経営改革のPDCA
能力構築 （飛躍の準備）	・技術基盤構築～取引先との関係的技能（製品設計・工程設計） ・外部資源活用～戦略的提携，M&A ・能力の飛躍～下請け賃加工から自社設計，OEMから自社ブランド		
イノベーション戦略 （知財の開発・ 知財の収益化）	・知財開発～先行開発，リード・ユーザー活用，共同開発，オープン・イノベーション ・知財収益化～特注品のマスカスタマイズ，特注品から標準品，多角化（製品・工程の差別化，ビジネス・モデル開発），部門横断の収益化 ・知財戦略～デファクト標準，特許，ブラックボックス化		
DC戦略 （成長の壁の突破， 競争優位の構築）	・状況の感知～企業家能力，未利用資源・能力の存在 ・脅威・機会の捕捉～ビジネス構想，ステークホルダー関係，連結構想 ・変革～資源・能力の再構成，内外資源・能力の新結合，経営改革のPDCA		

出所：筆者作成。

その指向が「成長の壁」を生んでいる。革新的中小企業のなかには中堅GNTへの成長を目指す企業もあるが，過去の経験や強みから形成された経営者の「確信」が大きな壁となり，戦略の転換がむずかしく，挫折する企業も出てくる。

　「成長の壁」を乗り越え，新たな競争優位を構築するためには，競争市場に打って出る知財の開発は必要である。まずは，成長のための戦略製品をもつことが重要である。知財の開発には，その前提となる技術基盤の構築が必要である。特注品を生産する会社では，最終顧客と直面している有力顧客との取引が有効であり，メーカーとの取引関係は，長期の信頼関係に基づく継続取引が能力構築の基盤となる。浅沼は，下請けのサプライヤーがメーカーとの取引における「関係的技能」を媒介に能力構築を行い，工程設計能力（貸与図方式）から製品設計能力（承認図方式）への段階的な進化と飛躍のプロセスを明らかにした[1]。また革新的中小企業では，取引先のメーカーを「リード・ユーザー」として，製品技術のイノベーションが行われる事実も明らかになっている。さらにイノベーションに際しては，外部資源を活用した「オープン・イノベーション」が有効である。材料やデバイスなどは基礎研究所をもつ大企業が得意な分野で，大企業の技術力を結合し，外部連携型のイノベーションが展開され，持続的成長に向けての「戦略製品」が開発されている[2]。

　他方で革新的中小企業のイノベーションでは，知財の開発とともに収益化がさらに重要である。どんな優れた機能をもつ製品でも，収益化のめどがつかなければ「開発の持続」は生まれない。知財の収益化ではグローバル顧客の開拓や特注品のマスカスタマイズ化，収益化の仕組みなど多くの面で工夫が必要となる。また企業によっては従来の顧客関係や取引関係が一新されるなかで，新たな関係の再編，新結合が行われ，収益化の飛躍が起こることも明らかになった（**図表Ⅲ-2-1**）。たとえば顧客の関係では，海外の有力顧客との遭遇，グローバル地域別のオープンOEM戦略の展開，欧米に顧客チャネルをもつ大企業との連携など，差別化したビジネス・モデルによる収益の

獲得が追求される[3]。また取引関係では，1対1の特注品から1対多数のマスカスタマイズ化，自社製品としての標準品の投入の動きは，よくみられる収益化の飛躍の例であろう。

それらの知財の開発から収益化に向けてのプロセスでは，従来の顧客関係，取引関係における資源の再編成，能力の新結合が行われ，新たなビジネス関係のもとで持続的な成長が生み出されていくことになる。

（2）DC戦略と成功要因──中堅GNTの含意

事例分析では，革新的中小企業が「成長の壁」を乗り越え，持続的な競争優位の構築に向けて資源・能力，関係の再構成や新結合を生み出すプロセスをDC戦略のフレームワークに当てはめて分析した。どれだけ品質や機能が優れた新製品，新技術が開発されても，有力な顧客を開拓し，あるいは新たな取引関係のもとで，持続的な収益化が実現できなければ，成長は持続しない。そこでは知財の開発と並行して，収益化の努力と工夫が必要になる。内外の有力顧客を開拓するだけでなく，顧客を連続的に呼び込むプル型営業の工夫が求められるのである。一発ホームランも大事であるが，単打を続ける努力と工夫が成功の鍵を握ると言えよう。

収益化の工夫としては，徹底した特注品戦略の追求が基本である。常に顧客ニーズを重視し，顧客とともに共同開発する必要があるが，それに加えて類似の顧客を連続して呼び込む戦略も必要となる。さらには同じようなニーズをもつ類似の顧客を，継続的かつ効率よく呼び込むことも必要である。特注品戦略のマスカスタマイズ化を狙う，多様な特注品のニーズを集約して標準品を開発し自社製品として出すなど，並行して持続的に収益化を高めるさまざまな工夫が求められている。そのための小さな工夫や条件整備を継続的に遂行することが，新たな競争優位を構築する成功要因であり，そのプロセスはDC戦略における一連の活動で分析できる。DC戦略の一連の活動とは，①状況変化と感知，②脅威や機会の捕捉，③資源・能力の再構成による変革

の3つである。

　なお，経営変革に向けてのDC戦略においては，経営者の役割は重要ではあるが，革新的中小企業から中堅GNTへ成長するなかで，組織的な対応のウエートが高まっていく。したがって先代の経営者がいるうちに，過去の飛躍の成功体験や教訓を知的財産として残し，後世に伝えていく必要もあるのは言うまでもなかろう。

①経営者の役割は何か―未利用資源・能力の感知が出発点
１）DC戦略プロジェクトの推進役
　経営者の役割は何であろうか。ペンローズは経営者の役割として，企業家能力と経営管理者能力の２つの機能を挙げたが，DC戦略の出発点としては「企業家能力」の遂行が重要であろう。企業家能力は，未利用の資源や能力の存在を感知し，遊休資源の再編成を図るとともに，新たな成長経路を探索して持続的な成長を生み出すためのプロジェクトを立ち上げることに対応する。経営者は自ら，それらのプロジェクトのすべてに対応するわけではないが，戦略構想の策定や方向付け，社員のベクトル合わせ，先導役としての役割が求められている。

　企業家能力は，ティース流に言えば，状況変化や環境脅威，危機を感知しDC戦略を先導する機能と読み替えてもよい。状況の変化は，未利用の資源や能力の存在を生むが，未利用な資源や能力が長期間続くと経営は危機的状況に陥る。この危機や，そこまでいかないまでも漠然とした経営の不安や環境脅威などを事前に感知することが重要となるのである。中堅GNTの経営者は感知能力が鋭敏である。危機の感知をバネに事業の方向付けを行い，社員を鼓舞し，プロジェクトを先導する実質的なリーダー役を担うことが求められている。

　未利用の資源や能力の存在は，感知してギャップを埋めるだけにとどまるわけではない。むしろそれらのギャップを感知し，新たな成長の構想に結び

付けることが重要であろう。また漠然としてでも構想が描かれたら，社員のベクトルを1つの方向に向けて結集することも経営者の役割であろう。経営者には，将来の成長に向けての方向付け，ベクトル合わせ，実行に向けての推進役を担うことが求められているのである。

2）研究開発型の経営指向—株主利益の最大化が目的か

　研究開発型の経営では，短期の株主価値や利益の最大化ではなく，長期の利益や持続的成長を追求する傾向がみられる。革新的中小企業は，速い成長より成長しない経営を指向するが，その意味するところは，持続可能な開発をベースにおき，人材育成を重視し，社員の能力構築に見合った年輪型の経営である。

　一方で中堅GNTは，革新的中小企業とは異なり，上場している企業も多い。むしろ上場している企業の方が一般的であり，適切な意思決定の仕組みの設計も必要である。研究開発型の企業をみると，日本型のコーポレート・ガバナンスを採用している企業が多く，株主中心よりは多くの「ステークホルダー」に配慮する，短期よりは長期，利益よりは持続的成長を指向している企業が多い。なかには，会社設立の過程で投資ファンドの出資を受けた企業もあり，株主指向の米国型のガバナンスが求められる事例も一部にはある[4]。しかし研究開発型は日本型をもとにし，多くのステークホルダーに目配りし，長期の持続的成長に向けての先行開発，先行投資を重視する経営を目指すべきであろう。

　また中堅GNTは，革新的中小企業がもつ「成長の壁」の突破に対する強い思考をもち，新たな能力構築や戦略の転換をおそれない特徴がある。長期の利益や持続的な成長を追求するが，経営指向は短期の株主価値や利益の最大化ではない。それよりは資源拡張的で，持続可能な成長を重視する傾向をもつ。この経営指向は，第Ⅰ部1で述べたペンローズやマリス［Robin Marris］の「経営者主義」の企業モデルに適合している。伝統的な利益最大化

の成長(生産)は,短期の利益や株主への配当を最優先する。一方で経営者主義の経営では,短期利益より長期の成長を優先する。また先行開発,先行投資によるリスク先取り型の機会を探索し,状況の変化や未利用の資源,能力のいかんによっては,資源・能力の組み換えや新たな結合にも挑戦する。そのため,利益最大化を超える経営資源,能力の成長が追求されるのである。株主には長期指向,ステークホルダー指向の経営が強みであり,持続的な収益拡大を追求していることを理解してもらい,株主重視の経営に回帰しないことが大切である。

他方で中堅企業から大企業に短期間に成長,飛躍した日本電産やユニクロのように「夢のような目標」を設定して社員を鼓舞し,飛躍的な成長を実現する経営もあるが,それとも一線を画している。もし多角化やグローバル化によりあまりにも速すぎる成長を目指すと,経営者の管理能力の学習や構築が追い付かず,経営が持続しないことが知られている[5]。中堅GNTは,特異な経営者に先導された成長至上主義の経営とも異なっているのである。

事例で取り上げた中堅GNTの経営者は,研究開発型として先行開発を重視し,「開発の持続」を何よりも優先している。また,利益の追求よりは顧客の求める新たな価値の創造を大切にする。周期的に訪れる状況変化を感知し,またその機会を捉え,思い切った先行投資を経営者主導で展開し,長期の持続的な成長の実現に果敢に挑戦する。知財の開発だけでなく収益化にも熱心であり,経営者は率先垂範して知財の収益化にトライしている。その過程で現有の資源や能力の再編成を行うだけでなく,社外の資源や能力の結合にも挑戦し,時には持続可能な収益化のきっかけをつかみ,飛躍に成功する企業が中心である。

②知財の収益化の飛躍とは何か―捕捉と変革のPDCA活動

1)知財の開発と持続的収益化の条件整備

研究開発型の経営では,知財の開発とともに知財の収益化の継続的なトラ

イが重要である。知財の開発は収益化が成功して持続的成長に結び付くため，持続的な成長の両輪と言えよう。

　中堅GNTの多くは，特注品を中心に特殊品の開発を重視し，それも顧客のニーズを先取りし，カスタマイズを徹底追求する企業が一般的である。製造をもたないファブレス企業もみられるが，顧客のニーズを受けて，顧客とともに共同開発しているのである。このカスタマイズ指向の戦略は，取引先企業とのビジネスにおいては，下請け的性格をもちやすい欠点をもつが，中堅GNTでは自立経営の指向が旺盛である。部品生産や開発請負の事業が中心であるが，顧客との関係において，どこかでコア技術を開発し，特許を取り自立し，主体性をもったビジネスを展開する勇気をもっている。

　自立経営への道筋は，取引先の関係的技能を媒介に「ものづくり能力」の飛躍（承認図方式）が必要条件であろう。さらに顧客関係における飛躍が重要なのであり，1対1の特注品ビジネス，開発請負型ビジネスから脱皮する必要がある。1対1の特注品の強みを活かして多数の顧客に効率よく販売する「マスカスタマイズ化」は，収益の拡大と安定を同時に追求するオーソドックスな方法でもある。そのためには，ビジネスを成功させるための開発・生産・販売などの諸機能における条件整備が必要である。また，欧米などの先進国にグローバル展開するためには，販売やサービス力のある現地の企業と組む必要もある。その際には，開発力や現地の顧客と取引関係をもつ企業を買収する必要も出てくる。そこでもM&Aの実行に満足するのではなく，その後の異文化の統合過程が重要なのである。

　グローバル化の前提として，特許を取得する，コア技術や製法をブラックボックス化するなどの「オープン・クローズド」戦略により，「知財の専有可能性」（知財からの収益を確保できる度合）を高める戦略を整備することも必要である。特許の取得においては，重点地域・国ごとに国際特許を取得し，先行開発した知財の流出を防衛することも必要であろう。

2) 知財の収益化とDC戦略

　知財の収益化から持続的な競争優位を確立するプロセスについて，DC戦略のフレームワークに合わせて解説してみよう。まずは状況変化に対する経営者の感知が重要であり，それはDC戦略の出発点である。状況変化や好不況の変動に基づく「未利用の資源，能力」の存在と危機への判断の問題である。最初は漠然とした不安であっても，経営者による脅威や危機の感知を通じてDC戦略の遂行を決断させる能力（感知）が出発点である。

　経営者の脅威や危機意識は，経営者の経営判断に反映され，新製品開発や新しいビジネス・モデルの開発，大規模な投資の構想（捕捉）となって表れる。たとえばアイダエンジニアリングの戦略製品（サーボ・プレス機）の開発は，「失われた10年」のなかで起こった自動車業界のニーズ変動や景気のサイクリカルな変動による脅威や不安が背景にあり，それがトップダウンの新製品開発プロジェクトを生み，新たなグローバル成長を生むきっかけとなった。

　一方で，持続的成長には開発した知財を収益化していく条件整備や工夫がより重要な役割を担っており，それが新たな競争優位を構築するためのプロセスでもある。このプロセスは，開発・生産・販売などの各活動を総動員し，「部門横断の連携」（クロスファンクション）のもとで，新たな競争優位の獲得を目指し，内外の資源・能力の再編成や新結合（変革）を通じて展開される[6]。

　そのための事前準備として，①開発戦略，②顧客戦略，③知財戦略，④標準化戦略の4点セットによる収益化の構想が必要であり，実現に向けて地道な努力が求められる。これはトップのリーダーシップのもとに，諸機能が一体となり部門横断の連携（クロスファンクション）が展開されることを意味する。たとえばグローバル成長の場合は，製品間，工程間の国際分業の構想と，実施に向けての組織化戦略（内部組織化，連携戦略）の方向付けが必要であろう。以下に，競争優位を構築するための戦略を実行するうえでの着眼

点を列挙する。

　①開発戦略：製品構想，収益化構想，ビジネス・モデル〜コア部品・装置・システム・サービスの内外製の区分け

　②顧客戦略：特注品戦略，マスカスタマイズ化〜標準ライン（カタログ），コンサル付き営業，顧客向けワークショップ，海外との連携（JV，M&A）

　③知財戦略：先行開発の持続，知財の専有可能性，オープン・クローズド構想〜知財管理，特許・商標，コア部品・製法のブラックボックス化

　④標準化戦略：知財特性，デファクト標準指向，地域別対応〜デジュール標準，欧米戦略，アジア戦略

　まず収益の持続のため，どこで儲けるのか，焦点顧客はどこに置くのか，コア部品と周辺部品の内外製，収益化の仕組み・ビジネス・モデルなどの構想が必要であろう。また顧客戦略は，特注品戦略の徹底が基本であるが，マスカスタマイズ化の準備も必要である。効率のよいマスカスタマイズ化戦略は，持続的成長の条件でもある。

　他方で持続的成長を指向しても，決して過度な成長を追求するわけでない点も注意する必要があろう。中堅GNTは，成長のために過度な多角化やグローバル化が行われれば，その過程で未利用な資源や能力が生じ，成長そのものが持続しない可能性が出てくる。知財の開発と収益化の過程では，資源拡張時に管理能力の構築面で遅れが生じ，場合によっては新たな資源や能力の再構築や，新結合を加えた適切なDC戦略の再活用が必要である。もし継続的なDC戦略を怠ると，資源と能力の構築面における非効率が起こり，成長そのものが阻害される可能性が出てくる。つまりDC戦略は，状況の変動に応じて常時「感知・捕捉・変革」をPDCAサイクルで回すプロセスと考えるべきである。

2 持続的成長に向けての3つの課題

(1) 知財の収益化戦略

①デファクト標準戦略が基本

　中堅GNTは研究開発型企業が多く，知財の先行開発を強みとする。最終製品メーカーとの特注品の取引で蓄積した関係的技能をもとに，顧客のニーズをはるかに超える製品を開発すれば，自社製品・自社ブランド化する機会が出てくる。また多様な特注品のニーズに対応するなかで，標準品を企画し，自社製品として多数の顧客に販売する戦略は，B to Bの特注品企業が自立する1つの経路でもある。

　革新的中小企業が成長しない経営を指向する場合には，コンペティターの参入を誘発しない適度な市場規模のもとで，ポーターの言う「差別化集中」戦略を追求することも有効である[7]。一方で中堅GNTは，規模の拡大を追求する必要があり，競争を避けるわけにはいかない。その際に高いシェアを長期間持続させるには，常に先行開発を続け，その分野においては「デファクト標準」を握るとともに，コンペティターが参入する前に常に一歩先の新製品の投入を持続する必要がある。

　それとともにコンペティターの参入を阻止する参入障壁も必要であり，知財の専有可能性を高める知財戦略をミックスして，長期間シェアを持続する必要がある。革新的中小企業や中堅GNTは，「デファクト標準・デファクト知財」からスタートするが，市場が立ち上がるなかで特許を取得し，「デファクト標準・デジュール知財」に展開することが一般的であろう。顧客の開拓は，まず国内市場からスタートし，次に海外市場に展開する事例が多いが，海外市場に展開する場合には，それぞれの国の特許や商標で防衛することが必要条件である。また中核部品や製法は，ブラックボックス化することも有

効である。

②世界シェア獲得のために米国，欧州でデファクト標準を握る

　国内の高度成長が一巡し成熟化すると，世界市場の開拓に向かう場合が一般的である。その際，日本中心，輸出中心で有力な参入者を呼び込まず，日系企業向け供給を中心に分野を絞ってグローバル展開する革新的中小企業という生き方もある。一方で中堅GNTとして，持続的成長を求めて海外に販売や生産拠点を構築し，一歩踏み込んだグローバル成長を追求する企業も出てくる。その場合には米国や欧州における同業者のM&Aも有効であり，フジキン，フロイント産業などのような欧米の企業を買収する戦略もスピード重視の経営に有効である。

　また事例企業では，標準化戦略面でもいくつかの教訓が得られている。米国や欧州の主要国でデファクト標準を握り，それをもとに日本やそのほかの地域でデファクト標準の座を獲得し，世界トップシェアの獲得に成功した事例がある。たとえば根本特殊化学のように，高機能な夜光顔料のN夜光を開発したが，それは従来のものより10倍以上の残光輝度，残光時間をもつ画期的な材料であり，米国，日本など主要国の公的機関に採用され，世界の実質上の標準になったという事例もある。堀場製作所は，自動車工場や研究所の自動車排気ガス測定装置を供給している会社であるが，米国のマスキー法（自動車排気ガス規制）の制定を機に米国の公的機関で採用され，日本や欧州でも高いシェアを獲得した。さらにIDECは，イネーブルスイッチの普及において，欧州と組んで日欧主導の世界標準を握り，世界で圧倒的なシェアを獲得した。

　グローバル展開に当たり日本以上に巨大市場である米国，欧州あるいは中国と連携して事実上の世界標準を握る戦略は規模の壁を突破する方策として注目すべきであろう。

（2）中堅GNTのビジネスとISO経営

①中堅GNTの経営はグローバル成長が重要

　中堅GNTの成長戦略ベクトルとしては，多角化とグローバル化の2つが挙げられる。このケースの多角化は，主力製品の川上や川下に展開するビジネス・モデルの多様化の事例が多い。たとえばフロイント産業は，製剤機械に使う化成品のビジネスを並行して推進してきた。製剤機械にとっては川下展開，ビジネス・モデルの多様化，高度化の例でもある。またマスダックは，全自動どら焼機械を主力製品とするが，自社の機械を使って川下の食品OEM事業に参入し，安定収益を持続拡大している。バリュー・チェーンの川下展開，新しいビジネス・モデルの開発，ビジネス・システムの多様化・高度化の事例でもある。

　中堅GNTの成長戦略としては，グローバル化は最もオーソドックスな方法でもある。国内市場の成熟化を背景に，主力製品を国内から海外市場に展開し，さらなる成長を追求する戦略であり，事例企業の多くが採用し効果を上げてきた。

　グローバル戦略とISO経営の関係を見てみると，グローバル化を追求する企業は，ISOを取得する場合が一般的である。大企業，中堅企業はもちろんのこと，中小企業でもISOを取得している企業が多く，特にISO9000，ISO14000はポピュラーである。世界の経営者が注目する品質保証や環境経営の「マネジメントシステム」が，国際標準が求める基準に準拠して整備されていることを示している。国境を越えた取引において，ISOに準拠したシステムが構築されていることは，取引相手を選定するうえでの要件の1つになっている場合が多い。業界規格が必要な場合もあるが，まずはISO9000，ISO14000をとることが国際取引に参加できる条件であり，そのもとで実際に取引する際には，QCDや設備能力など資源・能力面で厳しいチェックを受けることになる。

②ISO経営のもとでDC戦略を

　それに加えてISOでは，環境変化や時代の要請に応じて，新たな規格シリーズが次々に導入されている。情報セキュリティ（ISO27001），社会責任規格（ISO26000），事業継続（ISO22301）あるいは業界固有の規格も整備されており，ISOは時代の要請とともにダイナミックにマネジメントの資格要件を変化させてきている。それらの時代環境の変化に適応するうえで，まずISOの品質経営や環境経営の国際規格をとる意義はあると言えよう。

　一方で企業は，環境変化や時代の要請に適応して，ダイナミックな経営資源や能力の組み換えや，新結合に挑戦する必要が出てくる。その際に活用する能力はDC戦略を遂行する能力であり，DC戦略では，経営者や幹部が危機や状況の変化を「感知」することが出発点である。未利用の資源や能力の存在を将来の危機と感知し，ギャップが大きくなると考えれば，資源・能力の再編成を図り，環境適応活動を展開する必要がある。状況の変化を先取りして進むべき方向を示し，組織のメンバーの各人の思いを１つにまとめ，ベクトル合わせすることが重要なのである。

　また企業の内部の資源を再構成し，あるいは外部の資源や能力を導入し，新たな競争優位の構築にトライする必要もある。未利用の資源・能力をいかに有効活用するか，取引先や多くのステークホルダーの関係や，そこから得られる関係的技能を取り込むか，外部の資源や能力の結合により新たな競争優位を生み出すなど，既存のシステムの変革が求められている。その際には，ISOが求めるマネジメントシステムの考え方が適用できる。第Ⅳ部１で分析した「全体最適経営」の視点は有効であろう。経営全体の関係をマネジメントシステムの視点で捉えるだけでなく，「バランススコアカード」の考え方を導入することにより，経営の最終目標と各機能の関係を整合的に統合管理することが可能となるからである。

　DC戦略は，資源，能力の不連続な再編成，結合だけを重視しているわけではない。経営の危機の局面や，生産設備の大型投資，欧米国でのM&Aな

どの局面では，確かに不連続な飛躍に向けた意思決定が必要な場合は起こる。一方で，それらの決定の後に起こる資源や能力の再編成，連続的な能力の構築も重要なのである。とりわけ本書の事例分析では，「知財の収益化」に向けての顧客提案，開発や製造，販売の部門横断の連携による連続的な改善，改良が，「新たな競争優位」を生み出す条件であることが明らかになっている。ISOマネジメントシステムが重視する「PDCAサイクル」による組織的な改善，改良を繰り返すことが，新たな競争優位を生み出す条件である点も忘れるべきではない。

（3）グローバル経営と現地化戦略

①グローバル経営における3つの現地化

　グローバル化の展開のプロセスは，販売，生産，開発の各機能の海外進出，現地化の程度と関連している。革新的中小企業の多くは，国内に開発・生産のものづくりの中核機能を残し，販売機能の海外進出を優先する傾向にある[8]。たとえば海外への輸出に当たり，商社や代理店を使った段階から一歩進んで，海外の営業やサービス・メンテナンス機能をもった企業と合弁会社を設立するなどの事例である。特に研究開発型の企業では，開発に当たり，販売後の顧客情報のフィードバックが必要であるため，販売やサービス・メンテナンス機能の現地化が優先されるのである。

　一方で中堅GNTでは，生産機能の現地化は一般的な傾向にある。米国や欧州など日本以上に大きな市場が形成されている地域では，自社の生産工場を建設するだけでなく，現地の有力企業を買収する場合も多い。フロイント産業やフジキンは米国の同業者を買収しているし，アイダエンジニアリングは欧州の同業者を買収している。欧米で買収する理由は，開発・生産のものづくり能力を補充，強化するだけでなく，それぞれの地域の有力顧客を獲得する，地域固有のニーズを取り込むためにも有効な方法であるからである。

　他方で，日本と海外との間では製品間や工程間で国際分業関係が構築され

ていることも重要であろう。たとえばフジキンは、M&Aで買収した米国企業との間で、大型製品は米国、小型精密製品は日本といった製品間差別化分業が行われている。また日本とアジア各国の間では、日本を中核技術や部品の供給拠点とする「アジアものづくり共有体」が構築されているが、これは国際工程間分業のシステムが構築されていることを意味する。アイダエンジニアリングでは、サーボ・プレス機の国際分業が進んでいるが、日本では精密機械部品のサーボ・モーター、クランク軸、クラッチブレーキ、ギアなどの集中生産が行われ、大物部品、構造物など嵩がはる重量品は現地生産・調達が重視されている。これは国際工程間分業が明確に構築されている1つの例である。

製品間差別化分業は、高級品・中低級品のような製品間で地域の強みを活かした開発分業が行われている。開発面では米国、欧州との分業が中心であるが、今後は低価格、低機能製品をアジア新興国が担当し、それを日本や欧米に展開する、リバース・イノベーションの動きが出てくる可能性もある[9]。

②経営の現地化とトランスナショナル経営

ここまで、グローバル化のステップとして、販売、生産、開発などものづくり機能面での海外展開の必要性を示した。ポーターのグローバル戦略によれば、開発・生産・販売のなかではバリュー・チェーンの川下の顧客に近い販売サービス機能は現地化が不可欠である。一方で、川中の生産はコスト効果を見きわめて配置する。また上流の開発や中核部品の生産は日本へ集中するのが合理的である[10]。

とりわけ販売サービス機能は、現地化が基本戦略である。近年成長を強めているアジア新興国は、独資を望んでも相手国は技術ノウハウの移転を求め、合弁を条件付ける場合が多い。たとえば中国への展開は、50対50の合弁形態をとることが一般的であり、合弁会社の総経理（社長）、副総経理（副社長）を日中で分け合うという形である。

ここで合弁事業をDC戦略の視点で考えれば，どのような点を心がけるべきであろうか。DC戦略では「合弁の選択，合弁相手の選定」にも有効であるが，合弁後の経営や能力構築にも注目すべきである。つまり合弁事業は立ち上げて以降，現地のニーズに適応して販売を着実に拡大させることが重要なのである。そのためには，合弁会社が現地ニーズに合わせたローカル製品を投入することも必要である。現地生産している場合には，現地コストを取り込んだ現地調達率の向上が緊急課題である。さらに言えばローカル製品の投入のなかで，新興国モデルを開発できれば，世界に展開する道も開ける。

　合弁会社の運営においては，総経理は日本から派遣した現地人の登用が望ましく，ポーライトでは台湾の合弁会社の設立および運営では，日本採用で経営理念を理解した中国人に任せている。フジキンが米国でM&Aにより買収した企業は，最初は文化の違いもありシナジー効果が働かなかったが，欧州事業部門に日本の事業を理解するトップがおり，その人が経営に参画してからは製品間，工程間の国際分業戦略がうまくいくようになったという。

　グローバル経営は独資だけでなく，合弁，戦略的提携などの連携戦略をとる必要もあるが，やはり最終的には開発・製造・販売を現地化するグローバル最適地生産体制を構築する必要がある。「研究開発型」経営の場合は，日本が先導して世界のものづくり技術をリードしていく開発先導型の経営が基本である。それと同時に日米欧，アジアのそれぞれの地域がローカルなニーズに適応するなかで新たな能力構築を行い，独自の強みを融通し合える「トランスナショナル・マネジメント」[11]の経営が実現できれば，持続的成長の実現にさらに一歩近づくことになるであろう。

3 まとめと今後の課題

(1) 本書のまとめ

①DC戦略理論の導入の背景

　本書の目的は，革新的中小企業の強みである「研究開発型」の特性を維持し，「成長の壁」を乗り越えて持続的な成長を実現するにはいかなる戦略をとればよいのかを探ることである。そのような問題意識のもとで中堅GNT企業を9社選定し，成長の壁を突破するための経営指向，戦略，競争優位の要因などをDC戦略のフレームワークをもとに分析した。ここで用いたDC戦略のフレームワークは，主として経営者インタビュー調査に基づく事例分析の際に，その主要な概念を整理するための枠組みとして利用した。

　DC戦略は，本書のなかで解説したように，カリフォルニア大学のティース教授が提案した最新の理論である。ティースは，ノーベル経済学賞を受賞したウィリアムソンの流れを汲む経営経済学の研究者である。最近では取引費用理論が静態的な理論であるため，動態的な能力構築や競争優位の構築を説明できないと考え，新たな企業理論を提案した。DC戦略の理論は，経営経済学だけでなく，経営戦略論の研究者にも広く注目されている。

　本書で意識しているもう1人の研究者は，ペンローズである。彼女は英国の経済学者であるが，最近では経営学の分野でも注目され，内部資源論（RBV）の元祖のように考えられている。筆者が大学院でペンローズの書物を輪読したころは，中小企業の成長理論の研究者として有名であり，現実の企業に近い新しいコンセプトとして考えられていた。中小企業研究では「経営者」が重要な役割を担っているが，ペンローズは企業成長理論のなかに初めて経営者を明示的に組み込んでおり，現実の中小・中堅企業の事例分析にも有効である。中小・中堅企業の場合，創業者や経営幹部の存在抜きには，

経営特性，危機突破の動向と飛躍，持続的成長の達成に至るプロセスは語られない。本書の事例分析では，会社の設立やその後の経営の飛躍の歴史を知る会長，社長，あるいは経営幹部などへのインタビューをお願いしているが，それは当時置かれていた環境，状況変化への適応，危機突破と飛躍に向けての意思決定を，当時の状況に即して理解したいからである。また規模の小さな会社では，環境適応や変革の際に経営者が全体を掌握し，主導する場合が多く，トップインタビューから得られる知見は多い。

②事例分析の積み上げと分析のフレームワーク

筆者の一連の革新的中小企業の研究は，企業成長理論を提案したペンローズの考え方から影響を受けているが，直接的には，シンクタンク時代に行った多くの中小企業の実証研究が出発点となっている。それらの研究は，多数のトップ・マネジメントに対するインタビュー調査を丹念に積み上げて，現実の企業の行動や戦略の分析から特定の仮説や命題を導き出すという方法をとっている。その後大学に移行してからは，革新的中小企業に関する一連の研究[12]でも同じ方法をとり，多くの経営者にインタビュー調査を行ってきた。そのなかで革新的中小企業は，少ない人材ではあるが，社員の能力構築を重視していることがわかった。取引先との長期取引や信頼関係をもとに関係的技能を蓄積し，また取引先（顧客）をリード・ユーザーとして知財開発や収益化の面で飛躍（イノベーション）を起こしてきた。またイノベーションに当たっては，大企業の開発力を主体的に結合し「オープン・イノベーション」を有効活用していることも明らかになっている。

前書までの研究では，経営者へのインタビューをもとに事例分析を積み重ね，革新的中小企業のイノベーション（知財開発）に焦点を当ててきた。一方で知財開発とともに進められる「知財の収益化」も重要であり，収益化の面での工夫や小さな飛躍が知財の専有可能性を高め，持続的成長の条件となっていた[13]。知財の開発と同時に進められる「知財収益化」は，中堅GNT

への飛躍の際にも重要であるだけでなく，そこでの活動が差別化した強みや競争優位の要因となっていることが明らかになった。

DC戦略のフレームワークは，筆者らが研究してきた革新的中小企業の経営者主導の行動や，戦略の認識フレームワークに類似な考え方がとられており，前書までの一連の分析を同じフレームで整理しやすい点が魅力的である。たとえば第Ⅰ部の革新的中小企業のイノベーションのフレームワーク[14]とGNTの飛躍や改革をDC理論で整理したフレームワーク（**図表Ⅰ-1-1**）が，「経営者」を中心に考えれば構造・機能の面で似ており，同じようなフレームワークで整理できることを示している。また第Ⅰ部2で提案した事例分析の仮説（**図表Ⅰ-2-2**）も類似な概念である。分析の際に用いたフレームワークがDC戦略のフレームワークと似ていることから，共通の方法で分析，整理することができることを示している。むしろDC戦略のフレームワークを使えば，革新的中小企業が中堅GNTに向けて「成長の壁」を乗り越えるプロセスをよりわかりやすく整理することができるのである。

③総括―失われた10年は経営改革の時期

本書では，前書で分析した3つの企業（根本特殊化学，IDEC，フジキン）を事例のなかにあえて加えて分析している。それらの3社は，革新的中小企業の枠を超えて持続的に成長している中堅GNTタイプの企業である。この3社については，第Ⅰ部2の事例分析の狙いと仮説をもとに，プリサーベイを兼ねて分析した。その後，同様な枠組みを使って残りの6社を，第Ⅱ部のなかで分析，整理している。

事例分析における仮説については，ティースのDC戦略のフレームワークを出発点に置いているが，本書では「経営者」の概念を明示的に組み込んで，独自の仮説を設定した点が1つの特徴であろう。

中堅GNTの経営者は，状況変動を感知し，未利用の資源や能力の存在を背景に，自社の資源，能力の再編成を行い，状況によっては外部の資源をも

取り込んで経営変革を推進してきた。1990年代は，日本経済の「失われた10年」の時期に当たるが，中堅GNTの経営者はこの時期に状況の変化を先行的にキャッチし，2000年代の持続的成長を生み出す改革を断行しているのである。新製品の開発や大規模な投資を行い，また知財の収益化にも挑戦してきた。たとえば放射性物質ゼロに対応した画期的材料の開発（根本特殊化学），自動車の材料革命を先取りした戦略製品の開発（アイダエンジニアリング），排ガス測定装置の米国公設機関への納入（その後世界標準化）（堀場製作所）は，90年代の失われた10年の経済の低迷期に行われた。また全自動どら焼機の川下のOEM食品事業への投資（マスダック），完全自動化工場に向けた大型投資（アリアケジャパン）など，経済の低迷局面にもかかわらず運命を賭した大きな投資決断が行われてきたのである。

中堅GNTは，大企業以上に頻繁に環境の脅威，危機に直面する。危機の感知は経営者にとって企業家能力を発揮する重要な局面である。また次の新たな持続的成長に向けての探索活動，資源・能力の再編成，飛躍に向けての新結合などが社員一体となって挑戦されてきた。それを推進する主体は，経営者や経営幹部が中心的役割を担っており，大企業が創業期に発揮した企業家精神は，中小・中堅企業の経営者のなかに受け継がれているのである。

④知財の収益化と持続的な成長戦略―DC戦略の要点

本書においては，中堅GNTの成長戦略（状況変化への適応，危機突破の改革，新たな競争優位の形成）が，ティースのDC戦略のフレームワークを使って大枠で分析・整理でき，その有効性を確認する結果が得られた。特に革新的中小企業は中堅GNTに向けて横たわる「成長の壁」を乗り越え，持続可能な成長を続けるための戦略製品の開発とともに，それを収益化する戦略の重要性が明らかになっている。

知財の開発は，経営者の危機の感知と企業家能力の発揮に支えられているが，偶然の要素も加わっている。一方で持続的な競争優位の構築には，知財

の開発以上に知財の収益化に向けてのたゆまぬ努力と意志が必要である。また，開発・生産・販売の各機能の部門横断の連携（クロスファンクション）を通じて，経営者のもとで一致団結して収益化の努力を重ねることも成功要因であろう。

たとえば知財開発と並行して，収益の持続のため，どこで儲けるのか，焦点顧客はどこに置くか，コア部品と周辺部品の内外製，ビジネス・モデルの構想，顧客を呼び込むための努力など，社員が一体となって総合的な対策を推進する必要がある。また顧客開発戦略は，特注品戦略の徹底が基本であるが，マスカスタマイズ化の準備も必要であり，効率のよいマスカスタマイズ化戦略は持続的成長の条件でもある。さらに言えば，知財の専有可能性を高める戦略やグローバル化を推進するための現地化戦略も必要である。

（2）残された課題

最後に残された課題を挙げると，取り上げた事例企業はものづくり産業が中心だったため，もう少し数を増やす必要がある。従来の革新的中小企業の分析では，数10社近い対象を分析していた。そのなかには，セーレン（1072億円・5367人），松浦機械製作所（165億円・295人），多摩川精機（340億円・730人）のような中堅GNTに該当する企業も含まれていたが，中堅GNTに絞ってみると対象数は少ない。本書の分析では，革新的中小企業の「成長の壁」を超えた後の中堅GNTが8社，大規模GNTが1社であるが，今後もう少し対象を増やす必要がある。ドイツの中小企業との差異，日本型の強みの有効性なども検証する必要もあると考えている。本書の対象であるものづくり産業のなかでも，主力製品の属性としては，生産財，B to Bが中心である。消費財や材料，医薬品などは，成長の壁の突破，イノベーション，能力構築などの面で違いが出ている。

さらに事例分析の内容を深めるためには，知財の開発や収益化における資源，能力の再編成，新結合などに焦点を当て，市場の取引がむずかしい関係

的技能,共特化資産など「知的財産」の特性や機能を明らかにし,DC戦略の方法と成功要因などを詳しく分析する必要もある。今後の残された課題として,次の機会に分析してみようと思う。

注

1) 浅沼萬里（1997）『日本の企業組織 革新的適応のメカニズム―長期取引関係の構造と機能』東洋経済新報社,第6章。
2) 大企業は,材料,デバイスの新用途の開拓を中小企業に期待しており,両社はウイン・ウインの関係をもつ（土屋勉男,原頼利,竹村正明（2011）『現代日本のものづくり戦略―革新的企業のイノベーション』白桃書房,p.183)。
3) 土屋勉男（2016）「革新的中小企業の事例研究に見る知財の創造と収益化（特集 負けない知財戦略)」『一橋ビジネスレビュー』第63巻第4号,pp.36-52。
4) 土屋勉男,井上隆一郎,竹村正明（2012）『知財収益化のビジネス・システム』中央経済社,p.74,株式会社イーアールシーの事例)。
5) 速すぎる成長は,管理能力が負いつがずペンローズ制約により,持続しないかの制が出ることは知られている（ロビン・マリス著,大川勉,森重泰,沖田健吉訳（1971）『経営者資本主義の経済理論』東洋経済新報社)。
6) DC戦略上は,「危機の感知,戦略製品の開発,グローバル市場の開拓」の一連の活動が「新たな競争優位」を目指して,開発・生産・販売の各部門で連携して展開されることになる。
7) M・E・ポーター著,土岐坤ほか訳（1985）『競争優位の戦略―いかに高業績を持続させるか』ダイヤモンド社,p.108。
8) 土屋勉男,金山権,原田節雄,高橋義郎（2015）『革新的中小企業のグローバル経営―「差別化」と「標準化」の成長戦略』同文舘出版,p.222。
9) ビジャイ・ゴビンダラジャン,クリス・トリンブル著,渡部典子訳,小林喜一郎解説（2012）『リバース・イノベーション―新興国の名もない企業が世界市場を支配するとき』ダイヤモンド社,p.125。
10) M・E・ポーター著,土岐坤ほか訳（1989）『グローバル企業の競争戦略』ダイヤモンド社,第1章。
11) クリストファー・A・バートレット,スマントラ・ゴシャール著,吉原英樹訳（1990）『地球市場時代の企業戦略―トランスナショナル・マネジメントの構築』日本経済新聞社,p.68。
12) 伊藤正昭,土屋勉男（2009）『地域産業・クラスターと革新的中小企業群―小さな大企業に学ぶ』学文社,土屋,原,竹村,前掲書に同じ。土屋,井上,竹村,前掲書に同じ。土屋,金山,原田,高橋,前掲書に同じ。
13) 土屋,井上,竹村,前掲書,p.175。
14) 土屋,原,竹村,前掲書,p.169。

索　引

A〜Z

- BtoBの企業 …………………………… 21
- BtoBビジネス ………………………… 146
- BSC …………………………… 171, 215
- IDEC ………………………………… 154
- IMS目標展開及びIMS会計シート …… 112
- ISO14000 …………………………… 214
- ISO9000 ……………………………… 214
- ISO経営 ……………………………… 215
- ISOマネジメントシステム …………… 167
- KPI …………………………………… 110
- M&A …………………………… 80, 153
- N夜光 ………………………………… 37
- OEM事業 ……………………… 51, 54
- PDCAサイクル ……………… 174, 216
- RBV ……………………………………… 7

あ

- アイダエンジニアリング …………… 92, 152
- 浅沼 ………………………………… 10, 11
- 浅沼理論 ……………………………… 142
- アジア（ものづくり）共有体 … 81, 153, 217
- 味のデータベース …………………… 152
- 新しいビジネス・モデル …………… 210
- 新たな先行投資 ……………………… 127
- 新たな競争優位 ……………… 22, 138, 146, 216
- 新たな成長の構想 …………………… 206
- アリアケジャパン ………………… 56, 151
- イノベーション …………………… 141-143
- イノベーション戦略 ………………… 137
- イノベーションのプロセス ………… 144
- イノベーションの両輪 ……………… 145
- 因果関係 ……………………………… 162
- インタビュー調査 …………………… 220

- ウィリアムソン［Oliver Williamson］…… 6
- 失われた10年 ……………… 128, 138, 221, 222
- 売上規模別 …………………………… 119
- 欧州品質賞 …………………………… 164
- オープン・イノベーション … 79, 204, 220
- オープン・クローズド戦略 ………… 209
- オンリー1 ………………… 29, 51, 54, 75

か

- 会社の寿命曲線 ……………………… 118
- 開発・知財・国際標準 ……………… 154
- 開発戦略 ……………………………… 211
- 開発の持続 …………………… 122, 204
- 確信 …………………………………… 123
- 革新的中小企業 ……………… 118, 203
- カスタマイズ指向 …………………… 209
- カスタマイズ戦略 …………………… 59, 61
- ガバナンス改革 ……………………… 138
- 株主利益の最大化 …………………… 207
- 関係的技能 …………………… 10, 204
- 完全自動化工場 ……………………… 58
- 感知能力 ………………………………… 4
- 危機突破 ……………………………… 140
- 危機突破の戦略 ……………………… 128
- 危機の認識 …………………………… 138
- 企業家 ………………………………… 9
- 企業家能力 …………………………… 206
- 吸収合併 ……………………………… 98
- 共特化 ………………………………… 21
- 共特化の経済性 ……………………… 21
- 巨大投資 ……………………………… 151

- クラス1 ……………………………… 78

225

グループ経営	38, 45
グローバル化	44, 53, 72, 126, 179-182, 196
グローバル（市場）競争優位	62, 100
グローバル経営	83, 93, 216
グローバル成長	214
グローバル成長戦略	44
グローバル戦略製品	40, 61, 78, 83, 95, 134, 204
クロスファンクション	210, 216, 223
経営管理者	9
経営（の）現地化	72, 73, 190, 196
経営者	10, 20
経営者主義	207
経営者の概念	221
経営者の役割	206
研究開発型	29, 37, 38, 75, 92, 94, 132, 203, 207
現地生産	44
コース［Ronald Coase］	6
顧客関係	143
顧客主導型開発	83
顧客戦略	211
顧客特性	120
顧客との共同開発	64, 152
グローバル化	44, 53, 72, 126, 179-182, 196
国際工程間分業	217
国際標準	135
国際分業構想	46

さ

サービス化	97
サーボ・プレス機	92, 94
財特性	118, 119
三位一体（の）戦略	88, 154
三位一体の経営志向	87
GNT企業100選	5, 13
資源・能力の再構成	222
資源・能力の再構成，新結合	21, 131
事実上の標準	43

持続可能な開発	130
持続的収益化	148
持続的成長経営	125
持続的成長の構想	131
持続的な競争優位	148
持続的な成長戦略	222
自動化，無人化	57
自動車用ガス分析装置	105
資本出資・配当	45
収益化（ビジネス・モデル）	131
収益化戦略	146
収益化の飛躍	208
10年サイクル	140
主力製品（の）開発	127, 130
循環変動	96
状況変化	20
状況変化への対応	127, 128, 137
焼結含油軸受	68, 70
上場	123
承認図方式	11, 204
食品OEM事業	132, 150
食品業界のインテル	56
事例分析	16, 17
事例分析の仮設	18
事例分析の狙いと仮説	221
新製品開発	210
真のグローバル化	153
新用途開発	43
垂直統合型（経営）	32, 40, 57, 65, 132
ステークホルダー	207
ステークホルダー指向	208
ストック型	97
ストック型ビジネス	34, 150
成功要因	148
成長しない経営	122
成長戦略ベクトル	126
成長の壁	18, 19, 117, 121, 204, 221
成長の壁の突破	22, 125
製品間・工程間国際分業（戦略）	98 154
製品間差別化分業	217

製品多様化戦略	32
世界5極体制	98
世界オンリー1	37
世界最適地生産	62
世界標準	155
設備投資財	96
全体最適経営	46, 159, 215
先導顧客	30, 59, 79, 204, 220
専有可能性	65
戦略製品	152, 204
総合マネジメントシステム	110
造粒・コーティング装置	27

た

大企業	203
大企業GNT	118
大企業病	139
大規模な先行投資	58
大規模な投資	210
ダイナミック・ケイパビリティ（DC）戦略	3, 4, 186, 188, 193, 203, 205
ダイナミック・ケイパビリティ（DC）戦略のフレームワーク	19
ダイナミック・ケイパビリティ（DC）理論	6, 8
貸与図方式	11, 204
多角化	44
多極的グローバル化	153
ダルマ経営	84
蓄光材（N夜光）	37
知財戦略	64, 151, 156, 211
知財の収益化	130, 143, 147, 210, 220, 222
知財の収益化戦略	212
知財の占有可能性	209
知的財産	224
中堅グローバルニッチトップ（GNT）	3, 14, 117, 118, 124, 137, 180, 185, 190, 205, 214
中小企業	203
提案型ビジネス	101
ティース［David Teece］	3, 7, 219
デファクト標準	107, 123
デファクト標準戦略	134, 212
特殊化戦略	41
特注品戦略	146, 205
特許	151
特許戦略	42
トヨタ生産方式	162
トランスナショナル・マネジメント（経営）	217, 218

な

内部資源論（RBV）	7
内部組織化	7
内部組織の経済学	6
中食市場	60
日系グローバル化	99
ニッチ市場	122
日本型の経営	4
日本経営品質賞	165
根本特殊化学	37, 151
能力構築の動態理論	7

は

買収	32, 80
派生需要	120
バランススコアカード（BSC）	171, 215
バリュードライバー	110
半導体製造装置用精密バルブ	77
ビジネス・モデル	30, 33, 65, 131
ビジネス・モデルの高度化	145
ビジネスエクセレンスモデル	163
飛躍	141-143
標準化戦略	147, 211
標準品	43
品質マネジメントシステム	169

ファブレス経営	28, 31, 131, 142
フジキン	75, 153
部分最適	160
部門横断の収益化	203
部門横断の連携（クロスファンクション）	210, 216, 223
不連続な飛躍	142
フロイント産業	26, 148
フロー型（ビジネス）	34, 97
分析のフレームワーク	220
粉末冶金	69, 70
並行開発	28
米国，欧州でデファクト標準	213
米国型経営	4
米国環境保護庁	106
変革能力	4
ペンとインク	28
ペンローズ［Edith Penrose］	8, 219
ペンローズ効果	10
ポーライト	154
捕捉と変革のPDCA	2108
捕捉能力	4
堀場製作所	103, 155

ま

マスカスタマイズ	143, 146
マスカスタマイズ化	152, 209
マスキー法	106, 155
マスダック	150
マルコム・ボルドリッジ米国国家品質賞	163
未曽有の危機	40
未利用（の）資源，能力	20, 140, 206
未利用な企業家能力	139
ものづくり革新	46
ものづくり（の）能力	64, 142
ものづくり能力構築	10
模倣困難	133

や

輸出中心	99

ら

リード・ユーザー（先導顧客）	30, 59, 79, 204, 220

【執筆者紹介】

土屋　勉男（Yasuo Tsuchiya）〔第Ⅰ部，第Ⅱ部事例分析①・②・④・⑥・⑧，第Ⅲ部，第Ⅴ部〕
桜美林大学大学院経営学研究科特任教授，NPO日本シンクタンク・アカデミー副理事長，医療法人東州会理事等を兼任。三菱総合研究所にて取締役本部長，常勤監査役，上席研究理事。その後明治大学政治経済学部客員教授，桜美林大学大学院経営学研究科教授等を歴任し，現職。
〈著書〉
『革新的中小企業のグローバル経営―「差別化」と「標準化」の成長戦略』（共著）同文舘出版，2015年
『知財収益化のビジネス・システム―中小の革新的企業に学ぶものづくり』（共著）中央経済社，2012年
『現代日本のものづくり戦略―革新的企業のイノベーション』（共著）白桃書房，2011年
『日本ものづくり優良企業の実力―新しいコーポレート・ガバナンスの論理』東洋経済新報社，2006年，ほか多数

金山　権（Ken Kaneyama）〔第Ⅱ部事例分析③・⑤，第Ⅳ部2〕
桜美林大学大学院経営学研究科教授。博士（経済学）日本大学。
中国大連企業管理協会・企業家協会名誉理事，中国上海海洋大学・華中師範大学客員教授，早稲田大学大学院商学研究科非常勤講師を兼任。
経営行動研究学会常任理事，経営哲学会理事。
〈著書〉
『革新的中小企業のグローバル経営―「差別化」と「標準化」の成長戦略』（共著）同文舘出版，2015年
『企業統治論―東アジアを中心に』（共編著）税務経理協会，2014年
『企業統治と経営行動』（共編著）文眞堂，2012年
『中国企業統治論―集中的所有との関連を中心に』学文社，2008年，ほか多数

原田　節雄（Setsuo Harada）〔第Ⅱ部事例分析⑦〕
桜美林大学大学院経営学研究科客員教授。東京工業大学非常勤講師，日本規格協会技術顧問，国際標準化協議会理事，ファインバブル産業会顧問などを兼任。ソニー㈱にて欧州勤務後，人事本部，商品戦略本部，法務・渉外部門，コーポレート・テクノロジー部門などに所属し，国際標準化担当部長，技術渉外室統括室長，スタンダード＆テクノロジーアライアンス戦略グループディレクターなどを歴任。2010年退社。
〈著書〉
『実録・交渉の達人』日経BP社，2017年
『革新的中小企業のグローバル経営―「差別化」と「標準化」の成長戦略』（共著）同文舘出版，2015年
『本質と現象の両輪経営戦略―ヒト・モノ・カネを活用する！』日本規格協会，2014年
『標準と知財の両輪経営戦略―ヒト・モノ・カネを支配する！』日本規格協会，2014年，ほか多数

高橋　義郎（Yoshiro Takahashi）〔第Ⅱ部事例分析⑨，第Ⅳ部1〕
桜美林大学大学院経営学研究科教授，高橋マネジメント研究所代表，企業研究会経営戦略担当幹部交流会議研究協力委員，日本経営品質学会理事。
フィリップスエレクトロニクスジャパン㈱にて国際調達，経営企画（経営品質）を担当。その後，ヴェオリアウォータージャパン㈱経営戦略室長，桜美林大学大学院経営学研究科特任教授を経て現職。
〈著書〉
『革新的中小企業のグローバル経営―「差別化」と「標準化」の成長戦略』（共著）同文舘出版，2015年
『使えるバランススコアカード』PHPビジネス新書，2007年，ほか多数

平成29年11月20日　初版発行　　　　　　　　　　　　略称：中堅企業

事例でみる中堅企業の成長戦略
――ダイナミック・ケイパビリティで突破する「成長の壁」――

著　者　　ⓒ	土屋　勉男 金山　　権 原田　節雄 高橋　義郎	
発行者	中島　治久	

発行所　同文舘出版株式会社
　　　　東京都千代田区神田神保町1-41　〒101-0051
　　　　営業 (03) 3294-1801　　編集 (03) 3294-1803
　　　　振替 00100-8-42935　http://www.dobunkan.co.jp

Printed in Japan 2017　　　　　　　　　　　製版　一企画
　　　　　　　　　　　　　　　　　　　　　　印刷・製本　萩原印刷
ISBN978-4-495-39011-2

JCOPY〈出版者著作権管理機構 委託出版物〉
本書の無断複製は著作権法上での例外を除き禁じられています。複製される場合は，そのつど事前に，出版者著作権管理機構（電話 03-3513-6969, FAX 03-3513-6979, e-mail: info@jcopy.or.jp）の許諾を得てください。

本書とともに

土屋勉男・金山　権・原田節雄・高橋義郎［著］
A5版　280頁
定価（本体2,800円＋税）